覆亡

南京政府的

NAN JING
ZHENG FU DE
FU WANG

孙宅巍
丁永隆
著

中国文史出版社

图书在版编目（CIP）数据

南京政府的覆亡 / 孙宅巍, 丁永隆著. -- 北京：
中国文史出版社, 2019.6
ISBN 978-7-5205-1089-9

Ⅰ.①南… Ⅱ.①孙… ②丁… Ⅲ.①国民政府—历
史—南京 Ⅳ.①K262.9

中国版本图书馆CIP数据核字(2019)第080342号

责任编辑：殷 旭　刘 夏

出版发行：**中国文史出版社**

社　　址：北京市西城区太平桥大街23号　邮编：100811
电　　话：010—66173572　66168268　66192736（发行部）
传　　真：010—66192703
印　　装：廊坊市海涛印刷有限公司
经　　销：全国新华书店
开　　本：16开
印　　张：16.5
字　　数：243千字
印　　数：5000册
版　　次：2019年9月北京第1版
印　　次：2019年9月第1次印刷
定　　价：45.00元

目 录
contents

一　抢占抗战胜利成果

南京政府覆亡的开端

1949年4月21日，随着毛泽东、朱德《向全国进军的命令》的发布，中国人民解放军百万雄师一举攻破长江天堑，国民党军千里江防崩溃于一旦。24日凌晨，主攻南京的人民解放军先头部队，冲进凌乱不堪的总统府，将一面战斗的红旗升上门楼。红旗在晨曦中迎风招展，南京政府垮台了！

"冰冻三尺，非一日之寒。"南京政府的覆亡，经过了多年的酝酿，它内部的分崩离析和国内的天怒人怨经过了多年的积聚。然而，要说起来，它覆亡的开端，却应该从抗战胜利时算起。

抗战八年中，国民党同共产党实现了第二次合作，组成抗日民族统一战线；同时，国民政府也采取了一些有利于抗战的经济和文化政策。这些顺应历史潮流的措施，当然有助于国民政府统治的稳定和巩固。但是，国民党五届五中全会制定的"溶共、防共、限共、反共"的方针及其一手制造的一系列反共摩擦，则使其背离了人民和民族的利益。尤其丧失人心的是四大家族官僚资本势力和国民政府各级党政军人员，利用手中的特权，通过种种手段大发"国难财"，使自身迅速地腐化。连蒋介石也不得不承认：自抗战末期以来，"我们国民革命军内部所表现的贪污、腐败的现象和实情，真是光怪陆离，简直令人不能想象"[①]。自此，国民党政权开始衰败。

1945年8月，抗日战争取得最后胜利，国民党统治集团自身的腐败和大失人心的反共，不仅没有收敛，而且愈益发展，自此，南京政府逐渐走向覆亡。

利用日伪军

1945年8月15日正午12时，日本天皇裕仁向全体国民广播了《停战诏书》，正式宣布接受《波茨坦公告》，无条件投降。9月2日，在停泊于东京湾的美主力舰"米苏里"号上，由外相重光葵、参谋总长梅津美治郎代表日本政府向盟国签署降书，中国政府军令部部长徐永昌出席了受降仪式。9日上午9时，中国战区的受降签字仪式在南京中央军校礼堂举行。中国政府陆军总司令何应钦接受了日本中国派遣军总司令官冈村宁次的降书。至此，中国的八年抗战和世界反法西斯战争胜利结束，中国人民取得了近百年来反对外国侵略者斗争中的第一次完全的伟大胜利。

按照盟国规定，中国战区受降的范围是：中国本土（除东北归苏军受降外）、台湾岛（包括澎湖列岛）、越南北纬16°以北地区。日军投降的兵力为：华北方面军326244人，华中第六方面军290367人，京沪地区第六、第十三军330397人，广东第二十三军137386人，台湾第十方面军169031人，越南北纬16°以北地区第三十八军29815人，共计1283240人[②]。伪军投降的总兵力达50余单位、60余万人[③]。

---

① 张其昀：《先"总统"蒋公全集附录》第2册，台北中国文化大学出版部1984年版，第1924页。

② 何应钦：《八年抗战之经过》，台北文海出版社，第199—200页。

③ 《国民党六届三中全会行政院工作报告》，藏中国第二历史档案馆。

　　面对这支数量庞大的投降军队及其武器装备,谁来受降?中国人民的抗日战争,是经过以国共两党为主的各种抗日武装力量共同斗争,才取得最后胜利的。国民党以正面战场为主,尤其是在抗日战争的初期,对于抗击日本帝国主义的侵略,是做出了贡献的。共产党发动人民群众,在敌后战场进行了长期艰苦的斗争,"夺回了近百万平方公里的土地,解放了一万万以上的人民"①,建立了卓越的功勋。因此,抗战胜利的成果应当共同分享,一切抗日武装力量都有资格受降。但是,以蒋介石为首的重庆国民政府,为了重建在中国的独裁统治,却不允许中国共产党人受降。

　　1945年8月10日,蒋介石从东京英语国际广播中获悉日本侵略者乞降的消息后,当天晚上,就匆匆对陆军总司令何应钦发出训令,"命令敌军驻华最高指挥官维持现状";"警告辖区敌军,除按政府指定之军事长官的命令之外,不得向任何人投降缴械"②。次日,蒋介石在命令中央军"加紧努力作战""积极推进"的同时,致电中国共产党领导的第十八集团军,内称:"所有该集团军所属部队,应就原地驻防待命,其他各战区作战地境内之部队,并应接受各该战区司令长官之管辖。政府对于敌军之缴械,敌俘之收容,伪军之处理,及收复地区秩序之恢复,政权之行使等事项,均已统筹决定,分令实施。为维护国家命令之尊严,恪守盟邦共同协议之规定,各部队勿再擅自行动为要。"③以后,重庆国民政府又垄断中国战区的受降权,把整个中国战区划分为16个受降区,并全部由国民党军事长官担任受降主官。

　　可是,此时的国民党军队,大多远在滇西、缅北的崇山峻岭之中。要到达前线受降,还需要相当的时间。于是,在美国政府的支持下,国民党当局便利用日伪军来抢夺抗战胜利成果。

　　对于投降的日军,重庆国民政府竟令其维持秩序和防止被抢夺武器。8月15日,蒋介石在其下达给冈村宁次的六项投降原则中规定,"军事行动

---

① 1945年8月16日《中国解放区抗日军朱总司令致美英苏三国说帖》,《解放日报》1945年8月16日。

② [日]古屋奎二:《蒋"总统"秘录》(一),台北中央日报社1975年版,第9页。

③ 陈鉴波:《中华民国春秋》,台北三民书局股份有限公司1981年版,第84页。

停止后，日军可暂保有其武装及装备，保其现有态势，并维持所在地之秩序及交通"①。重庆国民政府到南京受降的前进指挥所主任、陆军副参谋长冷欣要求冈村宁次："在任何情形下，务请贵方设法维持交通安全！""上海、南京、北平、天津、青岛、汉口、广州、香港等重要都市，另请特别注意！"②国民党当局还向日军声明，"凡不听蒋委员长命令，自由行动的就是土匪"。8月21日，当日本的中国派遣军副参谋长今井武夫问到对于延安方面部队的"攻击"，应如何处置时，重庆国民政府陆军副参谋长蔡文治竟回答："贵军可采取自卫行动，此等武装团体类似土匪。"③接着，由陆军总部给了冈村宁次一个严厉的备忘录，其主要内容为：1.凡正式奉命接收的中国军队，均有陆军总部的正式命令，无陆军总部正式命令者，日军应严行拒绝，必要时可使用武力，务必做到不使尺寸土地或一枪一弹落入共军之手，否则由日军当局负全部责任；2.中日军队在交接中发生共军扰乱或袭击时，该地区的日军应受国军指挥官的指挥，共同作战，击退共军；3.凡战略要点及交通干线，如在接收前被共军所控制时，应在交接前由日军部队协助国军夺回固守之④。后来，马歇尔曾向美国政府报告，"在国民政府占领的满洲各城市的社论和布告中，把共产党军队称为'土匪'，对中共军队的存在始终不予任何承认"⑤。国民党政权还使日本战犯得到庇护。当日本刚宣布投降之际，蒋介石就以《以德报怨》为题，发表对日政策广播，要求中国人民不要"以暴行答复敌人从前的暴行"，并称，《圣经》上所说的"待人如己"和"要爱敌人"两句话，使他"产生无限的感想"。这为以后宽大处理日本战犯，定下了基调。这一讲话，使日本战犯感激涕零。在冈村宁次起草的《和平后

① 何应钦：《八年抗战之经过》，第201页。

② 冷欣：《从参加抗战到目睹日军投降》，台北传记文学出版社1967年9月版，第135页。

③ 《今井武夫回忆录》，上海译文出版社1978年版，第412页。

④ 邱维达、刘措宜：《国民党受降和何应钦的"锦囊妙计"》，《江苏文史资料选辑》第5辑。

⑤ 《马歇尔使华》，中华书局1981年版，第70页。

对华处理纲要》中声称："延安方面如有抗日侮日之行为，则应断然予以讨伐。""应向中国移交的武器、弹药、军需品等，根据统帅命令指定的时间、地点，完全彻底地交付中国方面，为充实中央政权的武力做出贡献。"①冈村宁次明确表示，"日军愿为地方治安和修路、剿匪等方面效力"②，要"与国民党政府紧密结成一体，对付中共"③。果然，当美国特使于1945年12月到中国后，便发现"这时大量日军仍然保持武装，并被国民政府用来驻守政府军队尚不能到达的华北铁路沿线各据点"④。

重庆国民政府对日军的利用，得到了美国政府的支持和配合。9月2日，远东盟军总司令麦克阿瑟在向日本军队发布的第一号命令中规定："在中国境内（除满洲外），福摩萨（即台湾）及北纬16°以北的法属印度支那境内的日本高级指挥官以及所有陆、海、空军和辅助部队，应向蒋介石委员长投降。"⑤事后，杜鲁门在追忆这一时期的美国政策时说："我们采取了异乎寻常的步骤……命令日本人守住他们的岗位和维持秩序。等到蒋介石军队一到，日本军队便向他们投降，并开进海港，我们便将他们送回日本。这种利用日本军队阻止共产党人的办法是国防部和国务院的联合决定而经我批准的。"⑥

重庆国民政府除了公开利用日军"维持秩序"，对付中共领导的人民武装外，还任用其高级军官，参与国防机密。抗战胜利后，设在南京建邺路168号内代号为"竹舍"的国防部第三研究组，就曾吸收了B级战犯、原日军步兵大佐迁政信和原日军第三军参谋长土居光夫中将等，专门从事研究三次大战的对策。

---

① 《冈村宁次回忆录》，中华书局1981年版，第63页。

② 冷欣：《从参加抗战到目睹日军投降》，第135页。

③ 《冈村宁次回忆录》，第63页。

④ 《马歇尔使华》，第41页。

⑤ ［英］F.C.琼斯：《1942—1946年的远东》下册，上海译文出版社1979年版，第741页。

⑥ 《杜鲁门回忆录》第2卷，三联书店1974年版，第72页。

在国民党当局利用侵华日军的同时，一些由国民党控制的战区、地方，亦秉命效法。山西的阎锡山，即招揽了原太原市日军司令澄田睐四郎、参谋长山冈道武、师团长山浦三郎等为第二战区的"总顾问""副总顾问"，旅团长板井为"太原市警备司令"。因此，在日本无条件投降后的太原街头，居然出现了由山西日本军司令官发布的布告，声称：凡向日军挑战或者企图破坏铁路、道路、通信线者便作敌人断然膺惩[①]。阎锡山还以"官晋三级，兵发双饷"为诱饵，将6667名日军官兵，编为6个铁路护路大队，由原驻上海日军步兵第十四混成旅团旅团长元泉馨（中文名为元全福）任副司令，原日军参谋岩田清一（中文名为于复国）任参谋长，分别驻太原、榆次、晋源、阳泉等地，将1000多名日军官兵，编成"大同保安总队"，由日人林大佐担任总队长。后来，这些日军又被阎锡山用来进行反共反人民的战争，在1949年4月太原解放时，被击毙约400名，被俘约700名。这就是被利用者的结局。

对于投降的伪军，重庆国民政府同样令其就地维持秩序，并将其头目委以重任。早在日本投降前夕，蒋介石即于8月11日命令伪军，"应就现驻地点负责维持地方治安，保护人民"，"不得受非本委员长许可之收编"。日本投降后，国民党当同明确以北平行辕、东北行辕、第二战区、郑州绥署和徐州绥署5个单位，负责执行收编伪军的工作。不少汉奸摇身一变，成了重庆国民政府的要员。汪伪上海特别市市长兼保安司令周佛海和司法行政部部长罗君强被委为上海行动总队正、副司令，汪伪海军部部长、苏浙皖绥靖主任任援道被委为南京先遣军总司令，汪伪广州要港司令招桂章被委为广州先遣军总司令，汪伪第二、第三、第四、第五、第六、第七集团军总司令张岚峰、孙良诚、吴化文、庞炳勋、郝鹏举、孙殿英分别被委任为第三、第二、第五、第一、第六、第四路军总司令，等等。汪伪的3个警卫师和一个警卫旅，也于1945年9月为国民党部队第七十四军的3个师在南京所编并。其中，第五十一师编并了伪警卫第一师和警卫旅；第五十七师和第五十八师分别编并了伪警卫第二、第三师。经过数次整编，到1946年初，共收编伪军238996

---

① 赵瑞：《阎锡山通敌叛国罪行纪要》，《文史资料选辑》第29辑。

人，编为7个纵队、27个总队和73个团①，不久，这些部队又被正式收编为"国军"，参加了反共、反人民的内战。阎锡山控制的山西省政府，则明令各地政民警，"对伪地方警察应征求同意，尽先充实地方警察局，暂令协助维持地方治安"②。

重庆国民政府利用日伪军抢夺抗战胜利成果，将共产党领导的人民武装力量排斥于受降行列之外，这是国民党对第二次国共合作的背叛，也是它发动新的反共、反人民内战的第一步。

抢占战略要地

日本刚刚宣布投降时，国民党中央执行委员会秘书处立即向陆军总司令何应钦提供了一份机密文件，内载中国共产党部队在"军事方面可能之动向"。文件称："（1）李先念部进攻武汉；（2）王震部进占长沙；（3）陈毅部进占南京、上海、杭州；（4）N4A（即新四军）政委饶漱石部进占上海；（5）粟裕部进占浙江；（6）叶剑英部进占广州；（7）刘伯承部进占郑州、洛阳；（8）彭德怀及林彪部进占华北、平、津；（9）聂荣臻及吕正操部进占山西、察哈尔；（10）张学诗、万毅、李运昌等部进占东北并准备与我冲突。"③这份档案材料虽不尽符合事实，但的确证明国民党当局对八路军、新四军控制和包围重要城市及地区惶恐不安。他们精心策划，抢占各战略要地。

重庆国民政府抢占战略要地的行动，得到了美国政府的支持和配合。

美国政府不惜动员巨大的海空力量，运送国民党军队，以"受降"的名义，控制重要交通线，抢夺战略要地。8月11日，美国总统杜鲁门于日本

---

① 刘措宜：《抗战胜利后蒋介石收编伪军经过》，《文史资料选辑》第36辑。

② 《缴获国民党发动内战的密令文件》（一），《中国现代史资料选编》第5辑，黑龙江人民出版社1981年版，第11页。

③ 国民党中央执行委员会秘书处（临时）档案，藏中国第二历史档案馆。

投降前夕，向驻华美军总司令魏德迈发出了一项"自对日战争胜利日生效"的命令，规定"军事援助目前将继续用于支持（中国）中央政府部队为收复中国战区现在被日军占领的全部地区所必需的军事行动"①。魏德迈根据这一命令则表示"美国支持中国中央政府将以99%的力量运输中国军队至收复区"。于是，魏德迈集中了中国和印度境内所有的美国军用与民用飞机赶运国民党军队。美国空军第十三、第十四航空队从9月5日至10月15日，将新六军廖耀湘部、第九十四军牟庭芳部和第九十二军侯镜如部分别从湖南芷江、广西柳州和湖北汉口运至南京、天津、北平。美国海军第七舰队从1945年10月中旬至1946年6月中旬，先后将国民党的11个军运往台湾、青岛和东北。其中，第七十军陈孔达部、第六十二军黄涛部分别从福建省和越南海防运至台湾基隆港；第八军李弥部、第五十四军阙汉骞部分别由越南海防和九龙运至青岛；第五十二军赵公武部、第六十军曾泽生部和第九十三军卢濬泉部由越南海防经秦皇岛运至东北；新六军廖耀湘部、第七十一军陈明仁部由上海经秦皇岛运至东北；第十三军石觉部、新一军孙立人部分别由九龙和广州经秦皇岛运至东北。从1945年9月起至次年7月止，美国海、空军共耗资6亿多美元，运送国民党14个军、8个交通警察总队计54万余人到各战略要地。魏德迈炫耀这次行动说："相信此为历史上最大一次的空运和海运。"

在投入大量海、空军运送国民党军队的同时，美国政府还直接派遣海军陆战队，在中国沿海登陆，"占领并确保若干指定的港口和机场"，"以便利中国政府军进入这一地区"，并特别强调，"在华占领的各地只许移交给中国国民政府"②。1945年9月7日，美国第七舰队的60艘舰只开进黄浦江及长江口，并在上海设立司令部。接着，在9月底和10月上旬，先后有美国海军陆战队3个师在华北登陆，海军航空兵3个大队进驻青岛、北平。其中，海军陆战队第一师18000人于9月30日在塘沽登陆，侵入天津、北平、唐山地区；第三师18000人于10月3日在秦皇岛登陆，第六师15000人于10月10日在青岛登陆。其间，美军太平洋舰队于10月初，侵入烟台海面，竟给驻守这

---

① 《马歇尔使华》，第419—420页。

② 《马歇尔使华》，第398—399页。

里的人民武装发了"通牒"，要求"接收"，遭严词拒绝。第十八集团军总部参谋长叶剑英于6日向美国总部提出严重抗议，美舰遂被迫离去。截至1945年年底，驻华美军总数已达113000人。据美国特使马歇尔向国务院的报告称，美国海军陆战队在华的职责包括：（1）确保塘沽与秦皇岛之间交通线的安全；（2）确保（天津与秦皇岛之间的）唐山、林西地区开滦矿务总局所属各矿及其设施的安全；（3）为北平、天津、秦皇岛地区运煤列车提供警卫；（4）确保青岛、北平和天津飞机场的安全；（5）确保天津、秦皇岛、塘沽和青岛港口的安全；等等①。这些职责的实质，在于防止重要的交通线"被游击队切断"。驻华美军还帮助国民党军队搜集人民武装的情报，侵扰、攻占解放区。自1945年10月1日起直至1946年，美空军每日数次派P40型飞机，在平、津、山海关一带做低空示威飞行。10月30日，驻秦皇岛美军一部，配合国民党第九十四军一部，侵占冀东解放区临榆县海阳镇，进犯山海关。11月16日，魏德迈声称："若美军在唐山与秦皇岛之间，因受中共军队之袭击而发生危险，可执行必要而适宜之军事行动。"②同日，在美军飞机掩护下，国民党第十三、第五十二军攻陷山海关。驻华美军，不断制造事端，干涉内政，给中国人民带来了新的灾难。

作为支持蒋介石抢占战略要地的一项重要措施，美国政府于日本投降前后，向国民党政权提供了大量的军事援助。

1945年9月14日，杜鲁门向重庆国民政府行政院院长宋子文表示，"美国政府准备援助中国发展适度的武装力量"，"承担中国解放地区包括满洲与台湾在内的有效控制"③。自1945年9月至次年3月的半年内，美国海军供给了重庆国民政府兵工器材、无线电器材等计17666929.2美元的军用物资。1945年11月初，美军宣布，将15000余辆军用汽车，在上海移交给国民党军队。11月27日，美国政府将其在中国印缅战区的所有飞机，包括各种战斗

---

① 《马歇尔使华》，第398页。

② 《中国现代政治史大事月表》，藏中国第二历史档案馆。

③ 《杜鲁门总统就援华事项对宋子文博士的口头声明》，世界知识出版社1957年版，《中美关系资料汇编》第1辑，第953页。

机和运输机共700架，移交给国民党政府使用。1946年4月，美国官方宣布，将270艘海军船舰及小型船只，"赠予"重庆国民政府。据美国政府在《白皮书》中公布的材料，"中国军队经由空军运送到各收复地区担任新的任务"的运输费用，即达3亿美元，美海军依照中美合作组织协定，于1945年9月2日至1946年3月2日，给予中国价值17666929.7美元的军事物资援助，从1946年6月30日至10月31日，以所谓"收复中国解放区域的费用"，协议援助2500万美元；在"售卖民用性质的剩余物资"幌子下，以7400万美元的低价，售予中国价值8.734亿美元的剩余军需物资[1]。

从抗战后期即开始的用美式装备武装国民党军队的工作，在日本投降后，大大加快了步伐。一度，美国每天以50架飞机，从印度运送武器到云南，装备国民党军队。至1946年7月，美国共装备了国民党50个机械化师（内有九个半机械化师）。这些由美械装备的部队，均有较强的火力，是蒋介石赖以抢占战略要地的主力部队，也是他日后发动反共、反人民内战的主要资本。

这样，由于美国政府的直接干预和援助，在数月内，广州、长沙、武汉、南昌、九江、安庆、南京、上海、杭州、徐州、郑州、洛阳、青岛、济南、北平、天津、山海关、承德、赤峰、多伦、归绥（今呼和浩特）、包头、大同、太原、石家庄等25处关内的战略要地[2]，为国民党军队所强占。在苏军从东北撤退后，国民党军队又迅速强占了东北的许多重要城市。美国国务卿艾奇逊在谈到战后对国民党政府的军事援助时承认，"在那一时期之内，很大一部分由于我们在运输、武装和补给上给予他们的部队援助，他们遂能推广其控制及于华北和满洲的大部分"[3]。

国民党政权在美国政府的支持下，对备战略要地的强占，是其策划反共、反人民内战的严重步骤。一场新的内战危机，已经出现在中国人民的面前。

---

① 《中美关系资料汇编》第1辑，第1071—1075页。

② 何应钦：《八年抗战之经过》，第211页。

③ 《中美关系资料汇编》第1辑，第36页。

大发"胜利财"

　　早在1945年9月5日，重庆国民政府便决定，在陆军总部之下，成立党政接收计划委员会，由何应钦任主任委员，谷正纲、肖毅肃为副主任委员，各战区、各省市亦相应设立党政接收委员会。至10月，又经行政院院长宋子文签请蒋介石批准，成立行政院收复区全国性事业接收委员会，由行政院副院长翁文灏主持。各省市相应设立敌伪物资产业处理局。此时，除有关军事系统的接收仍由陆军总司令部主持外，一切属行政院范围内的接收、处理工作，已全部划归行政院负责。东北地区接收较晚，情况略异，在东北行营主持下，成立了东北敌伪事业统一接收委员会；各省、市设分会，各县、市、旗设支会。全国的经济接收工作，划分为苏浙皖、湘鄂赣、粤桂闽、冀察热、鲁豫晋、东北和台湾7个大区进行，从1945年9月起，至次年上半年基本告一段落。据国民党六届二中全会公布，共接收敌伪物资价值6200亿元①。实际上，除此以外，在接收过程中，贪污、盗窃的数量颇巨。据报纸估计，其接收总价值约达数万亿元之多。

　　接收过程中，不同系统重复接收，大批机关互相争夺。各地敌伪资产，一般都要经过三四轮接收。当地的国民党特务组织"近水楼台"，为第一轮；机动性较强的部队和前线部队捷足先登，为第二轮；陆军总司令部系统与各省市接收委员会紧随其后，为第三轮；行政院系统各部门及各地敌伪物资产业处理局取而代之，为第四轮。其接收机关，也多如牛毛，天津为26个，杭州为28个，北平为32个，上海竟多达89个。因此，往往出现"此封彼揭""封条重重"的情况。有的敌伪财产，被国府、省府和市府3道封条并贴。真是"你也抢，我也抢"；"文和武争，官和民争"；"五马分尸，

---

　　① 国民党六届二中全会决议案，藏中国第二历史档案馆。

一劫再劫"。各接收机关，"一接再接，甚至三接四接"，"而每多一次交接，即多一次损失，及其流弊所至，行如一洗再洗，如梳如篦"①。军政部接收组在徐州接收了烟草公司和酱油厂等民用企业，还强词夺理地说："当兵的不能吃纸烟吃酱么？谁说不属军用？"②尚在筹建中的长春中央警官学校东北分校，竟以制桌凳为由，擅自接收大规模的锯木厂，以将来要制服装为由，接收服装工厂。这种逻辑，使得南京国民政府的"清查团"也慨叹："如此间按扩张解释，则一机关所有敌伪事业，无不可接收者。"③军事机关的恣意接收，在上海、北平等大城市，尤为突出。宋子文曾致电蒋介石称："上海方面军政部接收之布尺，四倍于经济部所接收者，其中不合军用者，达300余万尺"；"北平方面，行营所接收各种物品，其价值至少50亿元，远较其他任何机关为多④。"各经济机关之间，在接收中也是争先恐后、互不相让。海南岛本应由农林部接收的农业机构共25个，竟被经济部抢先接收了16个，农林部本身只接收了两个。至于对房产的接收，因无明确管辖范围，争夺更为激烈。北平市市长熊斌看中了西堂子胡同一号一所德国人的房子，立派4名警察前去看守，并贴"熊市长寓"四字，而第十一战区长官部参谋长也相中了这处房子，又派3名军人前往看管。双方因此相持不下，一时传为丑闻。在上海，汤恩伯的第三方面军，因与上海警备司令部争夺一所日本俱乐部，竟互相开枪，死伤多人，发生了流血事件。蒋介石承认，此次接收，"系统紊乱，权责不明，有利相争，遇事相诿，形成无组织状态⑤"。

许多国民党军政官员，趁接收之机，贪污盗窃，敲诈勒索。第六战区副长官郭忏在负责接收湖北境内敌伪物资的过程中，为了买好部属，贪污中饱，竟从接收物资中提出价值40亿元的绸缎、布匹和日用品，无代价

---

① 《接收处理敌伪物资工作清查团报告》，藏中国第二历史档案馆。

② 《接收处理敌伪物资工作清查团报告》，藏中国第二历史档案馆。

③ 《接收处理敌伪物资工作清查团报告》，藏中国第二历史档案馆。

④ 《关于接收敌伪物资之指示及文选》，藏中国第二历史档案馆。

⑤ 1945年12月19日蒋介石致宋子文电报，藏中国第二历史档案馆。

地分给战区范围内各军事机关的官兵、眷属，而他自己贪污、受贿的物资、金额，更远过此数。据称，仅第六战区接管会吞没的烟土即在10万两以上。各接收单位，偷盗之风盛行。据南京国民政府派出的"清查团"报告，日本人遗留在海南岛的各种车辆达2000余部，但各接收机关造册登记的仅961部，且多系待修车辆或废车，其被偷盗数，可想而知。更有甚者，一些接收机关和接收大员，竟打着"接收"的旗号，敲诈勒索，强占民产。仅武汉市被无端没收的民有企业，即有上海大戏院、金龙云记面粉厂、太平洋肥皂厂、汉阳电汽公司、福盛机器碾米厂等29家厂商，还有许多民房也被强行霸占。据南京国民政府平津地区"清查团"报告，平津两地"有占用已经处理局核准发还人民之房产，及占用人民空房者，既不迁移，亦不履行租佃手续，官厅无力干涉，人民徒唤奈何"①。时任北平行营主任的李宗仁也深感："最令当时平、津居民不能忍受的，便是这批接收官员为便于敲诈人民，故意制造恐怖气氛，随意加人以汉奸罪名而加以逮捕。一时汉奸帽子乱飞，自小商人以至大学教授随时有被戴上汉奸帽子坐牢的可能。"②普遍的贪污盗窃、敲诈勒索，使得社会不宁、民怨沸腾。老百姓称国民党的接收为"劫收"和"劫搜"，称接收大员为"五子（金子、房子、票子、车子、女子）登科"人物。

国民党当局如此混乱而无秩序的接收，给社会生产造成了极大的破坏。南京国民政府派到粤桂地区的"清查团"发现，该区接收的车船多半不能行走，工厂多半不能复工。经济部在海南岛接收的43所工厂中，全未复工者24所，短期复工、中途停工者18所，继续开工者仅有1所③；在该岛接收的农场和各种研究试验场所，亦多半荒废、停顿。最为可惜的是，农林部在榆亚区接收的全国唯一热带产业试验，经多次抢劫，全被破坏。经济部在徐州接收的30家工厂，只有11家复工，且"收益寥寥，难以发展"；其余19家，

---

①　《接收处理敌伪物资工作清查团报告》，藏中国第二历史档案馆。

②　《李宗仁回忆录》下册，广西壮族自治区政协文史资料研究委员会编，1980年版，第856—857页。

③　《接收处理敌伪物资工作清查团报告》，藏中国第二历史档案馆。

"或因机械不全，或因破坏太甚，或因军队占据"，只好移交处理局标卖。同时，各地接收的物资，霉烂锈蚀也相当严重。天津社会局接收的粮食仓库中，一次就霉烂粮食2000余包。粮食部接收的南京长江碾米厂仓库内，存放的大麦1万余石均遭虫蛀；陆军联勤总部在徐州接收的两个粮食仓库，因漏雨，共霉烂山芋、杂粮300余万斤；在南京接收的中央路汽车修理厂，堆放各种类型汽车500余辆，任其日晒雨淋，锈蚀严重，连南京市市长马超俊想要10来辆卡车改装公共汽车，一时也不可得。航政局在海南岛榆亚区接收的大小船舶200艘，沉的沉，烂的烂，经一年时间，只修复了7艘。

国民党当局对敌伪物资的接收，给收复区人民带来了无穷的灾难。老百姓失望地说，"盼中央，望中央，中央来了更遭殃"。负责经济接收的重要人物邵毓麟，向蒋介石当面进言："像这样下去，我们虽已收复了国土，但我们将丧失人心！"他认为，"在一片胜利声中，早已埋下了一颗失败的定时炸弹"[①]。蒋介石在经历了一系列惨痛的失败之后，对此也多少有了一些"醒悟"。他曾在1948年的一次军事会议上说："……在接收时许多高级军官大发接收财，奢侈荒淫，沉溺于酒色之中，弄得将骄兵逸，纪律败坏，军无斗志。可以说，我们的失败，就是失败于接收。"[②]

---

① 邵毓麟：《胜利前后》，台北传记文学出版社1967年9月版，第76、87页。

② 宋希濂：《回忆一九四八年蒋介石在南京召集的最后一次重要军事会议实况》，《文史资料选辑》第13辑。

二　施放和平烟幕

三邀毛泽东

经过八年艰苦抗战，中国共产党已经领导着拥有100万平方千米土地、1亿人口的十九个解放区政权、120万正规军和220万民兵。重庆国民政府对解放区和人民武装力量的发展、壮大，十分恐惧。虽想消灭，但大批美式装备的中央军却还远在西南边陲，发动大规模内战的时机和条件尚不成熟。此外，刚刚摆脱了战争苦难的中国人民和世界人民，反战情绪空前高涨。在此形势下，蒋介石决定，先同共产党进行谈判，以争取时间，部署内战。于是，先后于1945年8月14日、20日和23日三次电邀中共中央主席毛泽东到重庆，"共同商讨国际国内各种重要问题，共定大计"，并通知，"已准备飞机迎迓"。

毛泽东主席于8月24日复电蒋介石，表示"准备随即赴渝"，"共商和平建国之大计"。28日下午3时45分，毛泽东与中国共产党代表周恩来、王若飞，在专程去延安迎接的国民党政府军事委员会政治部部长张治中和美国驻华大使赫尔利的陪同下，乘坐一架草绿色的三引擎大型专机，到达重庆九龙坡机场。毛泽东在机场，向中外记者发表了书面谈话，表明了中国共产党和平、民主、团结的诚意。他说："目前最迫切者，为保证国内和平，实施民主政治，巩固国内团结。国内政治上、军事上所有存在的各项迫切问题，应在和平、民主、团结的基础上加以合理解决，以期实现全国之统一，建设独立、自由与富强的新中国。"①

国民党方面并不相信毛泽东会来重庆。《中央日报》主笔陶希圣曾透露，"我们明知共产党不会来渝谈判，我们要假戏真做，制造空气。""共产党拒绝和谈，我们更有文章好做"②。可见，事前国民党当局对于毛泽东真的会来到重庆，是没有思想准备的。

蒋介石于毛泽东一行抵渝前三个多小时，匆匆召集要员，会商与中共谈判的方针。蒋于当天日记中写道："政治与军事应整个解决，但对政治之要求予以极度之宽容，而对军事则严格之统一不稍迁就。"③显然，这是一种以虚假民主的允诺，来换取取消人民武装的策略。接着，蒋介石又进一步将谈判的原则归纳为三点："一、不得于现在政府法统之外来谈改组政府问题；二、不得分期或局部解决，必须现时整个解决一切问题；三、归结于政令、军令之统一，一切问题，必须以此为中心也。"④

毛泽东到渝后，曾多次与蒋介石直接交谈。同时，国民党政府以王世杰、张群、张治中、邵力子为代表，共产党以周恩来、王若飞为代表，就各项迫切问题，进行了实质性的会谈。

9月2日，毛泽东对国共之间的谈判提出了八项原则性意见：（1）在国共两党谈判有结果时，应召开有各党各派和无党派人士代表参加的政治会议；（2）在国民大会问题上，如国民党坚持旧代表有效，中共将不能与国民党成立协议；（3）应给人民以一般民主国家人民在平时所享有之自由，

---

① 重庆《新华日报》1945年8月29日。

② 《重庆谈判纪实》，重庆出版社1983年版，第417页。

③ 蒋介石1945年8月28日日记，见［日］古屋奎二著《蒋"总统"秘录》第14册，第3016页。

④ 蒋介石1945年8月29日日记，见《蒋"总统"秘录》第14册，第3017页。

现行法令当依此原则予以废止或修正；（4）应予各党派以合法地位；（5）应释放一切政治犯，并列入共同声明中；（6）应承认解放区及一切收复区内的民选政权；（7）中共军队需改编为48个师，并在北平成立行营和政治委员会，由中共将领主持，负责指挥鲁、苏、冀、察、热、绥等地方之军队；（8）中共应参加分区受降①。次日，周恩来、王若飞将中共拟定的谈判方案十一项交付国民党方面。这些意见和方案，坚持了8月25日《中共中央对目前时局的宣言》中的主要精神，但又在其六项紧急措施的基础上作了较大的让步，如承认蒋介石的领导地位，不提出成立联合政府的要求等。

蒋介石针对中共方面的八项原则性意见和十一项方案，于9月4日亲自拟定了《对中共谈判要点》四项：（1）军队问题。中共军队之编组，以十二师为最高限度，其驻地，由中共方面提出具体方案，经双方商讨决定。（2）解放区问题。承认解放区，绝对行不通。只要中共对于军令政令之统一能真诚做到，各县行政人员经中央考核后，可酌予留任；省级行政人员亦可延请中共人士参加。（3）政治问题。拟将原国防最高委员会改组为政治会议。由各党派人士参加。中央政府之组织与人事，拟暂不动；中共方面如现在即欲参加，可予以考虑。（4）国民大会问题。原当选之国民大会代表，仍然有效。中共如欲增加代表，可酌量增加名额②。8日，国民党方面根据蒋介石的四项谈判要点，将《对于中共九月三日提案之答复案》共11项交给共产党代表。

双方谈判的焦点，在如何对待解放区的军队和政权问题上。在9月21日的会谈中，中共代表王若飞指出，"汉奸伪军已获得委任，而抗日军队反不获承认，对于这点大家都很愤慨……过去人民从敌人手中取得政权，而现在中央要从人民手中取回政权"。国民党代表张群宣称，"问题之症结所在正是军队"，"如中共不以军队为一党私有，则各党派团结合作，也是容易实现的"，"如将军队与省区地方行政混而为一，则对外有割据之实"③。在

---

① 《重庆谈判纪实》，第190页。

② 张治中：《我与中共》，《重庆文史资料选辑》第7辑。

③ 《重庆谈判纪实》，第216页。

整个会谈中，共产党方面，要求国民党尊重解放区的军队和政权这一事实；而国民党方面，则始终坚持"军令政令统一"。蒋介石曾对周恩来说："盼告诉润之（毛泽东号），要和，就照这条件和，不然，请他回延安带兵来打。"但是毛泽东也明确警告蒋介石，"现在打，我实打不过你，但我可以对日敌之办法对你，你占点线，我占面，以乡村包围城市"①。

重庆国民政府为迫中共方面就范，还在谈判桌外调兵遣将，进攻解放区。8月底，毛泽东一行刚到重庆，何应钦即密令各战区印发蒋介石1933年编写的《剿匪手本》。接着，蒋介石又亲署密电，向各战区送发《剿匪手本》样本。在蒋介石的亲自督饬下，第一战区胡宗南部和第十一战区孙连仲部于陇海线沿线集结数10万大军，向豫西、豫东、豫北解放区大举进攻，并将豫西划分为七个"清剿区"；第二战区阎锡山部先后以13个师向晋冀鲁豫解放区的上党地区发动大规模进击；第三战区顾祝同部和第六战区孙蔚如部受命于鄂、皖、浙省及桐柏山区"围剿"共产党军队；第九战区薛岳部进攻信阳、礼山一带的新四军；第十二战区傅作义部集中重兵围攻张家口地区。至10月中旬，直接进攻解放区的国民党军队共达80万人。

解放区军民根据中共中央关于"有来犯者，只要好打，我党必定站在自卫立场上坚决彻底干净全部消灭之"②的指示精神，坚决反击了国民党军对解放区的进犯。新四军浙东纵队何克希部，在奉命北撤的途中，被国民党第三十二集团军李默庵部包围，发生激烈战斗，"其中一个高山尖扁的山峰易手达六次之多"，经"血战十六小时"，浙东纵队终杀开一条血路，突出重围③。晋冀鲁豫解放区集中太行、太岳、冀南军区的主力及地方部队共31000人，连克屯留、壶关、长子、潞城，围长治，将进攻该地区的阎部十三个师38000人全部解决，内消灭35000人，逃掉2000人，散掉1000人，击毙第七集团军副总司令彭毓斌，活捉第十九军军长史泽波，俘敌将

① 蒋匀田：《同毛泽东主席的一次谈话》，《重庆谈判纪实》，第448页。
② 《中共中央关于同国民党进行和平谈判的通知》，《毛泽东选集》第4卷，竖排本，第1153页。
③ 《重庆谈判纪实》，第325页。

官27名。

中共方面，在接连取得军事斗争胜利的同时，又在会谈中主动作了让步：将解放区的武装部队缩编数目，由会谈初提出的48个师减少为24个师至少20个师；并表示愿让出广东、浙江、苏南、皖南、皖中、湖南、湖北、河南（豫北不在内）等地区的解放区。

在中国共产党的真诚努力和全国人民强大的舆论压力下，国共双方经过43天商谈，终于在10月10日，由中共代表周恩来、王若飞和国民党代表王世杰、张群、张治中、邵力子共同签署了《政府与中共代表会谈纪要》（即《双十协定》）。11日，毛泽东由张治中陪送，回到延安。周恩来、王若飞留渝，继续同国民党代表商谈悬而未决的问题。

《纪要》共有十二项，其中有些双方达成了协议，有些则未取得一致意见。还有些未获协议的问题，没有载入纪要。作为《纪要》的主要成功之处，是明确了和平建国的基本方针。双方一致认为，"必须共同努力，以和平、民主、团结为基础"，"坚决避免内战，建设独立、自由和富强的新中国"，"政治民主化、军队国家化及党派平等合法，为达到和平建国必由之途径"。此外，国民党还被迫承认了一些人民的民主权利，同意取消特务机关、释放政治犯和召开政治协商会议。中共方面亦表示，愿"在蒋主席领导之下，长期合作"，"彻底实行三民主义"。《纪要》未能解决的问题有：（1）关于解放区军队问题。中共方面虽一再作出让步，国民党方面只表示"可以考虑"中共的整编方案，拒绝承认人民军队的合法地位。此问题实际上没有得到解决。（2）关于解放区政权问题。中共方面曾四易方案，一再委曲求全，但国民党方面均以"政令统一"为借口，而加以拒绝。（3）关于国民大会问题。中共方面提出的重选国大代表和修改《五五宪法草案》等要求，均遭国民党拒绝。（4）关于受降问题。国民党方面表示，在中共"已接受中央命令之后"，可以考虑其参加受降工作。这实际上是拒绝考虑中共参加受降。（5）关于避免冲突问题。中共方面所提"停止一切武装冲突，各部队暂留原地待命"的主张，未获国民党方面赞同。国民党方面提出，"中央部队为受降，中共不应阻止"。此条原为《纪要》第十三项，后因不能统一而删去。这就为国共双方扩大冲突，埋下了伏笔。

重庆谈判虽然有许多问题未能解决，但它仍具有深远、重要的意义。这是国共两党间最高级领导人的直接会谈，是统一战线活动和祖国统一事业中历史性的一页。至今，它仍给人们以很大的教益和启迪。

马歇尔的斡旋

国民党军对各解放区的包围和进攻，并没有因为《双十协定》的签订而缓和。《双十协定》墨迹未干，蒋介石便在10月13日下达了"剿匪"密令，称"此次'剿共'为人民幸福所系"，要求各部"遵照中正所订《剿共手本》，督励所属，努力进剿，迅速完成任务，其功于国家者必得膺赐，其迟滞贻误者当必执法以罪"①。11月9日至16日，蒋介石又在重庆亲自主持军事会议，策划在六个月之内击溃八路军、新四军主力，然后分三步进行分区"围剿"。第一步是控制苏北皖北，肃清山东，打通津浦线；第二步是集结重兵于平津，扫荡华北；第三步是打通平绥线，占领察绥②。经过一系列的密谋策划，国民党军在广阔的战线上，发起了攻击。第十二战区傅作义部沿平绥路东进，第一战区胡宗南部沿同蒲、正太路"进剿"，第十一战区孙连仲部和第十战区李品仙部分别沿平汉路和津浦路北犯；东北保安司令长官杜聿明则率部在秦皇岛登陆，沿北宁路攻占山海关、锦州等地。

解放区军民被迫站在自卫的立场上，给进犯的国民党军以坚决还击，继上党大捷后，又在察绥、平汉路、津浦路等战役中，连续取得胜利。晋察冀军区和晋绥军区自10月中旬起，在一个月的时间内，于察绥战场歼敌12000人。晋冀鲁豫军区于10月中旬至11月初，在平汉线上，争取了国民党第十一战区副司令长官兼新八军军长高树勋率部1万余人起义；俘第十一战区副司令长官兼第四十军军长马法五等一批高级将领，共歼敌4万余人。山东军区

① 《重庆谈判纪实》，第313页。
② 《中国现代史大事纪》，黑龙江人民出版社1984年版，第278页。

从10月中旬至12月中旬，在济（南）徐（州）段共歼敌2万余人。但是，当时总的形势是国民党军处于优势地位，八路军、新四军和解放区人民在有些地区也必不可免地遭到了损失。

世界各国普遍关注战后中国问题的妥善解决。美、苏、英三国外长1945年12月在莫斯科举行的会议上，"重申不干涉中国内政的政策"，并一致同意，"必须在国民政府之下建立一个团结而民主的中国，国民政府的各部门必须广泛地由民主分子参加，并且内战必须停止"。美国国务卿贝尔纳斯在会上宣称，"美国希望一个统一团结的中国"[①]。

美国政府鉴于国内人民的反战情绪，采取了调解国共两党争端的对华政策。11月27日，杜鲁门总统在宣布批准赫尔利大使辞职的同时，宣布任命陆军上将马歇尔以总统特使身份前往中国。在马歇尔离美赴华前夕，杜鲁门又致函马歇尔，希望他"努力说服中国政府，召开一个包括主要党派的代表所组成的全国会议，以获致中国的统一，同时实行停战，特别是在华北要实行停战"；强调"以适当而可行的方式，运用美国的影响"，"尽快地以和平民主的方法达到中国的统一"[②]。但是，杜鲁门又在同一天发表《关于美国对华政策的声明》，声称"目前中华民国国民政府为中国唯一的合法政府，为达到统一中国目标之恰当机构"；"自治性的军队例如共产党军队那样的存在，乃与中国政治团结不相符合，且实际上使政治团结不能实现"[③]。12月17日，刚刚离任的驻中国大使赫尔利致电蒋介石，说："今后，马歇尔将军赞助阁下统一中国之全部军队使隶属于国民政府必不致遭美国官员之反对而能获得成功。"[④]国民党中央执行委员会宣传部，在一份"极机密"级文件中，就马歇尔使华分析称，"美国对我国政府之支持与援助为全面的与无条件的"[⑤]。这一切表明，马歇尔使华的使命，其实质仍为维护国民党的政

---

①　《中美关系资料汇编》第1辑，第185页。

②　《中美关系资料汇编》第1辑，第626页。

③　《中美关系资料汇编》第1辑，第623—629页。

④　南京国民政府档案，藏中国第二历史档案馆。

⑤　国民党中央执行委员会宣传部档案，藏中国第二历史档案馆。

治统治和军事独裁。1945年12月15日，马歇尔以总统特使身份，启程赴华，20日到上海；21日抵南京，当即受到蒋介石的接见；22日去重庆，并很快会见了中共著名人士周恩来、叶剑英、董必武等人。

马歇尔在渝期间，与国民党、共产党以及各方面人士进行了广泛的接触。1946年1月7日，由马歇尔担任主席，包括重庆国民政府代表、四川省政府主席张群（后为军委会政治部部长张治中、军令部部长徐永昌）、共产党代表周恩来，组成三人小组（又称三人会议），并举行首次会议，以商讨停止冲突、恢复交通等问题的措施及有关事项。三人小组经过四天的正式会议，于1月10日达成并由张群、周恩来共同签署了一项发布停战令的协议。协议规定，分别由蒋介石委员长向国民党政府的一切部队，包括正规军、民团、非正规军和游击队，由毛泽东主席向中共领导的同样军队，发布"一切战斗行动立即停止"的停战令。考虑到命令传达到广阔地区的部队有困难，经三人小组会议同意，宽限在三天时间内命令停火，于1月13日午夜12时正式生效。蒋介石抢在1月10日前后，下达了密令，命其部队"星夜前进"，在停战令未生效前，"应速抢占战略要点"。

停战令中规定，"为实行停止冲突，立即于北平成立军事调处执行部。"为此，张群、周恩来于1月10日还专门签署了一项《建立军事调处执行部的协议》，确认军调部的任务为"实行业经商定之停战政策"，监督停战协定的执行和武装部队的整编；组织设委员三人，代表国、共、美三方，美国代表充任主席，各有表决及互商权①。后来商定，军调部中重庆国民政府的代表为郑介民，中共代表为叶剑英，美国代表为罗伯逊；美国军官白罗德为执行主任，直接对三委员负责。该部于1月14日开始办公。军调部先后组成36个执行小组分赴发生军事冲突的地点执行调处任务。执行小组由各执行部三个方面的每方代表各一人组成。随后，又在一二月间由重庆国民政府代表张治中、中共代表周恩来和顾问马歇尔，组成三人军事小组，以专门解决军队的整编问题。该小组于2月14日召开首次正式会议。2月25日，军事小

---

① 《建立军事调处执行部的协议》，《中美关系资料汇编》第1辑，第645页。

组会议经授权宣布，国共双方已就《关于军队整编及统编中共部队为国军之基本方案》（以下简称《基本方案》）达成协议。《基本方案》规定"至12个月终了，全国陆军应为108师，每师不得超过14000人，在此数内，由中共部队编成者计18个师"。"在上述12个月之时期完毕后之6个月内，政府军应更缩编为50师，中共军应更缩编为10师，合计60师，编为20军"。①军事小组会议并确认，"军事调处执行部将是执行此项基本计划的媒介"，负责监督实施。蒋介石对此项方案，悻悻不快。他在日记中称："与中共商定统编其所部为18个师之方案，业已签字，此为政府最大之损失。"②不久，由于内战全面爆发，《基本方案》未能施行。

马歇尔使华初期的活动，曾受到国共双方的欢迎。国民党当局奉行亲英美的政策，同时又需要有一段部署兵力、准备内战的时间，因此对马歇尔的来华，感到鼓舞；中共方面亦表示，马歇尔的活动，"有助于中国和平民主问题的解决"，"符合于国际合作的原则"，因此"欢迎马歇尔将军参加停战与整编军队的商谈"③。正因为如此，在马歇尔来中国后的三个月内，便"亲手帮助中国订立了四大协议"，即1月10日的停战协议、1月底政治协商会议的五项协议、2月25日的整军方案、3月27日的东北停战协议④。

可是，由于美国政府的政策是，一面"调处"国共争端，一面又单方面地给国民党政权以大量的军事、经济"援助"，借"调处"之名，行"援助"之实，这就注定了马歇尔的"调处"，不可能获得成功。马歇尔使华，为时1年零20余日，共参加大小会议300余次，曾赴延安会晤毛泽东，又八上庐山与蒋介石商谈，到过北平、张家口、集宁、济南、徐州、新乡、太原、归绥等战略要地；然而，在他"斡旋"了一年后，中国的政治、军事形势，却变得更加险恶。一年来，南京国民政府悍然挑起了全面内战，国民党一党

① 《中美关系资料汇编》第1辑，第641—642页。

② 《蒋"总统"秘录》第14册，第3035页。

③ 《周恩来就新华日报社被捣毁事件发表声明》，《新华日报》1946年2月23日。

④ 《解放日报》社论：《七月的总结——评马司联合声明》，《新华日报》1946年8月15日。

包办召开了"国民大会"，全国的分裂局面更加加深。

在中国局势已经愈益不可收拾的情况下，马歇尔决定结束其作为"调解人"的使命。他于1947年1月8日，离华返美，同时，杜鲁门总统宣布任命其为国务卿。美国国务院在华盛顿时间1月7日发表了马歇尔对中国时局的声明。声明说："和平的最大障碍是中国共产党和国民党彼此之间几乎是不可能抗拒的完全的怀疑和不信任。"马歇尔认为，"在国民政府（实质上就是国民党）一方，存在着一个由反动分子组成的统治集团"，在反对他"为促使成立一个真正的联合政府而进行的一切努力"；同时，他又无理指责中共方面，"毫不犹豫地采取激烈的措施以达到他们的目的，例如，断绝交通以破坏中国的经济和制造便于颠覆和瓦解政府的局势，而不顾被波及的人民直接承受的苦难"①。

1月29日，美国政府决定退出三人小组，并撤回美方派驻军事调处执行部的人员。喧嚣一时的"马歇尔使华"，遂告最终结束。美国进步作家，考贝夫人指出，"美政府既帮助一方以对抗另一方，马歇尔自不能成为被信赖的调解人"②。

政治协商会议的召开

国共双方在《双十协定》中曾表示，"应先采必要步骤，由国民政府召开政治协商会议，邀集各党派代表及社会贤达协商国是，讨论和平建国方案及召开国民大会各项问题"。双方最初拟议，政协由国民党、共产党、民主同盟、社会贤达四个方面各推派代表9人共36人参加。后来，由于青年党从民主同盟中分裂出来，经协商，政协代表扩大为五个方面共38人，其名额分配如下，国民党8人，共产党7人，民主同盟9人，青年党5人，社会贤达5人。

1946年1月7日下午3时，在国民政府军事委员会举行了政治协商会议预

---

① 《马歇尔使华》，第453页。

② 《美应停止对华干涉》，藏中国第二历史档案馆。

备会议，实到代表35人，由孙科担任临时主席。会议决定：政治协商会议在10日上午10时，于国民政府正式开会；主要议程为，停止内战、和平建国方案、国民大会及其他有关问题，并由国共双方代表报告停战商谈经过。会上，中共代表陆定一引用了旧金山会议菲律宾代表罗姻洛的话："让我们用这会场作为最后的战场。"

1月10日，在国共双方发出停战令的同一天，举国瞩目的政治协商会议在重庆国民政府礼堂①开幕。蒋介石主持会议，并致开幕词。他说：这次会议将商讨"国家由战时过渡到平时，由抗战进到建国的基本方案"。他还宣布了重庆国民政府的四项诺言，即"人民享有身体、信仰、言论、出版、集会、结社之自由，现行法令依此原则，分别予以废止或修正"；"各政党在法律之前一律平等，并得在法律范围之内，公开活动"；"各地积极推行地方自治，依法实行由下而上之普选"；"政治犯除汉奸及确有危害民国之行为者外，分别予以释放"②。

会议期间，代表们按讨论专题，编为五个小组：1.改组政府组，召集人王世杰、罗隆基；2.施政纲领组，召集人为张厉生、董必武；3.军事组，召集人为胡霖、张东荪；4.国民大会组，召集人为曾琦、邓颖超；5.宪法草案组召集人为傅斯年、陈启天③。

参加政协会议的五个方面，代表了中国社会上的三种政治力量、三种政治主张和三条道路。国民党代表了大地主、大资产阶级的利益，坚持一党专政、实行独裁统治；共产党代表工人阶级和人民大众的利益，在现阶段主张建立一个举国一致的民主联合政府和新民主主义的国家；民主同盟，包括部分无党无派人土，代表民族资产阶级和上层小资产阶级的利益，试图在中国推行资产阶级的民主制度。在各种不同的政治力量和政治主张之间，展开了激烈的争论。

会议争论的焦点，仍然是军队和政权问题，即军队国家化和政治民主化

---

① 指礼堂名称，不是政权名称。"重庆"指礼堂的地点。

② 《新华日报》1946年1月11日。

③ 《新华日报》1946年1月16日。

的问题。蒋介石早在政协开会前就为此定下了基本方针。他说："至于对共方针，若准其成立地方政权，不如准其参加中央政府，只要其共军受编与恢复交通，至其政治上之要求，决尽量容纳之。"[①]

关于军队国家化的问题。国民党坚持其"军令政令统一"的老调，"先将军队交给政府，再由政府给一点民主"[②]。而青年党在其《停止军事冲突实行军队国家化案》中，虽认为政治民主化与军队国家化应"两者并重，同时实行"，但又强调"军队国家化实为政治民主化之必要条件"。青年党代表陈启天宣称，"促进民主""非先军队国家化不可，枪杆子之下无民主"[③]。民主同盟在《实现军队国家化并大量裁兵案》中提出了"全国所有军队应即脱离任何党派关系，而归属于国家，达到军令政令之完全统一（现役军人脱离党籍）"和"大量裁减常备军额"两个原则：主张立即成立一个包括国共两党之军事人员、非两党之军事人员和非军事人员三种人员的整军计划委员会。其代表梁漱溟在对这一提案作说明时强调："军队国家化之定义即是军队不属于任何私人、任何地方、任何党派所有"；"全国任何党派的军队都要整编，不是只要一个党交出军队，也不应把其他军队都看成国家的军队"。中国共产党则认为，"美满的和彻底的办法，是把政府改组为各党各派、无党派人士参加的民主合作的政府，再由这个政府去统一全国的军队"；另一个方案，"是政治民主化做一些，军队国家化做一些，两者平行，逐渐达到一个民主宪法的政府"[④]。中共代表周恩来则进一步指出，军队国家化与政治民主化问题，"不仅要平行前进，以达统一，而且要认识过去历史的发展"。在最后达成的折中协议中，确立了"军队属于国家"的建军原则，实行"军党分立""军民分治"的整军原则和"以政治军"的办法，并决定由军事三人小组尽速商定整编军队的办法。

关于政治民主化问题。国民党只准备对现行的政府组织和1936年通

① ［日］古屋奎二：《蒋"总统"秘录》第14册，第32页。

② 《国共谈判文献资料选辑》，江苏人民出版社1980年版，第15页。

③ 《新华日报》1946年1月17日。

④ 《中共代表招待中外记者谈政治协商会议任务》，《新华日报》1945年12月19日。

过的《五五宪草》作一点形式上的修改，以及在保留原有国大代表的基础上将数字稍加扩大。国民党在《扩大政府组织方案》及其说明中提出："国民政府委员会委员就原有名额增加1/3，现有国民政府委员36名，再增加12名共为48名"；"国民党是主持领导地位的大党"，"不具某特定程度多数，国民党便不能履行领导的责任"；国府委员会无任用各部会长官之权；"遇有紧急情形时，国民政府主席得为权宜之处置"①。共产党和民盟坚持改组政府的主张。中共代表董必武提出："改组政府应有一个共同纲领"；国府委员会应有用人权；国民党员在政府主要职员中不得超过1/3；国府委员的人选应经政协协商，不能由国民党中执会或中常会通过；在紧急情况下，国府主席的命令要经会议通过，并有人副署，防止"手命制"等②。民盟代表罗隆基阐述了主张改组政府的理由：一为可"由一人集权制，过渡到民主集权制"；二为使"各党派能参加政府"；三为使政府的行政效率提高和现代化。他还提出了改组政府的三项原则：一是要有共同纲领；二是要使共同决策机关真能决策；三是要使执行机关真能执行③。国民党在《关于国民大会之意见》及说明中，坚持1936年选出的国大代表仍然有效，只同意"合理增加"一部分代表。这一方案，遭到了除国民党代表以外的绝大多数代表的反对。会议对这一问题的争论最为激烈，几成僵局。中共代表周恩来指出："国大旧代表选在10年以前，那时一党统治，中共处在地下，许多党派也无选举权，选举方法根本不是直接、平等、普遍与自由无拘束的民主选举，这样选出的代表，我们当然不能承认他们为合法代表。"周恩来表示："如果在若干别的问题上都有好的民主的出路，那么，对于这一件违背民主的事情，人民或者还能原谅。"④国民党代表孙科，在会上对"根据五权宪法精神而拟定"的《五五宪草》作了说明，坚持将

①　成都《中央日报》民国三十五年一月十五日。

②　《新华日报》1946年1月15日。

③　《新华日报》1946年1月15日。

④　《新华日报》1946年1月19日。

10年前由国民党一党包办制定的旨在维护专制独裁的《五五宪草》塞给会议。中共代表吴玉章对此提出了四项原则：（1）关于保障人民权利问题，宪法"不应限制人民权利"；（2）关于中央与地方权限的问题，应"依据中山先生均权主义的原则"，"不偏于中央集权"，"亦不偏于地方分权"；（3）关于地方制度问题，主张"省为自治单位"，"省长民选"，"省自制省宪"；（4）关于确定国策问题，须"在宪法上明白规定有关军事文化经济各方面的民主政策"[①]。

中共方面为了表明争取和平与团结的诚意，在会上作出了较大的让步。如同意国民党在国府委员会中所占席位，由1/3提高到1/2；承认原已选出的全部国大代表，只增加台湾、东北地区代表150名，党派及社会贤达代表700名，使总数增加为2050名。此外，最后协议中的"和平建国纲领"，也与中共原提方案有一定的距离。由于全国舆论的强烈要求和会议上进步力量的坚决斗争，迫使国民党方面也不得不作出一定的让步。关于改组政府问题，同意国府委员会有用人权，放弃了国府主席的紧急处置权，将国府委员会推翻国府主席的某一否决所需的人数由2/3降为3/5，承认涉及施政纲领之变更，须有2/3府委通过。关于宪法草案问题，基本接受了中共方面的修改方案。31日，会议在通过了《政府组织案》《国民大会案》《和平建国纲领》《军事问题案》和《宪法草案案》五项决议后闭幕。

政治协商会议的举行，是中国和平民主力量的重大胜利。政协通过的各项决议，是对国民党一党专政及其内战政策的否定。中共中央主席毛泽东在接见美联社记者时指出，"政治协商会议成绩圆满，令人兴奋，但来日大难，仍当努力"[②]。中国人民期待着国民党当局，将口头的允诺，变为真正的行动。

---

① 《新华日报》1946年1月20日。

② 《新华日报》1946年2月13日。

政协决议被撕毁

蒋介石在政治协商会议的闭幕词中表示，政治协商会议"一本统一民主和平团结的四大原则而进行"，"各种议案都有可信可行的决定"；并郑重声明，对于各种决议，"政府必然十分尊重"，"一俟完成规定手续以后，即当分别照案实行"①。此可谓信誓旦旦。然而，在政治协商会议闭幕一个月之后召开的同民党六届二中全会上，墨迹未干的政治协商会议决议案，却遭到国民党右派无情的践踏和撕毁。

国民党六届二中全会于1946年3月1日至17日召开。出席会议的有中央执监委员和候补执监委员330人。会议共举行19次大会，于右任、居正、戴传贤、陈果夫、孙科、陈诚、何应钦、邹鲁、陈立夫、白崇禧、张道藩11人组成主席团。

全会的主题是讨论如何"革新政治""改革党务"；但在进行中，由于右派的操纵，却使之成为一次全面推翻政协决议的大会。蒋介石宣称，"这一全体会议不仅关系本党的成败，而且关系国家的存亡"②。他一面要求全党对政治协商会议"切不可作片面的观察，感情用事，凭幻想和主观来决定行动以致破坏整个的政策和终极的目标"③，一面又从宪法草案、改组政府和军事问题等方面，反对和否定政治协商会议上已经达成的各项协议。

关于宪法草案问题。这是二中全会推翻政协决议最集中、最突出的一个问题。在政治协商会议上，国民党迫于全国舆论的压力，已经基本上接受了

---

① 《新华日报》1946年2月1日。

② 蒋介石：《认识环境及遵循政策的必要》，国民党中央党部档案，藏中国第二历史档案馆。

③ 蒋介石：《认识环境及遵循政策的必要》，国民党中央党部档案，藏中国第二历史档案馆。

中共方面提出的保障人民权利、中央和地方均权、各省自治并自制省宪以及明确规定各项国策等修改宪法草案的意见。这一修改，完全符合孙中山先生关于立法、行政、司法、考试、监察五权分立的思想。蒋介石在六届二中全会上却说，"政治协商会议所决定的修改宪草原则有若干点实在与五权宪法的精神相违背，这不仅各位已感觉到，我个人也有同样的感觉"；"我们要把握住重要之点，多方设法来补救，务使宪草内容能够不违背五权宪法和建国大纲的要旨"①。一些委员如张继、杨森、苗培诚等，紧跟着蒋的指挥棒转。最后，二中全会决议，"所有对五五宪草之何修正意见，皆应依照建国大纲与五权宪法之基本原则而拟定，提由国民大会讨论决定"②，并就宪法草案问题通过了五点修正原则，交中央常会通令全党遵照：（1）制定宪法应以建国大纲为最基本之依据；（2）国民大会应为有形之组织，用集中开会之方式行使建国大纲所规定之职权，其召集之次数应酌予增加；（3）立法院对行政院不应有同意权及不信任权，行政院亦不应有提请解散立法院之权；（4）监察院不应有同意权；（5）省无须制定省宪③。显然，这是对政治协商会议关于宪法草案决议案的全盘否定。

关于改组政府问题。经过共产党、民主同盟等进步力量的斗争，在政协决议中，已经扩大了国府委员会的权限，规定国府委员会有用人权，只需有3/5的委员数，即可推翻国府主席对国府委员会决议的否决；"国民政府委员由国民政府主席就中国国民党内外人士选任之"。但在二中全会闭幕前夕，考试院长戴传贤突然宣布了蒋介石关于撤销国防最高委员会、恢复中央政治委员会的决定，并将其权力置于国民政府委员会之上，由该会"指导"国民政府的工作；二中全会还决定，各党推选的国府委员，由国民党中常会选任。这就粗暴地践踏了政治协商会议关于改组政府的决议。

关于军事问题。国民党关于"军令政令统一"、先军队国家化后政治民主化的论调，并未被政治协商会议所接受；政协决议中确定了"军队属于国

---

① 蒋介石：《认识环境及遵循政策的必要》。

② 国民党中央党部档案，藏中国第二历史档案馆。

③ 国民党中央党部档案，藏中国第二历史档案馆。

家""军党分立""军民分治""以政治军"等原则。二中全会不顾政治协商会议上各党派民主协商的实际情况，掀起了一股要求取消人民武装、实现国民党一党治军的逆流。二中全会《关于政治协商会议报告之决议》，强调"军队国家化乃和平建国之先决条件"；其《宣言》中复声称，"军队国家化是政治民主化的主要条件"。国民党竭力强调这些早已为政治协商会议所拒绝的论调，充分暴露了其对政协决议的不满和破坏行为。

更有甚者，二中全会还把攻击的矛头直指中国共产党。会议要求中国共产党"切实依照协议，在其所占区域内，首先停止一切暴行，实行民主，容许人民有身体、思想、宗教、信仰、言论、出版、集会、结社、居住、迁徙、通信之自由及各党派公开活动，使政治民主化之原则，不致因任何障碍而不能普遍实现"[1]。张继等66人在一项动议中更明目张胆地提出，中共如不能做到国民党所规定之若干条件，则"所有政治协商会议协议事项应全部宣告无效"[2]。

会议期间，也曾有一部分委员，提出了一些积极的建议，有的主张严惩贪污，"澄清吏治，以维国本"；有的认为从基层组织至最高党部负责人，都不得采用圈定的办法，"实行选举权、罢免权，以期完成民主集权制度"；有的要求"切实执行地方预算，严禁额外摊派，以轻人民负担"，让人民得到休养生息；等等。但在蒋介石一手导演之下，这些建议为推翻政协决议的浊流所淹没。

美国驻华特使马歇尔在给美国政府的报告中指出："尽管中执会（指国民党六届二中全会——笔者注）结束时宣布它完全批准了政协决议，但有迹象表明，此种批准受到许多保留条件的阻挠，而国民党内顽固分子则竭力破坏政协纲领。""对履行政协决议唯一的反对来自一些国民党内重要而有势力的人物，这似乎是无疑问的。"[3]中共领导人周恩来向中外记者指出，

---

① 国民党六届二中全会对政协报告之决议案，国民党中执会宣传部档案，藏中国第二历史档案馆。

② 国民党六届二中全会议事日程，藏中国第二历史档案馆。

③ 《马歇尔使华》，第81—85页。

"亲自主持政协的蒋主席，竟以顽固派的要求得在国民党二中全会中通过，实使我们感到奇怪。虽然国民党二中全会的决议中也有表示要执行政协决议的话，但是容许了上述反政协的决议存在，实际上就等于取消了前一可能"。他代表中共方面表示："政协的一切决议不能动摇或修改，这是由5方面代表起立通过的，应成为中国的民主契约。谁要破坏，谁就是破坏今天中国的民主和平团结统一。"①国民党二中全会的决议，还遭到了民主党派、民主人士的愤怒谴责。中国民主同盟主席张澜指出，"国民党二中全会违反政协的决议，我们不能不加以重视"。他强硬表示："如果这些问题不弄清楚，我们同盟为对国民负责计，不愿贸然参加政府。"②

---

① 《关于国民党二中全会的谈话》，《周恩来选集》上册，人民出版社1980年版，第230—231页。

② 张澜就国民党二中全会决议发表的谈话，《新华日报》1946年3月21日。

三　镇压人民反内战运动

一二·一昆明惨案

　　国民党当局一面进行和平攻势，一面则加紧准备内战。这激起了人们的强烈不满。在中国共产党的领导和各民主党派的积极配合下，首先由国统区学生开始，掀起了一场反内战运动。

　　1945年11月下旬，在内战乌云密布的情况下，昆明国立西南联合大学、国立云南大学、私立中法大学和省立英语专修学校的学生自治会，决定于25日晚，在云大至公堂举行时事晚会，讨论如何制止内战的问题。昆明国民党当局获悉这一消息后，在省党部主任李宗黄和警备总司令关麟徵的共同策划下，即于24日晚召集云南省党政军各机关负责人联席会议，决议："凡各团体学校一切集会或游行，若未经本省党政军机关核准，一律严予禁止，如有此类情事发生，即由各该团体与学校主管人员负责"[①]，并逼迫云大校长熊迪之出布告禁止学生集会。为此，各校学生乃临时改至西南联大新校舍图书

----

　　①　昆明《中央日报》民国三十四年十一月二十五日。

馆前草坪上举行晚会。晚会于25日晚7时举行。到会者五六千人，钱端升、伍启元、费孝通、潘大逵四教授次第发表了"中国政治之认识"，"财政经济与内战关系"，"美国与中国内战之关系"和"如何制止内战"等演说。晚会进行期间，邱清泉第五军一部包围联大，并在学校四周施放枪炮，同时将电线割断，制造混乱。到会群众，不为威胁和扰乱所动，改用汽油灯照明，派纠察队维持秩序，镇静如常，继续开会。晚会通过了四校全体学生致国共两党制止内战和吁请美国青年反对美军参加中国内战等通电。

26日，西南联大等31所大中学校联合举行大罢课，成立了昆明学生罢课联合委员会，并向国民党云南省党政军当局提出了惩凶、辟谣、保障人身自由、取消非法禁令和赔偿损失等项要求。当天下午5时，国民党云南省党部召集省政府负责人，国民党、三青团骨干分子，以及各学校负责人开会，决定破坏昆明学生反内战运动的办法多项。国民党云南省当局，并限各校于28日复课。28日，罢课委员会宣布无限期罢课，发表《为反对内战及抗议武装干涉集会告全国同胞书》，提出了四项政治主张：第一，立即制止内战，要求和平；第二，反对外国助长中国内战，美国政府应立即撤退驻华美军；第三，组织民主的联合政府；第四，切实保障人民的言论、集会、结社、游行、人身等自由[①]。学生的罢课斗争，得到了教师们的支持和社会的广泛同情。29日，西南联大全体教授发表《为十一月二十五日地方军政当局侵害集会自由事件抗议书》，"表示最严重之抗议"[②]。

30日，当学生罢课联合委员会宣传队队员出发街头，向市民解释罢课原因时，竟遭身份不明的武装流氓围殴、枪击，当即有三名联大学生受重伤。这些武装流氓还捣毁中法大学校舍，撕毁云大门首的壁报、标语。

12月1日，从上午9时至下午4时，大批国民党特务和军人，携带武器和各类凶器，分批闯入云南大学、中法大学、联大工学院、联大师范学院和联大附中，捣毁校具，劫掠财物，殴打师生。致使师生20余人受伤，4人死亡，造成了震动全国的大惨案。

---

① 《时代评论》1945年第6期。

② 《一二·一运动史料选编》（上），云南人民出版社1980年版，第69页。

2日下午，在联大图书馆前举行了有万人参加的四烈士入殓典礼，并设置了烈士灵堂。仪式庄严而又隆重。

同日，西南联大举行教授会议，为国民党云南省军政当局屠杀学生提出抗议。后来，联大教授会又于4日决定罢教一星期，以"为死难同学致哀"，"对学生罢课表示同情"，"抗议云南地方当局指使军队屠杀学生的暴行"。

昆明各阶层群众，以各种方式表达了对罢课学生的同情和支持。自四烈士灵堂设立后，半个月中，前往参加公祭的机关和团体达1000多个；人数计15万人以上，占昆明当时人口的1/2；群众捐款达3000万元。诗人柳亚子沉痛题诗："渝水天沉醉，滇京血怒流。丧心愤群丑，切齿誓同仇。"

国民党当局一手制造了惨案，但为遮人耳目，逃避罪责，由蒋介石授意，玩弄了一场"公审"和枪决"罪犯"的骗局。蒋介石命令，由省主席卢汉任审判长，李宗黄、关麟徵任陪审官，于12月4日，对无业流氓陈奇达、刘友治等"投弹犯人"进行军法会审。审判中，捏造"共党分子姜凯以金钱与支队司令官职相诱"的情节[①]，并故作姿态，"通缉"这名根本不存在的"共党分子姜凯"，将矛头指向共产党。11日，经蒋介石亲自核准，将陈、刘两人草草执行枪决。一二·一惨案的元凶究竟是谁？联大教授会在声明中指出，制造流血事件的暴徒，"实为兼代主席兼党务主任李（宗黄）、警备总司令关（麟徵）、第五军军长邱（清泉），明目张胆所共同指使"[②]。

重庆国民政府为平息学生的愤怒，于12月下旬调走李宗黄。可是，1946年2月中旬，国民党国防最高委员会竟复任命惨案凶手李宗黄为党政考核委员会秘书长之要职。这一任命，又一次激怒了昆明人民。2月17日，昆明各界群众在联大草坪举行抗议集会；会后，15000人参加了示威游行。3月4日，昆明各大中学校学生3万人为抗议任用李宗黄和要求国民党政府履行各项诺言，联合罢课一天。

3月17日，昆明3万名师生，冲破国民党当局的重重阻挠，参加了四烈士

① 关麟徵给蒋介石的报告，国民党政府教育部档案，藏中国第二历史档案馆。

② 《一二·一运动史料选编》上，第173页。

的出殡仪式。出殡队伍，庄严肃穆，秩序井然。下午5时，各校推派代表，在联大图书馆后侧烈士墓地举行了公葬仪式。闻一多先生在致辞时愤怒指出："凶手没有惩，我们要追他们到海角天涯，这一辈子追不着，下辈子还要追，这血债是要还的！"[①]

较场口特务逞凶

1946年1月11日，即政治协商会议召开的次日，由民主建国会、陪都文化界政治协商会议协进会筹备会和救国会三团体，邀集各界代表，在重庆江家巷一号迁川工厂联合会商讨成立了政治协商会议陪都各界协进会。协进会选举陶行知、章乃器、胡厥文、施复亮、李德全、茅盾、曹孟君等35人组成理事会。协进会决定，在政协会议进行期间，每日举行"各界民众大会"，邀请政协代表到会报告当天开会情形，听取人民群众的批评和建议。

国民党CC派首领陈立夫，得悉协进会成立的消息后，便密令国民党重庆市党部监视该会的活动，同时拨款雇用特务打手，以破坏、扰乱各界民众大会的活动[②]；并由军统将逐日活动的情况整理成"报甲"，作为急件，直接呈报蒋介石[③]。

各界民众大会从1月12日起至27日止，先后开会八次。特务打手的破坏捣乱，愈演愈烈。16日会议因特务狂呼乱叫，咆哮会场，被迫中途散会。17日会上，特务高叫"拥护国民党，打倒异党"，对会议主席李德全进行侮辱、谩骂，终使会议开不下去。27日，在各界民众大会举行最后一次会议时，大批特务喧哗、谩骂，会议主持人李公朴和演讲者郭沫若，在离开沧白堂会场后，均为特务打手所尾随，并遭辱骂和甩扔石子。

2月上旬，政治协商会议陪都各界协进会等23个团体为了巩固政治协商

---

① 景山：《庄严的葬仪》，《民主周刊》第3卷第4期。

② 商闻实：《沧白堂事件和较场口事件》，《重庆文史资料选辑》第1辑。

③ 陈文荣：《较场口血案幕后见闻》，《重庆文史资料选辑》第10辑。

会议的成果，促使五项决议得到贯彻实施，组成了陪都各界庆祝政治协商会议成功大会筹备会。经各团体反复协商，一致决定于2月10日上午9时举行庆祝大会，由郭沫若、马寅初、李公朴、施复亮、章乃器等20余人组成大会主席团，李德全为总主席，李公朴为总指挥。

在各团体积极筹备召开庆祝大会的同时，国民党当局也加紧筹划对付的办法。陈立夫布置重庆国民党市党部主任委员方治，采取"民众对民众"的方法来破坏各界庆祝政治协商会议成功大会。2月7日晚，方治召集国民党党、军、警、宪各方面人物秘密开会，商量破坏办法。会上决定，由属市党部和中统局共同领导的"社会服务总队"施行暴行，由市党部执委吴人初另组一个"主席团"①。

2月10日晨8时许，较场口各界庆祝政协成功大会的主席台及会场周围，已为数百名特务、打手所占领。在国民党重庆市党部一手策划下拼凑起来的九名"主席团"成员、市农会常务理事刘野樵等，陆续向筹备会工作人员索取主席团标志，并无理要求立即开会。章乃器以原经推定的主席团成员、特邀之政协代表以及各参加团体尚未到齐，婉言劝说，竟遭打手辱骂并劈胸一拳。接着，又为大会总主席人选发生争执。筹备会原推定李德全为总主席，八团体"代表"坚持为刘野樵。在争执相持不下时，一名市商会人员突然通过扩音器声称："我们选占中国人口80%的农会代表刘野樵担任总主席！"随即悍然宣布开会、奏乐、唱党歌、读总理遗嘱，并叫刘野樵讲话。此时，经筹备会推选为大会主席团成员的施复亮大声宣布："请大会总指挥李公朴讲话。"当即有一群特务打手将李包围，拳打脚踢；郭沫若，马寅初，施复亮，沈钧儒，《新民报》记者邓蜀生、姚江屏，《大公报》记者高学逵，《商务日报》记者梁柯平等均遭毒打；劳协的陈培志、冉瑞武、梁永恩、顾佐衡四人被殴重伤。从而，演成著名的较场口血案。

特务打手在行凶破坏之后，又假冒"群众"的名义，继续开会，大肆攻击政协决议，反对修改宪章，并通过所谓《宣言》。接着，这批打手又赶到

---

①　陈文荣：《较场口血案幕后见闻》，《重庆文史资料选辑》第10辑。

百龄餐厅，以市党部和市警察局的名义，将筹备会主办的记者招待会宣布为"非法"，加以取缔；由市党部的几个执委，重新主持了一个仅有《中央日报》《和平日报》和中央社等少数记者参加的"记者招待会"，颠倒黑白，造谣惑众。

　　较场口血案发生后，在重庆和全国立即掀起了以声援这一事件为中心的民主运动高潮。当日下午3时，筹备会在中苏文化协会举行了中外记者招待会，揭露了国民党当局破坏庆祝大会、造成流血事件的真相。下午6时，重庆11个青年团体举行紧急座谈会，组成陪都青年二·一〇血案后援会。晚8时，政协代表沈钧儒、张君劢、陈启天、周恩来、董必武、王若飞、李烛尘、梁漱溟、章伯钧、罗隆基、张申府等11人集会联名向蒋介石提出书面抗议，并公推周恩来、张君劢、陈启天、李烛尘4人面见蒋介石。12日，一署名"冠英"者，寄交周恩来恐吓信一封，并附手枪子弹一颗，内称："你若要向蒋主席面报这次事变，便请你先尝这颗子弹之味！"[1]周恩来大义凛然，立将此信交《新华日报》公布。13日，发起召开庆祝大会的23个团体发表《向全国同胞控诉书》，强烈呼吁全国同胞，"要赶快一致起来，为着国家的、为着每一个人自己的自由和安全，坚决要求这一个血案，迅速昭雪"[2]。为声援较场口事件的受害者，成都、昆明等地举行了万人大游行；上海、武汉、广州、香港、北平、西安等地和延安等解放区的广大军民，均纷纷集会，拍发慰问函电。纽约华侨青年救国团也致函蒋介石，指出"此种逞凶暴行乃法西斯之道，与法制精神根本不相容，抑亦为近代国家之羞"，要求"迅即实现政治协商会议之一切决定，迅即解散摧残民权之特务组织，并严惩其罪首，根绝暴力主义"[3]。

　　国民党当局一手制造的沧白堂、较场口事件，不仅压制不住人民反内战、争民主的热潮，而且使自己在政治上，更加陷于孤立。

---

① 童小鹏：《第二次国共合作》画册照片影印件，文物出版社1984年版，第483祯。

② 《新华日报》1946年2月13日。

③ 南京国民政府档案，藏中国第二历史档案馆。

民主人士下关被殴

国民党当局对昆明、重庆等地人民反内战运动的镇压，引起了全国人民的愤慨。1946年五六月间，以上海为中心，掀起了反内战、争民主斗争的新高潮。5月5日，上海各人民团体组成上海人民团体联合会，推选马叙伦、许广平、沙千里等29人为理事，发表宣言，提出立即停止内战、实行政协决议、取消特务组织等17项政治主张。同时，还成立了沪西工人反内战民主促进会、上海学生争取和平联合会等反内战团体。由上海人民团体联合会等组织联合发起，组成上海人民和平请愿团，推派前代理教育部部长马叙伦、迁川工厂联合会主席胡厥文、四明医院董事长黄延芳、雷石化学公司董事长包达三、中兴实业公司董事张绚伯、开美科教厂董事长盛丕华、大明公司总经理阎宝航、基督教全国青年会总干事吴耀宗、东吴大学教授雷洁琼（女）9人为请愿代表，另由上海学生和平促进会选出东吴大学学生会主席陈立复和上海学生团体联合会主席陈震中两位学生代表，共11人[1]，于6月23日赴南京请愿。是日清晨起，沪市学生争取和平联合会、沪西工人反内战民主促进会、妇女联谊会等100余团体约5万名群众纷纷聚集火车站，并沿途高呼口号，高唱反内战歌曲，游行示威，欢送请愿代表启程。著名人士陶行知、许广平、周建人、叶圣陶、田汉、吴晗、沙千里等到车站送行。许多中外记者赶来采访，美国福斯制片公司还专门派人来拍摄了现场实况。

南京国民政府对请愿团的活动，进行了多方面的破坏。在上海各界人民团体欢送请愿团赴宁时，中统局策动少数青年学生上街，呼喊"反对冒充代表""打倒青年贩子"等口号，张贴"打倒马叙伦""打倒林汉达"一类标语。南京方面，则由国民党中统局局长叶秀峰亲自组织对付。叶布置中统江

---

① 雷洁琼：《血溅金陵忆当年》，载《文史集萃》第1辑，文史资料出版社1983年版，第15—16页。

苏省调查统计室派人，在请愿团路过镇江时，设法阻拦，迫其返回上海；又部署津浦铁路调查统计室，指挥特务和暴徒，在下关车站围攻请愿团①。

请愿团代表除胡厥文因事当天未能成行外，其他10人于上午11时乘六一一号列车离沪。车开不久，就有冒充列车员的特务，要求各代表填写详细履历，遭代表们严词拒绝。车到苏州，有一伙人前来，将车厢外要求停止内战的标语统统除去。在常州车站，又有一伙人上车，将车厢内反对内战的标语也擦洗掉，并贴上事前准备好的标语。下午5时，车过镇江车站时，有一批身穿绸衫、面色红润、营养良好的"苏北难民"登车，将代表包围，恣意辱骂，扬言要将其"扣留"在镇江，再加以"收拾"。这伙暴徒的吵闹，遭到了代表们的愤怒斥责。

下午7时，车抵南京下关车站。中共代表王炳南、民主同盟代表叶笃义和先期到达南京的请愿团秘书罗叔章等，到车站迎接。请愿团代表下车后刚踏上月台，即被预伏在站内的大批特务、暴徒团团围住。暴徒们自称是"苏北难民代表"，以挑衅的口气，责问请愿团："你们来的动机是什么？""你们知道不知道苏北的情形？""内战的责任归谁负？"据《中央日报》报道，这些伪称"难民"的特务、暴徒，共提出10点所谓"要求"："1.要求共军撤退苏北；2.要求共军不要强迫妇女肉体慰劳；3.停止斗争；4.恢复交通；5.要求共党不要强拉壮丁；6.送难民回乡，并予以保障；7.请以第三者立场，请共军停止攻击；8.应为老百姓说话；9.要停止内乱；10.停止血的斗争。"②对于这些诽谤性的言论，代表团当即表明了自己的严正立场。然而正当请愿代表进行答复、解释时，一个身着黑衣的彪形大汉一声喊打，暴徒们一拥而上，拳脚交加，将马叙伦等代表殴打一顿。此时，行凶的特务，暴徒愈集愈多，而在车站维持秩序的警察却寥寥无几。代表们只好退到候车室内，马叙伦因受伤躺倒在椅子上。候车室外的暴徒则高声叫嚷："打倒马叙伦！""打倒周恩来！""打倒共产党！"这时，国民党宪警不仅不驱散暴徒，以维持治安；相反，却要请愿团乘夜车返沪，即遭拒绝。随

---

① 张文：《"中统"特务如何制造南京下关事件》，《文史集萃》第1辑。

② 南京《中央日报》1946年6月24日。

后，当请愿团成员、大明公司总经理阎宝航由候车室出来讲话时，暴徒竟高叫："跪下来！""共产党跪下来！"阎愤怒申斥："我和日本人打过几年仗，在日本人刀枪下我也没有下过跪。要跪，办不到；要枪毙，枪毙好了！"①

这时，在车站外的广场上，一群暴徒正在殴打前来采访的记者高集、浦熙修、徐斌和徐士年四人。高集被10余名暴徒连续殴打四五十分钟，头部受伤，脸被打肿；浦熙修先后四次被殴，伤头部、臀部、腿部，头发凌乱，所穿衣服，多被撕破。

在折腾了几个小时后，有一辆满载武装宪警的卡车开来，将现场包围，但并不"弹压"，只是远远地袖手旁观。

深夜11时，聚集在车站的特务、暴徒，在一片喊叫声中，打破玻璃窗，冲进候车室。他们用桌椅板凳、木棍、玻璃瓶等物，对请愿团代表殴打数十分钟，致马叙伦头部、胸部、腰部均被打伤；阎宝航受伤多处，尤以面部为最重；雷洁琼女士，头部遭木棍敲击，胸部被皮靴踢伤，口吐鲜血；陈震中头部、胸部被殴伤；民主同盟前往车站欢迎请愿团的代表叶笃义亦遭凶殴。在马叙伦等被殴伤的同时，其随身所带的钢笔、手表、钞票等物，被一抢而空。雷洁琼女士的手提包、手表和眼镜都被暴徒抢走，手提包内还有请愿团致美国总统特使马歇尔的备忘录副本和10万元钞票。直至12时许，经中共与民盟代表辗转交涉，以及国民党冯玉祥、李济深等人的努力，请愿团被打伤人员始被用卡车送往太平路中央医院分院，其余代表也同时离开车站，由罗隆基陪同下榻于鼓楼兴华旅馆。在送往医院的伤员中，竟还有一名看热闹的银行女职员。其衣服被撕得稀烂，几乎赤裸上身，待包扎好伤口以后，方含泪离去。当夜2时，中共代表周恩来、董必武即赶往中央医院慰问伤员。民盟中央常务委员罗隆基则"为此事奔走到天亮"②。总计在此次暴行中，请愿团代表、在场记者及欢迎人员受伤者共12人。

---

① 《解放日报》1946年7月5日。

② 《罗隆基1946年日记摘抄》，《中华民国史资料丛稿》增刊第6辑，中华书局1980年1月版。

下关血案，引起了社会各界人士的极大愤怒和震动，纷纷抗议特务打手的暴行，声援上海人民和平请愿团的斗争。

中共代表周恩来，于24日三人会议前，首先就下关事件作了郑重报告，并就此于当日午后送交美国特使马歇尔和南京国民政府代表徐永昌、俞大维一项备忘录，严重抗议国民党政府放纵暴徒行凶，提出6条要求：（1）惩办凶殴上海和平请愿代表的祸首；（2）追究地方警宪之责任，并予惩处；（3）取消军统、中统等特务机构；（4）保护人民向政府请愿及申诉的权利；（5）负担受伤者医药费及赔偿损失；（6）保护各代表居住行动的安全①。中共领导人毛泽东、朱德并向请愿团代表拍发了慰问电，表明："中共一贯坚持和平民主方针，誓与全国人民一致为阻止内战，争取和平奋斗。"②民盟在宁政协代表梁漱溟、黄炎培、章伯钧、罗隆基、张申府于6月25日，联名致函国民党代表孙科、王世杰、陈立夫、邵力子、吴铁城、张厉生，揭露"暴徒之指挥者实自上海跟踪而来，中间又加入镇江所谓难民者多人"，"实出于一种特务活动"。信中还一针见血地指出，"以首都重地，军警如林，而不能维持秩序，保障人民生命身体之自由，窃不能不怀疑吾人为有政府抑为无政府，此断非可以防范疏忽等论调推卸责任者"③。上海沪西工人反内战民主促进会于6月25日发表宣言，为下关惨案向南京国民党当局提出严重抗议，要求：（1）惩凶及惩办治安当局；（2）医治受伤代表；（3）切实保障人民基本自由，保证以后不再发生同样事件。

南京国民政府迫于全国各界人民的压力，装模作样地抓了八名下关事件的"嫌疑犯"；并将该管区警察所所长余湛撤职，下关警察局局长余翼群记大过一次，首都警察厅厅长韩文焕予以申诫。这些做法，不过是掩人耳目而已。那些"嫌疑犯"，经拖延2月，方由南京地方法院从轻发落：只判处其中1名有期徒刑6月，缓刑2年；3名有期徒刑3月，缓刑2年。

请愿团在南京期间，于中共代表团驻地梅园新村，受到了周恩来等人

---

① 《新华日报》1946年6月28日。

② 《新华日报》1946年6月30日。

③ 《新华日报》1946年6月28日。

的亲切接见。同时，他们还出席了国民参政会，会见了马歇尔特使。蒋介石和宋美龄分别接见了黄延芳和雷洁琼代表。请愿代表在各种场合都陈述了上海人民反对内战、要求和平的强烈愿望。蒋介石在接见代表时虚伪地表示，"就是这次谈判不成，我也不打"。但是，此时在他的秘密命令下，30万国民党军队已经向中原解放区发起了大规模的进攻，点燃了全面内战的战火；160万国民党军队已经将各解放区团团包围。与此同时，国民党当局还变本加厉地镇压人民群众的爱国民主运动。

李公朴、闻一多遇害

紧接着6月下旬的南京下关血案，7月中旬，国民党特务又在昆明暗杀了著名的民主人士李公朴、闻一多。

民主同盟的云南省支部，是昆明地区民主运动的一支重要生力军。民盟中执委、云南省支部领导人李公朴、闻一多是昆明地区民主爱国运动的重要领导人和杰出的战士。6月间，他们筹划成立了"昆明各界争取和平反对内战委员会"，发起万人签名运动以制止内战的爆发。对此，国民党当局，一面通过种种手段，散布李公朴"谋暴动"，闻一多"组织暗杀团"，民主同盟要"夺取政权"等谣言，制造舆论，一面密令昆明警备部、宪兵十三团等部，"中共蓄意叛乱，民盟甘心从乱，际此紧急时期，对于该等奸党分子，于必要时得便宜处置"①，并将李、闻列入暗杀名单第一、第二名。在十分险恶的形势下，李、闻和民盟云南省支部其他负责人潘光旦、楚图南、冯素陶、费孝通、潘大逵共七人，于6月26、28、29日，先后举行三次招待会，分别招待党政军各机关负责人、社会贤达、文化教育界人士，以及新闻界人士，声明民盟所持"和平建国，民主团结"的主旨不变，强调"民盟只从和

---

① 南京国民政府档案，藏中国第二历史档案馆。

平方式争取民主，并非暴力革命的团体"①。但是，民盟的这些解释，并未能避免国民党特务对其领导人的血腥屠杀。

7月11日晚9时40分，李公朴夫妇外出返家途中，在南屏街公共汽车站等车时，即有三名着黄军便服者，立于其周围。上车后，此三人一坐李身旁，一坐李夫人身旁，一坐李对面。车行至青云街口，李公朴夫妇下车，该三人亦随同下车。李行至学院坡又路处，突遭无声手枪射击，当即扑倒路旁泥泞之中，李夫人呼救，适有青年学生多人路过该处，亲见凶手将其手枪递交另一特务后逃跑。经学生追捕阻挡，方将该凶手追获，送警察三分局，其余行凶特务则均逃匿。李公朴由云大学生及市民抬至云大医院，经开刀检查，子弹系从左后腰射入，经右前腹穿出，腹腔和胃里大量积血，并由口中吐出。李于清醒时自言自语"我早有准备了"，并痛骂当局"卑鄙、无耻"。次晨5时20分，李公朴伤情恶化，经抢救无效逝世。

李公朴被暗杀的消息，使社会各界极为震动。各校学生纷纷前往吊唁。民盟云南省支部分别致函国民党昆明警备部和云南省政府警务处，强烈要求缉拿凶犯。中共领导人毛泽东、朱德于7月13日给李夫人张曼筠女士拍发了唁电，称赞李公朴"威武不屈，富贵不淫"，其牺牲"实为全国人民之损失，亦为先生不朽之光荣"②。

国民党特务暗杀了李公朴以后，随即又图谋杀害闻一多。早在6月初，昆明警备部要员就在一次会议上声称："像闻一多这样的人，下手也不好，不下手也不好。"③可见，国民党当局对于杀害闻一多，已在策划中。李公朴遇害后，有一个怪女人，年约40岁，在干瘪的身躯上穿着一件灰白色的旗袍，下摆直拖到脚面上。她左手拿一本《圣经》，用右手的长指甲划着《圣经》上的一些段落，装疯卖傻，数次到闻一多家中窥探和纠缠，并说："闻

---

① 民盟总部印发《李闻案调查报告书》，南京国民政府档案，藏中国第二历史档案馆。

② 《新华日报》1946年7月21日。

③ 民盟总部印发《李闻案调查报告书》，南京国民政府档案，藏中国第二历史档案馆。

一多，还不快忏悔，你的多字是两个夕字，你命在旦夕了。"闻闭门不理，怪女人丢下恐吓信，声言三天之内，让闻一多父子都死。

7月15日一早，即有友人前来警告闻一多，云：闻已被列入暗杀名单，嘱其少出外开会。闻微笑说："事已至此，我不出，则诸事停顿，何以慰死者。"①下午1时，闻一多出席李公朴治丧委员会在云南大学至公堂召开的会议，慷慨陈词："我们不怕死，我们有牺牲的精神！""我们要准备像李先生一样，前足跨出大门，后脚就不准备再跨进大门。"②散会后，由学生护送回家，休息片刻，又去府甬道十四号出席民盟举行的记者招待会，约5时散会，由其子闻立鹤伴送回寓。父子二人边走边看报，至联大教职员宿舍旁，忽见两名着短装的暴徒迎面而立，跟着就是一阵密集的枪声，从四方射来。闻一多首先中弹倒地，头中三枪，胸部及其他部位亦中多弹，于送医院途中，即停止呼吸；闻立鹤胸中三枪，肺部被打穿，右腿被两颗子弹打断。后经对凶手所乘军用吉普车号码、车轮胎遗留的痕迹和现场捡获的弹壳、弹头等情况综合判断，这一暗杀事件，乃警备总司令部指使特务所为③。

闻一多遭暗杀后，民盟中央主席张澜在唁电中愤怒表示，"当权者对付民主人士，其卑劣残酷，至于此极，殊堪痛恨"！④中共领导人毛泽东、朱德在唁电中，称赞闻一多"为民主而奋斗，不屈不挠，可敬可佩"⑤。一群青年在吊唁闻一多的誓言中说："无数的青年被您的死唤醒了"，"国家一天不民主，不独立，不和平，我们无数的青年一天不会停止奋斗的"⑥。后来，民盟总部在《李闻案调查报告书》中严正指出："李、闻案，无待申论是政治性暗杀案。""我们今天所要做的，绝不在枪毙几个大小特务，为李、闻两先生抵命；乃在证实国民党特务机关在政治上的罪恶，而取消特务

---

① 《闻一多先生事略》，《闻一多纪念文集》，三联书店1980年版，第474页。

② 《闻一多全集》（3），三联书店1982年版，第583页。

③ 程一鸣：《闻一多被暗杀案的内幕》，《广东文史资料》第23辑。

④ 《新华日报》1946年7月22日。

⑤ 《解放日报》1946年7月19日。

⑥ 《一多牺牲前后纪实》，《闻一多纪念文集》，三联书店1980年版，第391页。

机关。""对方，大而言之，是一个党；小而言之，是一个机关。"[1]当时正在中国调解国共争端的马歇尔向美国政府报告说："中国民主同盟的两位著名的自由主义分子在昆明被身份不明的人（后来据透露是昆明警备司令部的特务）暗杀了，而且有种种迹象表明，国民党特务正在国内其他地方恐吓民主同盟重要的盟员和中国的自由主义分子。"他认为，这是"某些国民党官员""压制对国民政府公开的批评"[2]。

　　国民党特务在五天之内，用残暴的手段，杀害了李公朴、闻一多两位民主人士。这是对中间派反战运动的公开镇压。它表明，国民党当局，决心把一场大规模的内战，强加到中国人民的头上。

---

① 南京国民政府档案，藏中国第二历史档案馆。

② 《马歇尔使华》，第197页。

四　发动内战

改组军事机构

国民党当局于抗战胜利后，迫不及待地整编军队和改组军事机构，是阴谋发动大规模内战的一项重要举措。在新成立的国防部中，掌握实权的蒋介石嫡系将领陈诚，成为发动全面内战的总指挥。他调兵遣将，首先将中原解放区予以包围，企图将其一举消灭，然后再将内战战火燃向全国各地。

国民党当局，为了巩固自己在战后的统治地位，遂集中力量进行军队的整编，欲将中共军队亦纳入其掌握与控制之下，并作为发动新内战的准备。后来，在陈诚的军事报告中宣布，在陇海路沿线及西北的国民政府军，实际整编了27个军、67个师，在长江流域及其以南的国民政府军，实际整编了29个军、80个师。陈诚的起家部队第十八军被整编为第十一师，师长胡琏。

1946年5月，南京国民政府接受美国军事顾问团的建议，对军事机构的设置实行调整，决定撤销军事委员会及其所属军令部、军政部、陆军总司令部，设立国防部。15日，国民党中常会、国防会议分别通过，白崇禧任国防部长，陈诚任参谋总长兼海军总司令。这样，蒋介石的嫡系将领陈诚便掌握了全国军事大权，可以直接秉承国民政府主席蒋介石的命令，统率陆、海、空军。

鉴于国防部的设立，原何应钦所长陆军总部和陈诚所长军政部，均于5月31日结束业务。陈诚与白崇禧则分别以参谋总长和国防部长的名义，于6月1日，先行到国防部视事。为诱导社会舆论，陈诚特意声称："此次军事机构之调整，在树立一个百年制度。""国防部长有权，参谋总长有能。如无国防部之动员令及预算，参谋总长不能指挥一个兵、动用一文钱。"①

7月1日，陈诚宣誓就参谋总长职，特发表《告全国官兵书》。其中，披露了蒋介石对于此次军事机构改组的三点指示。（一）希望各级将领皆能以国家利益为前提。依国家目前及将来需要，实非调整军事机构不可。（二）军事机构之改组，完全以美国之军事系统与组织为原则。（三）限于本年5月底前改组完毕。陈诚称赞国防部的成立，"完成了中国划时代的军事制度的大改革"，"不仅展开中国历史上的新页，尤足象征中国国防前途的光明"。他认为，国防部立案的精神共有四点：其一，以政治军；其二，还军于国；其三，陆海空军之统一指挥；其四，平战两时之适用。为了使新旧两种军事机构得以顺利过渡，陈诚还拟定：第一步，原有机构的业务未经完成者，仍由原机构负责继续处理；第二步，按照新机构编制，重新切实编并；第三步，正式展开新机构的业务。②

参谋总长陈诚在就职之初，给国防部，也是给自己的工作，规划了五个方面的任务：一是继续完成复员、整军，要搞好复员官兵、伤残官兵的安置，完成勋奖、抚恤业务，开展军事行政的复员；二是继续抓好建军工作，要奠定与加强国防机构，整理陆军，建设海军、空军；三是改革军事制度，包括教育、人事、兵役和补给制度；四是注意发挥军政联系的效能，强调以国防政策为基础，密切与行政各部门的合作，以及制定总动员的有关事项；五是提倡和加强国防科学，要加强国防科学研究机构，支援国防科学的研究

---

① 天津《大公报》1946年6月2日。

② 《陈总长告全国官兵》，天津《大公报》1946年7月2日。

和发展，确立指导国防科学的政策。①

陈诚特别强调打破各种旧的观念，其中包括拘泥现实，不求进步；注意表面，不顾实际；感情用事，不问是非等。陈诚还蓄意把矛头指向中共，歪曲事实，对所谓的"反动分子"大张挞伐。他说："反动分子"破坏政府的威信，离间政府与人民的感情，"制造混乱"，"到处发动军事冲突"②。

从10月下旬起，由于三人小组中国民政府代表徐永昌生病，新任参谋总长陈诚再次充当国民政府在该小组中的代表。11月11日上午，三人小组自6月谈判中断以来第一次集会，举行了一次非正式会议，陈诚、周恩来、马歇尔等出席了这次会议。这时，国民党挑动的内战，已经在全国范围内展开，国民党军并于10月11日占领解放区重镇张家口。国民党方面，为了替即将召开的国民大会创造有利条件，并向中共方面施加压力，宣布从11月11日起单方面停止战斗。中共代表周恩来在会议上一针见血地戳穿了国民党方面将发布停战令作为掩护，以便组织更大规模进攻的阴谋。陈诚按照国民党当局的既定方策，煞有介事地提出了"对停止冲突具体措施的想法"。其要旨为："首先，就地停战，并派去执行小组以进行必要的调整；然后，在执行小组到达之后，设法把敌对双方的部队分隔开，并安排必要的部队调动；第三，为解决执行小组内和军事调处执行部内的意见分歧而拟定某种办法。"马歇尔插话说："如果我们能够找到一条立即结束冲突的途径，这就一定会使总的局势得到改善；对于所有各方都是越快越好。"周恩来表示：他对此还不能作出具体的答复，因为他毫无准备；但是他仍然愿意作出一切努力，并愿听取陈诚就自己的建议所作的详细说明，然后，他才会有可能向延安提出报告，并由他自己加以研究。陈诚遂对其建议作出如下进一步的说明："一、直接接触或实际交战的双方部队司令官立即宣布停火，并在执行小组到达以前，和对方司令官取得联系，以谋求当地停战的实现；二、执行小组在必要时可要求对彼此接触或处于交战状态的双方部队位置进行调整，可依情况要求一方或双方后撤一定距离；三、如果在执行小组成员之间、在长春前进

①　《陈总长告全国官兵》，天津《大公报》1946年7月3日、4日。

②　《陈总长告全国官兵》，天津《大公报》1946年7月4日。

指挥所或军事调处执行部内发生了意见分歧，应遵循6月所作的规定加以解决；四、军队的整编和配置将由三人小组尽早进一步讨论解决。"周恩来敏锐地发现，陈诚的方案，同三人小组6月谈判中形成的文件草案相比，并没有什么新的东西；相反，对于停止冲突后部队将恢复到何种状态这一实质性问题，却避而不谈。周接着指出，在6月形成的文件中规定了两个步骤。第一步在是10天内全国恢复到6月7日的状态，第二步则是在20天内恢复到1月13日（按：即1月10日停战令生效时）的状态。陈诚说："军队的配置肯定是要讨论的，但是首要的任务应该是解决停止冲突的问题。"他并表示，不记得在6月谈判中曾对驻防地区有所规定。马歇尔在一旁提醒道："满洲的防区是规定了的。"周恩来指出："在6月的休战谈判中，曾规定以6月7日的状况为基础恢复部队驻防位置，但是未能就有关各师指挥部驻地的条款达成协议。"[1]这一次三人小组的非正式会议，经过一番冗长的辩论，并未得出任何新的结论或协议，甚至连复会的日期也没有能够商定。

国民党当局对全国最高军事机构的调整和改组，完全是为其发动全面内战的总方针服务的。在这一改组工作中，新任参谋总长陈诚的位置，举足轻重，十分引人注目。

加紧战争部署

国民党当局在残酷镇压人民反内战运动的同时，又加紧战争部署，挑动新的内战。这时，国民党政府拥有一支430万人的军队，其中正规军有248个师（旅），计200万人，且有45个师为美械装备，战后还接收了100万投降日军的武器装备。国民党政权统治着全国3/4的地区和3亿以上的人口，控制了工业发达的各主要大城市和交通要道，经济基础比较雄厚；又不断得到美国政府所给予的巨大财政援助。而中共领导的解放区，只有120万解放军，其

---

[1] 《马歇尔使华》，中华书局1981年版，第375—383页。

中正规军只占1/2，武器装备是"小米加步枪"，没有飞机、坦克等先进武
器，大炮也不多。在经济上，解放区的土地面积只近全国1/4，且多为经济
落后的偏僻、贫穷山区，人口为1亿多一些，没有外援。国民党当局倚仗军
事上、经济上的绝对优势，陈兵百万，将各解放区包围，妄图首先迅速消
灭山海关内解放军之主力，控制津浦、平汉两线，稳住江南，确保华北，
尔后再转向关外，对东北解放区用兵，"在3～6个月的时间里消灭中国的所
有共军"①。

　　按照1946年1月10日停战令的规定，"除另有规定者外，所有中国境
内军事调动一律停止，唯对于复员、换防、给养、行政及地方安全必要之
军事调动，乃属例外"，"国民政府在上项规定之下调动，应每月通知军
事调处执行部"。但国民党当局在停战令发布后的半年左右时间内，非法
调动100余万军队，且大多不按规定向军调部报告。据自1月10日停战令下
达至5月上旬的不完全统计，国民党军队共调动了35个军、99个师，达100
万人以上。其中，苏皖、山东方面调动了9个军21个师；鄂豫方面调动了
5个军12个师；豫北、陕西方面调动了9个军20个师；山西方面调动了12个
师；广东方面调动了3个军9个师；东北热河方面调动了10个军28个师②。与
此同时，国民党军还打着"接收"的旗号，不断向解放区发动进攻，以求
在战略地位上占有有利态势。据统计，这一期间共发动大小进攻达3765次
之多，先后使用兵力258万余人，夺取了解放区村镇2077个、县城26座③。
对此，连美国特使马歇尔也直言不讳地认为，"国民政府若干地方当局在
许多地方给了共产党指责国民党缺乏诚意的机会"，例如，国民党军进兵
热河省的赤峰；国民党驻广州的司令长官拒绝承认该区有中共军队，并拒
绝执行军调部调查那个地区情况的命令；国民党飞机在延安机场上空"侦

---

① 《马歇尔使华》，第198页。

② 据新华社延安1946年5月8日电。

③ 1946年6月14日中共代表团发言人对当前时局发表的谈话，《国共谈判文献资料
选辑》，第215页。

察";等等①。

关内小打，关外则大打。东北地区，本应无例外地包括在1946年1月10日的停战令所指范围之内。美国政府在后来公开发表的《白皮书》中承认："1946年1月10日停战协定的条款除去关于军队的调动外，没有规定把中国任何地区划为例外，三人小组的会议里也没有不把'满洲'包括在这个停止冲突命令的范围之内的含意或表示。"②国民党军借口"接收"东北，公然违背停战协定中关于"一切战斗行动，立刻停止"的规定，攻城夺地，强行从东北民主联军手中夺去四平、长春等战略要地。马歇尔曾向美国政府报告说："现在的局势直接操在'满洲'的国民政府司令官们手中，他们觉得一定能用武力解决问题，所以不愿与共产党妥协。"③

国民党当局经过频繁的调动和周密的部署后，决定以其总兵力的80%，即193个师（旅），计158万人，将各解放区包围。其中，以25个旅（相当整编前的师）21万多人包围中原解放区；以31个旅27万余人包围苏皖解放区；以27个旅19万人包围山东解放区；以28个旅近25万人包围晋冀鲁豫解放区；以20个旅97000人包围晋绥解放区；以19个旅155000人包围陕甘宁解放区；以16个旅16万人包围东北解放区；以9个旅75000人包围广东游击区和海南岛解放区。

在发动新的内战的部署大致就绪的情况下，蒋介石于6月中旬，通过国民党代表、军令部部长徐永昌向三人会议递交了一份《关于一九四六年二月二十五日整军方案之修正及执行之初步协议的附件》草案，无理要求解放区军队从以下各地撤退：（1）安徽全省；（2）与淮安县同等纬度以南的江苏各地；（3）陇海路以南地区；（4）山东枣庄、鲁东北、德县和胶济路全线；（5）察哈尔省与张家口同等纬度以南地区；（6）热河省承德及与承德同等纬度以南地区；（7）鄂豫边区；（8）山西闻喜地区；（9）除

---

① 《中美关系资料汇编》第1辑，第207页。

② 《中美关系资料汇编》第1辑，第202—203页。

③ 《马歇尔使华》，第135页。

黑龙江省，兴安省，嫩江省中部、北部及吉林省东部以外的东北地区①。中共代表团表示，在上述要求中，除个别项目外，均不能加以考虑。这样，在南京国民政府的一手策划下，一场新的大规模内战的爆发，便只是时间问题了。

宣化店的战火

南京国民政府经过精心策划，首先把发动全面内战的突破口，选择在中共领导的中原解放区。国民党军事当局将该解放区，视作威胁国民党统治的心腹之患。他们认为，解放军据此，"可北出黄淮平原，以扰中原；南下武汉，以窥两湖；西进随（县）、枣（阳），以控荆（州）、襄（阳）；并可切断我平汉路中原之大动脉"②。

中原解放区，原为李先念、郑位三领导的新四军第五师驻地。日本投降时，该解放区包括鄂豫皖、豫西、水西等解放区，占地广阔；由于国民党军的不断蚕食，至1945年《双十协定》公布时，新四军第五师部队已被逼至鄂豫两省交界的桐柏山区这一狭小地域内。随后，王震和王树声分别率八路军三五九旅南下支队和河南军区部队到此，遂组成以郑位三、李先念为首的中原军区。1946年1月上旬，中原军区部队作战略转移，进驻宣化店地区。

6月18日，蒋介石发出密令，电饬郑州绥靖公署主任刘峙，"统一指挥五、六两绥署之部队，围歼李先念部"③；并命令，"担任攻击各部队统于巳月养日（按指6月22日）前秘密完成包围形势……实施攻击。各部在攻击行动中，应严防奸匪伺隙逃窜。"④受命"进剿"中原解放区的部队计有：第五绥靖区孙震所辖整编第三师李楚瀛部、第十五师武建麟部、第四十一师

①　《中美关系资料汇编》第1辑，第662页。

②　《"戡乱"简史》，台北"国防部史政局"1959年编印，第75页。

③　《南京国民政府国防部史政局档案，藏中国第二历史档案馆。

④　《中原突围》第1辑，湖北人民出版社1983年版，第16页。

曾苏元部、第四十七师陈鼎勋部、第四十八师张光玮部；第六绥靖区周岩（喦）所辖整编第六十六师宋瑞珂部、第七十二师杨文瑔部、第七十五师沈澄年部、第十一师胡琏部；第一战区胡宗南所辖整编第三十六师钟松部、第七十六师廖昂部、第九十师严明部和骑兵第一旅以及汉口、西安两地的空军①。其作战方针为：郑州绥署以追歼西移之李先念部主力为目的，以有力一部扼守高城、枣阳地区，阻李西去，主力跟踪追击，期将李部主力围歼于桐柏、大洪山区②。6月26日，由刘峙统率的30万大军，向宣化店地区的人民武装发起进攻，点燃了全面内战的战火。

　　这时，中原解放区连同地方部队在内，一共只有6万余人。对于国民党军重兵的封锁和包围，中共中央及其所属中原军区审时度势，早已制定了突围的对策。中共中央于6月1日电示中原军区，指示"全面内战不可避免"，"必须准备对付敌人袭击及突围作战"③。21日，中原军区向中共中央报告了"在本月底即开始实施主力突围"，"即经鄂中分两个纵队分别向陕南及武当山突围"的计划④。中共中央于23日复电同意，并指示突围行动"愈快愈好"，"生存第一，胜利第一"⑤。中原军区部队的具体突围计划是：（1）北路，由李先念、郑位三、王震等率中原局、中原军区机关、第二纵队（欠一旅）和第三五九旅共15000人，自信阳、广水间过平汉路，向西挺进；（2）南路，由王树声等率第一纵队（欠一旅）及第二纵队一个旅共1万余人，从广水、花园间过平汉路，与北路突围部队平行向西攻击；（3）东路，由皮定钧率第一纵队第一旅共7000余人，向东佯攻，掩护主力向西突围；（4）江汉、河南、鄂东诸军区部队，牵制敌军，掩护上述各路部队突围，留原地坚持游击战争。

① 南京国民政府国防部史政局编：《绥靖第一年重要战役提要》，第53页。
② 《绥靖第一年重要战役提要》，第15页。
③ 1946年6月1日中共中央给郑位三、李先念、王震的电报，《毛泽东军事文选》，中国人民解放军战士出版社1981年版，第280页。
④ 《毛泽东军事文选》，第283页注释。
⑤ 《毛泽东军事文选》，第281页。

　　国民党军以整编第十五师和第六十六师阻止中原军区主力李先念部穿越平汉路，经激战，于6月底，防线为李部突破；7月初，以整编第三师、第十五师跟踪李部，以整编第九师和第九十师分别于紫荆关、南化塘拦击，复经7月17日至19日激战3天，被李部夺紫荆关突围西进；8月初，秦岭以东、伏牛山以西、陇海路以南、汉水以北的广大地区为李部占领，并将其辟为新的游击根据地，组成鄂豫陕军区。整编第三十六师、第七十六师、第九十师及骑兵第一旅自8月初起，又对北路突围部队中继续向西北转移的王震部第三五九旅，实施前堵后追，虽使其遭一定程度的伤亡，但并未能阻其北进；王震部在彭德怀部的接应下，于8月底完成战略转移，到达陕北。

　　国民党军整编第七十五师及整编第六十六师之一部，于平汉路西赵家棚附近堵截、尾追中原军区王树声部，复以空军在流水沟、南漳附近猛烈轰炸，但未能阻止其西进。王树声部终以武当山为中心，开辟了新的游击根据地，并组成鄂西北军区。

　　对于佯装东进之皮定钧部，国民党军则以整编第四十八师及整编第七十二师之一部夹攻、追击，迫该部经大别山区，越六（安）合（肥）公路，穿津浦铁路，过洪泽湖，于7月下旬，到达苏皖解放区，与华中军区部队会合。

　　中原解放军的胜利突围，对于粉碎同民党军的"围剿"计划、保存和发展革命力量，援助老解放区的作战，都有着重大的意义。还在7月中旬中原解放区部队突围的过程中，国民党一战区政治部主任顾希平、西安警备司令赵才标即惊叹，"李先念之企图系占据陕南，控制关中，响应陕北，进展甚速，威胁甚大，国军预计在两礼拜内进攻陕北，现已被破坏"[①]。国民党军事当局也不得不承认，中原解放军"分向东西窜犯，虽经我节节堵击，不断穷追，终未能扫数聚歼"，"于牵制我兵力，影响主力之作战实大"；而该部转移至陕北、苏北和豫、鄂、陕、川边区等地，"利用山地蔓延滋长，实皆本次战斗之失"[②]。由此足见，中原解放军胜利突围对于全局影响之大。

---

　　① 《毛泽东军事文选》，第283页。

　　② 《"戡乱"简史》，第75页。

国民党军在向中原解放区发动进攻，挑起了新的内战后，随即在全国各个战场，向解放区发动了全面的进攻。其中：徐州绥靖公署薛岳、吴奇伟率部向苏皖及山东解放区进攻；徐州、郑州二绥靖公署合力向冀鲁豫解放区进攻；河北省主席孙连仲及傅作义率部向晋察冀解放区进攻；太原绥靖公署阎锡山及傅作义、胡宗南率部向晋绥解放区进攻；西安绥靖公署胡宗南率部向陕甘宁边区进攻；张发奎率部向广东及海南岛解放区进攻；杜聿明率部向东北解放区进攻。南京国民政府的战略方针是：在攻夺中原解放区之后，便向苏皖解放区进击，再攻陕北、沂蒙，逐次消灭山东、华北的人民武装力量，复图东北[①]。因此，中原战火迅速燃及全国各地。中国人民又一次陷入战争的痛苦与灾难之中。

全国硝烟弥漫

国民党军在向中原解放区发起进攻的同时，又向华东、晋冀鲁豫、晋察冀、东北等解放区，发动了全面的进攻。其总的战略企图是，以胶济、津浦，沪宁三线为依托，将共产党部队赶至胶济路以南，津浦路以东，沪宁线以北的大包围圈内，再聚而歼之。

由于华东地区在战略上处于重要地位，靠近蒋介石统治的政治、经济中心南京、上海，因此在其苏中、苏北和鲁中地区，发生了一系列的激烈战斗。

1946年7月13日至8月27日，国共两军在苏中地区进行了多次激战。国民党军出动了第一绥靖区李默庵所部的整四十九师王铁汉部、整六十五师李震部、整八十三师李天霞部、整二十五师第一四八旅廖敬安部、整二十一师新七旅黄伯光部和整六十九师第九十九旅[②]，共15个旅约12万人，加上交警大

---

① 《"戡乱"简史》，第3页。

② 《绥靖第一年重要战役提要》，南京国民政府国防部史政局编，1948年版，第13页。

队等地方部队，"为确保京沪安全，逐次肃清苏北匪部之目的，以有力一部由泰县，主力分由南通靖江，向如皋海安之匪进剿"①。迎战国民党军的解放区部队，为由司令员粟裕、政治委员谭震林所率华中野战军的主力第一师（粟裕兼师长、政委）、第六师（谭震林兼师长、政委）、第七纵队（司令员管文蔚、政委吉洛）等，共19个团（后增至23个团）约3万余人。该部队不争一城一地之得失，从海安、如皋等地撤退，布置伏兵，出奇制胜。国共两军在苏中地区鏖战40余日，一战泰兴、宣家堡；二战如皋；三战海安；四战李堡；五战丁堰、林梓；六战分界、加力；七战邵伯、乔墅，解放区被迫收缩、北移，而国民党部队则损失了六个半旅及5个交警大队，计5万余人。国民党军事当局哀叹此役中，华中野战军"情报灵活，行动自如"，而国民党军则"每有盲目作战之感"②。

在苏中地区展开激烈战斗的同时，国民党军又集中重兵向淮南、淮北解放区发动进攻。进攻淮南解放区的部队为第五军邱清泉所辖之第四十五师、第九十六师和整编第七十四师第五十八旅。该部于7月16日晨，分别同时从六合出发，进攻天长；从来安出发，进攻盱眙。在未遇华中野战军主力的情况下，第四十五师于二十七日占领中共淮南军区所在地天长；第九十六师于二十三日占领汊涧，三十日占盱眙。8月初，华中野战军撤离淮南地区。在淮北地区，国民党军整编第六十九师戴子奇所部第九十二旅和第六十旅于7月下旬占领徐州东南之朝阳集后，方欲东进，为山东野战军陈毅部包围，"损失惨重"，第九十二旅被全歼，第六十旅被歼一部。此后，国民党军集结重兵，以密集队形前进，迫山东野战军主力转移至泗阳以东，遂于8月底占领淮北解放区。

接着，从1946年9月中旬至12月中旬，在苏北地区发生了两淮、涟水和宿北3次规模较大的战斗。9月中旬，国民党军由苏北绥靖军总司令李延年率第七军和整七十四师、整二十八师、整六十九师及三个工兵团，乘华中野战

---

① 《绥靖第一年重要战役提要》，南京国民政府国防部史政局编，1948年版，第13页。

② 《绥靖第一年重要战役提要》，第15页。

军北上之机，向淮阴、淮安发起进攻，"战况猛烈"，并经"白刃格斗"，分别于19日和22日占领淮阴、淮安；10月中下旬，张灵甫率整七十四师，猛攻涟水城，经14昼夜剧烈战斗，以伤亡9000人的代价，占领涟水；12月15日，国民党徐州绥靖公署主任薛岳集中二十五个半旅，向苏北、鲁南解放区发起进攻，在宿迁以北地区，遭山东野战军、华中野战军24个团的合围，其整编第六十九师所属三个半旅共2万余人被歼，师长戴于奇被击毙。

国民党于宿北战役惨败后，在华东战场上，便将主力集中于鲁南、鲁中地区。1947年1月上、中旬，整二十六师、整五十一师和第一快速纵队共5万余人，于鲁南战役中被歼。1月底，国民党军又由参谋总长陈诚和徐州绥署主任薛岳统率53个旅（师）共31万人，分南、北两线，直指山东解放区之沂蒙山区。刚刚由山东野战军与华中野战军合并组成的华东野战军（陈毅任司令员兼政委）集中主力10个纵队共24个师和6个团迎战。2月20日至23日，国民党第二绥靖区副司令李仙洲所部之第四十六军和第七十三军在莱芜以北地区，进入华东野战军预设之口袋阵地内，四面受围，激战至黄昏，"各级指挥官或死或伤，因之部队失去掌握，陷于混战"[1]，终被全歼，李仙洲被俘。是役中，国民党军共有少将以上的军官19名被俘、2名被击毙。国民党第二绥靖区司令王耀武哀叹："莱芜战役，损失惨重，百年教训，刻骨铭心。"[2]国民党军对山东解放区的进攻，其企图在于打通胶济线，消灭山东境内的解放军；但结果却"仅收复点线，而未能歼灭其主力，尤不能控制广大地区"[3]。

晋冀鲁豫战场，主要在冀鲁豫、豫北和晋南地区，发生了较大的战斗。国民党军在这一战场的战略企图是，打通陇海、同蒲线，保持津浦、平汉线的畅通，切断晋冀鲁豫野战军与华中野战军的联系。

在冀鲁豫地区，国民党郑州、徐州两绥靖公署于1946年8月底，集中

---

① 王耀武部关于参加临沂战役作战的战斗详报，南京国民政府国防部史政局史料，藏中国第二历史档案馆。

② 粟裕：《莱芜战役初步总结》，《莱芜战役资料选》，山东人民出版社1982年版，第42页。

③ 《绥靖第一年重要战役提要》，第59页。

14个整编师共32个旅钳击解放区定陶、曹县地区。国民党军在9月的定陶战役中，于12日占定陶，20日下荷泽；但却损失了整编第三师全部、整编第四十七师大部和整编第四十一师一部。10月25日，郑州绥靖公署顾祝同率整编第五十五师、第六十八师、第十一师及第五军"对鄄城进行分进合击"，又遭晋冀鲁豫野战军3个纵队分割包围，整六十八师之第一一九旅陷入重围，"刘旅长广信重伤被俘，残部溃散"①。是役得鄄城而损重兵。

在豫北地区，由顾祝同统率整二十六军王仲廉所辖整三十二师唐永良部、整四十师李振清部、整八十五师吴绍周部，以及整三十八师张耀明部，整二十七师之第四十九旅，暂编第三纵队孙殿英部，河南地方自卫队第一、第二、第三总队，为消灭晋冀鲁豫野战军陈赓部；打通道清线（滑县道口至博爱县清化镇），夺取焦作、六河沟等煤矿，自9月下旬起，向豫北解放区发动进攻。经战1月余，逐次占领滑县、焦作、博爱和六河沟等地。但因晋冀鲁豫野战军"行动飘忽，能迅速化整为零，集零为整"，"善于夜战及近战"②，国民党军不仅未能歼其主力，且在进攻中遭受严重损失。至11月中下旬，国民党军又在滑县、长桓间被歼11000余人。

在晋南地区，国民党第一战区胡宗南率整编第一军董钊辖第一师罗列部、第二十七师王应道部、第三十师鲁崇义部、第九十师陈武部及第三十八师一部，第二战区阎锡山率第八集团军孙楚辖第七十三师王橄鲲部、第四十四师卫玉昆部和暂编第三十九师贾宣宗部，共8个师7万余人，自7月上旬向山西同蒲路南段解放区实行南北夹击。该部遭晋冀鲁豫野战军第四纵队和太岳军区部队迎击，经闻（喜）夏（县）、洪（洞）赵（城）、临（汾）浮（山）等战役，伤亡2万多人，至10月初方打通同蒲线。11月20日至1947年1月28日，又先后在吕梁、汾孝二战役失利，损失3万人，吕梁山区被解放。国民党军称，在会战中，解放军"异常顽悍，每据一村镇或重要据点，

---

① 《绥靖第一年重要战役提要》，第50页。
② 《绥靖第一年重要战役提要》，第71页。

顽强坚守，非全军就歼，绝不放弃一点一地"①。

在晋察冀战场，国民党军事当局认定晋察冀军区所在地张家口为"热察绥之心脏，塞外军事政治经济之中心，西北国际交通之孔道"，故其作战方针为"收复张垣，打通平绥路，巩固华北，切断'共匪'国际通路"②。1946年9月下旬，国民党北平行营主任李宗仁统率第十一战区孙连仲部、第十二战区傅作义部共22个师（旅、总队），沿平绥路两侧，东西并进，向张垣攻击；又以东北保安部队杜聿明之一部共8个师，分别进出赤峰、围场、独石口等地，予以策应。其时，保卫张家口的解放军部队，有以聂荣臻为首的晋察冀部队主力4个纵队和以贺龙为首的晋绥部队之一部。10月上旬，傅作义部利用晋察冀部队判断的失误，并乘其调动之机，先袭取张北，11日占张家口，迫晋察冀部队主力转向察南，使国民党军的全面进攻达于高潮。是役，国民党军共伤亡官兵2万余人。

东北战场，国民党东北保安司令长官杜聿明率新六军廖耀湘部、第五十二军赵公武部等约9个师10万兵力，采取"南攻北守，先南后北"的战略方针，于1946年10月19日分三路向"南满"解放区进攻。10月31日至11月2日，其第二十五师在宽甸西北之新开岭地区为东北民主联军第四纵队吴克华部所围歼。接着，自1946年12月至1947年4月，国民党军又三次在淞花江南与南下的东北民主联军北满部队发生激战，4次向东北民主联军南满部队守卫的临江城发动猛烈的进攻。其结果，虽迫使北满部队3次撤回江北，但临江城一直没有攻下，而且损失了3万余兵力。

自1946年6月全面内战爆发，至1947年2月的8个月中，国民党军虽比解放军部队多占领105座城市，达到了部分战略目标，但兵力损失较大，共被歼66个旅（师），计71万人。国民党军由于占地日广，兵力不敷防御，同时国统区经济形势日趋恶化，遂逐步丧失了向各解放区全面进攻的能力。

---

① 《第六集团军总司令部汾孝战役战斗详报》，《中国现代政治史资料汇编》第4辑第19册，藏中国第二历史档案馆。

② 《绥靖第一年重要战役提要》，第83、84页。

进攻陕北

国民党军在丧失了向解放区发动全面进攻的能力之后，不得不改取重点进攻的战略。其重点进攻的方向，为解放区的东西两翼，即陕甘宁边区和山东解放区。国民党军事当局企图将该两地的人民解放军消灭或驱至华北地区后，实施东西夹击，再一举歼灭之；然后挥军关外，统一全国。

在陕北战场，国民党军早在1947年2月18日，即以整三十六师、整三十七师和整七十六师各一部，"分三路削平囊形地带，以排除对西安之威胁；准备进攻延安，以摧毁其叛乱之神经中枢，进而肃清黄河西岸之匪"①。其作战方针为，"彻底集中优势兵力，由宜洛间地区直捣延安，以有力一部，突入敌后而奇袭之"②。为了实施这一计划，国民党西安绥靖公署于3月上旬调集了34个旅，计23万人。其中，蒋介石嫡系胡宗南集团20个旅，从南线主攻延安；青海马步芳、宁夏马鸿逵集团12个旅，榆林邓宝珊集团两个旅，分别由西、北两线配合。其具体部署为：以整一军董钊所辖整一师陈搙旅部、整二十七师王应尊部、整九十师陈武部为右兵团，展开于平睦堡—龙泉镇地区；以整二十九军刘戡所辖整三十六师钟松部、整十七师何文鼎部及整一三五旅为左兵团，展开于洛川西北地区；以整编第三十六师副师长顾锡九部新一旅，独立第一、第二、第三团及陕甘地方武装组成的陇东兵团，于攻击前两日，分向保安、安塞、延安、甘泉附近，实施扰乱攻击；以整十师罗广文部、整七十六师廖昂部及骑一旅为总预备队，分别控制宜君、洛川和平凉、泾川附近；同时，调集驻西安、郑州、太原等地的各种型号飞机94架，协同陆军，以便对延安地区实施"战略"轰炸。

---

① 《"戡乱"简史》，第129页。

② 《西安绥署延安会战经过概要》，南京国民政府国防部史政局史料，藏中国第二历史档案馆。

3月14日，国民党军右、左二兵团同时发起攻击。西北野战军"凭借地雷及伏地堡垒顽强抵抗"[①]，"临真附近居民房舍、门窗及土炕与灶底，均装有地雷机关"[②]。10日，右兵团先后占领临真镇、金盆湾、张家沟等地，直逼延安城外；左兵团先后占领茶坊、鄜县、榆林桥等地及劳山阵地的部分山头。

其时，中共中央所在地陕甘宁边区，一共只有160多万人口，主力部队6个旅计2万余人。在力量对比十分悬殊的情况下，为了将胡宗南集团拖在西北战场，粉碎国民党的全盘战略计划，西北解放军遵照中共中央的指示，实行"以歼灭国民党有生力量为主而不是以保守地方为主"的方针，决定放弃延安及若干城市和地方，诱敌深入，运用"蘑菇"战术，以求在运动中歼灭国民党军。3月16日，西北野战兵团和部分地方部队，联合组成西北野战军，以军委副主席兼总参谋长、中国人民解放军副总司令彭德怀为司令员兼政委，中共中央西北局书记习仲勋为副政委，张宗逊为副司令员，下辖第一纵队（司令员张宗逊、政委廖汉生），第二纵队（司令员兼政委王震），教导旅（旅长兼政委罗元发）和新四旅（旅长张贤约、政委黄振堂）。

3月19日，西北野战军主动撤出延安，并实行坚壁清野。国民党军事当局称："陕北原已人烟寥落，'匪'复利用其地方组织，将仅有之人与物等可资利用之力量，全部撤离，使我军行动之区，渺无人迹，行军作战，均发生极大之困难。"[③]当时在延安的德国医生罗别愁说："延安的撤退是任何国家首都的撤退中最有秩序的。"19日当天，国民党军右兵团整一师第一旅首先进入延安；左兵团前锋前进至延安以南的三十里铺。胡宗南部占领延安空城后，捏造"俘虏敌5万余，缴获武器弹药无数"的"战果"。蒋介石得意扬扬，旋致电胡宗南，内称："将士用命，一举而攻克延安，功在党国，雪我10年来积愤，殊堪嘉尚，希即传谕嘉奖，并将此役出力官兵报核，以凭

---

① 《"戡乱"简史》，第130页。

② 整编二十七师师长王应尊1947年3月13日下达作战命令之附件，《中国现代政治史资料汇编》第4辑，第19册。

③ 《"戡乱"简史》，第133页。

奖叙"①。

胡宗南于占领延安空城后,急于寻找西北野战军主力决战。西北野战军以第一纵队之一部佯作掩护主力撤退之势,诱其北上。整一军误认西北野战军"不堪一击","仓皇北窜",遂以5个旅向安塞方向扑去,而西北野战军已逸去;旋以第三十一旅之第九十一团留防安塞,其余复返延安。3月25日拂晓,当第三十一旅由安塞返延安时,孤军进入青化砭以南西北野战军主力五个旅布成的伏击圈内,"遭'匪'三旅以上兵力之伏击,激战三小时后,因众寡悬殊及地形不利,致为'匪'所乘"②。该旅2900余人全部遭歼,旅长李纪云被俘。

国民党军在第三十一旅于青化砭被歼后,发觉西北野战军的主力在延安东北地区,遂以整一军、整二十九军主力3个整编师又3个旅,共10个旅,分两路经甘谷驿、青化砭向延川进发,欲寻其主力决战。4月14日,整二十九军之第一三五旅沿瓦窑堡至蟠龙大道两侧高地南下。上午9时许,先头部队进至三郎岔、李家嘀哨时,先遭西北野战军新四旅之顽强堵击,复被其第二纵队之两个旅及教导旅、新四旅包围于羊马河以北地区,"发生空前激战,肉搏10余次","至午刻四〇五团之阵地被'匪'突破,申刻四〇四团及该旅旅部除一部突围外,主力亦遭'匪'击破"③。是役,第一三五旅4700余人被全歼,代旅长麦宗禹被俘。国民党军事当局抱怨:"一三五旅之失败于指挥官决心之迟缓与命令既下后之动摇决心,将有利之地形拱让于'匪',致使为'匪'各个击破。"④

羊马河一役后,蒋介石错误地判断中共中央及西北野战军主力正东渡

---

① 裴昌会:《蒋军胡宗南部进犯延安纪略》,载《文史资料选辑》第36辑。

② 《西安绥署瓦窑堡会战经过概要》,南京国民政府国防部史政局史料,藏中国第二历史档案馆。

③ 《西安绥署牡丹川会战经过概要》,南京国民政府国防部史政局史料,藏中国第二历史档案馆。

④ 《西安绥署牡丹川会战经过概要》,南京国民政府国防部史政局史料,藏中国第二历史档案馆。

黄河，遂于4月26日以九个旅北进，寻其主力决战，或逼其东渡，而留第一六七旅主力及地方保安团队约7000人驻守蟠龙补给基地。其时，西北野战军以第三五九旅和独五旅之一部，伪装主力，节节抵抗，并沿途遗弃符号、物资，诱敌北进；而主力第一、第二两纵队计四个旅，却埋伏于蟠龙四周。5月2日黄昏，国民党军主力九个旅抵达无定河边之绥德时，其留蟠龙之第一六七旅连夜遭西北野战军主力四个旅围攻，经激战两昼夜，至4日夜，守军6700余人被全歼，旅长李昆岗被俘，大量粮食和军用物资被缴获。当主力9个旅于9日由绥德急返蟠龙时，西北野战军主力已西移安塞休整。国民党军事当局承认，其整第一六七旅"遭受损失"，迫使主力不得不放弃绥德，南下"追剿"。

综上，3月至5月，胡宗南集团于陕北战场上，虽得延安等空城，但连败青化砭、羊马河、蟠龙三战，连失三旅，计14000余人，不仅未真正捕获到西北野战军的主力，相反屡遭其主力围歼。国民党军事当局不得不承认，"西北野战军以钻隙流窜，避实击虚，以保持其势力于陕北、陇东与我周旋"，"以致我主力始终被匪牵制于陕北，一无作为，殊为惋惜"[1]。美国政府在《白皮书》中认为："攻占延安曾经宣扬为一个伟大的胜利，实则这是一个既浪费又空虚的、华而不实的胜利。"[2]胡宗南在距离向延安发起攻击后整整三个月的6月14日，便一反他那胜利者的骄态，向蒋介石发出了告急电，供出了占领延安后的惨状。电称，"当前战场我军几均处于劣势，危机之深，甚于抗战"，"为安定国本、消除'匪'患，拟请于万分困难中，另编新军，以应此艰巨任务，而免'匪'势再次蔓延"[3]。

---

① 《"戡乱"简史》，第131、132页。

② 《中美关系资料汇编》第1辑，第358页。

③ 田为本：《转战陕北是解放战争由防御转入进攻的关键》，《党史通讯》1986年第4期。

"王牌师"的覆没

国民党军在积极部署对陕北战场实施重点进攻的同时，也在筹划着对山东解放区的重点进攻。

1947年3月初，南京国民政府撤销了徐州、郑州两绥靖公署，组成陆军总司令徐州司令部，由陆军总司令顾祝同坐镇徐州，统一指挥原徐州、郑州两绥靖公署的部队。徐州司令部先后调集了24个整编师（军），含60个旅（师），约45万余人，并以其精锐主力整七十四师、第五军和整十一师为骨干，编成3个机动兵团，担任主要突击任务。在"第一期进剿"中，以顾祝同为总司令，张秉均为参谋长，汤恩伯任第一兵团司令官，下辖整二十八师李良荣部3个旅，整六十五师李振部2个旅，整二十五师黄百韬部3个旅，整三十师李天霞部3个旅，整七十四师张灵甫部3个旅，整五十七师段霖茂部2个旅；王敬久任第二兵团司令官，下辖整八十八师方先觉部2个旅，整七十五师沈澄年部2个旅，整八十五师吴绍周部2个旅，整七十二师杨文琼部3个旅，第五军邱清泉部3个师；欧震任第三兵团司令官，下辖整二十师杨干才部两个旅，整四十八师张光玮部2个旅，第七军钟纪部2个师，整六十四师黄国梁部3个旅，整十一师胡琏部3个旅；第二绥靖区司令官王耀武辖第十二军霍守义部2个师；第三绥靖区司令官冯治安辖整五十七师刘振三部2个旅，整七十七师王长海部2个旅[1]。

顾祝同的进攻计划是：第一步，先以一部兵力打通徐州至济南段津浦铁路和兖州至临沂公路，压迫华东野战军退出鲁南；第二步，全线展开，向鲁中山区莱芜、新泰、蒙阴、沂水一线进攻，寻找华东野战军主力决战，或迫其北渡黄河，以实现其占领整个山东解放区，切断关内山东半岛和关外辽东

---

① 《陆军总司令徐州司令部鲁中会战经过概要》，南京国民政府国防部史政局史料，藏中国第二历史档案馆。

半岛海上联系的目的。

当时，在山东解放区的华东野战军，以陈毅为司令员兼政治委员，粟裕为副司令员，谭震林为副政委，共辖10个纵队，计27万人。3月上旬，中共中央军委指示华东野战军，"对敌津浦集团北进不要阻止，让其进至泰安一线，于我最为有利"，"务使尔后作战经常集中60个团行动"①。

4月中旬，国民党徐州司令部调集13个整编师直指新泰、蒙阴方向。26日，其左翼泰安守军整编第七十二师为华东野战军所歼，泰安城亦被攻占。但国民党军置非嫡系部队于不顾，仍保持高度密集，向主要目标进击，不易分割围歼，故短期内未再遭受大的损失。

自5月上旬始，国民党徐州司令部以第一兵团向沂水、坦埠线进击，整七十四师主攻坦埠，整二十五师和整八十三师各一旅掩护其左右两翼侧；以第二兵团反击宁阳、泰安，沿津浦线两侧搜索前进；以第三兵团向新泰、蒙阴地区追击，整十一师主攻新泰，整第五师、整七十五师攻向莱芜和吐丝口。

面对国民党军这一进攻态势，华东野战军发现，整七十四师虽处战线中央，但前进态势较为突出并已全部展开，又处不利地形，与左右邻有一定间隙，遂决定调集主力10个纵队迎歼该师于坦埠以南、孟良崮以北地区。其战役部署为：以第一、第四、第八、第九、第六5个纵队主攻围歼；以第十、第三、第二、第七4个纵队阻援；以特种兵纵队集结于沂水、下位间待命。战役于13日晚发起，担负主攻围歼任务的5个纵队，各自按照既定的目标，实行对整七十四师的包围。第一纵队自蒙阴东北方向，向纵深猛插，割裂了整七十四师与其左翼整二十五师的联系，第八纵队自孟良崮东北方向，向西南穿插，割裂了整七十四师与其右翼整八十三师的联系，隐伏于铜石西南的第六纵队迅速向东北疾进，抵达垛庄附近；第四、第九两纵队亦自孟良崮以北地区向南正面推进。15日拂晓，第六、第一纵队协同攻下垛庄，第八纵队攻下万泉山，3个纵队打通了联系，封闭了合围口。至此，整七十四师及整

---

① 《毛泽东军事文选》，第298页。

八十三师的第五十七团已被华东野战军合围在孟良崮、芦山地区。

当整七十四师被围后，蒋介石仍认为寻找到了解放军主力，是与之决战的良机，一面督令该师坚守阵地；另一面急调10个整编师向整七十四师靠拢。这一部署，促使华东野战军于15日13时迅速发起总攻，以求在国民党各路援军到达之前，全歼整七十四师。

双方在孟良崮地区进行了顽强而猛烈的战斗。据国民党军的战斗详报记载，自15日拂晓以来，华东野战军"枪炮如雨"，"发射烧夷弹极多"，"于其炽盛火力之下，逐波冲锋，势如潮涌"；而整七十四师则"饮料断绝，渴不可支，体力渐弱，各种火炮以俯角全失，效力降低"，"马骡及杂役兵夫，受'匪'炮击惊扰奔窜，引起部队混乱"，且飞机"所投粮弹，十九为'匪'所得"①。第一兵团司令官汤恩伯于15日致电整七十四师师长张灵甫："本兵团决于垛庄东侧攻敌主力，第一、第三两纵队主力进出孤山、磊石山之间，与黄伯韬纵队，协力解七十四师之围。"②汤并为张打气，谓"贵师处境最苦，而关系最重"，"只要贵师站稳，则可收极大之战果，亦即贵师极大之功绩"③。16日上午8时，蒋介石亲下手令，称"山东'共匪'主力已向我军倾巢出犯，此为我军歼灭'共匪'、完成革命之唯一良机"，令各部队"密切联系，协力迈进，各向当面之'匪'猛攻，务期歼灭'共匪'"，"如有萎靡犹豫，逡巡不前，或赴援不力，中途以致友军危亡，致使'匪军'漏网逃脱者，定必以畏'匪'避战、纵'匪'害国、贻误战局，严究论罪不贷"④。在激烈交战中，整七十四师据守之阵地进一步被压缩。上午11时30分，该师通过整二十九师无线电话通报："战况剧烈，粮

---

① 《第一兵团蒙阴东南地区战役战斗详报》，南京国民政府国防部史政局资料，藏中国第二历史档案馆。

② 陈孝威：《为什么失去大陆》下册，台北文海出版社1964年版，第459页。

③ 《第一兵团蒙阴东南地区战役战斗详报》，南京国民政府国防部史政局资料，藏中国第二历史档案馆。

④ 《第一兵团蒙阴东南地区战役战斗详报》，南京国民政府国防部史政局资料，藏中国第二历史档案馆。

弹不必再投，希望空军轰炸孟良崮六〇〇高地以西各高地。"[1]旋第一兵团又严令应援各部队"务须以果敢之行动，不顾一切，星夜进击，破'匪军'之包围，救袍泽于危困"[2]。可是，各路援军因受华东野战军各纵队所阻，始终无法与整七十四师会合。整七十四师"伤亡既众，即并僚属、杂役均编队应战"，又因"该山系岩石积体，无法构筑工事，官兵以死尸作墙，以溺尿解渴"[3]。

16日黄昏，整七十四师经"三昼夜之苦战，已弹尽粮绝，伤亡殆尽，至此孟良崮遂告陷落"[4]。该师师部及其所属的第五十一旅、第五十七旅、第五十八旅和整八十三师的第五十七团在孟良崮地区被全歼。其中，师长张灵甫、副师长蔡仁杰，第五十八旅旅长卢醒被击毙，官兵死伤13000余名，该师少将参谋长魏振钺、少将副参谋长李运良等5名将级军官以下19000余名官兵被俘。当晚24时，汤恩伯还接到顾祝同转达的蒋介石的命令："饬整八十三师李师长天霞，限17日攻抵孟良崮。"[5]整七十四师是国民党军的五大主力之一，美械装备，并经美国军事顾问团特种训练，抗战胜利后任南京卫戍部队。张灵甫曾吹嘘："有七十四师，就有国民党。"国民党军事当局称华东野战军"在我军云集区内，尤有被各个击破之可能"，"竟能大胆集中兵力，围攻我整第七十四师，此诚一般始料所不及"；相比之下，国民党军"对莒县、沂水、坦埠之攻击原有五师一军"，"但当战斗遂行之初，仅有整第七十四师与整第二十五师之一部，于匆促中向坦埠作突出之攻击前进，其他各部均未作积极行动，使'匪'主力得以从容使用于整七十四师方

---

① 《第一兵团蒙阴东南地区战役战斗详报》，南京国民政府国防部史政局资料，藏中国第二历史档案馆。

② 《第一兵团蒙阴东南地区战役战斗详报》，南京国民政府国防部史政局资料，藏中国第二历史档案馆。

③ 陈孝威：《为什么失去大陆》下册，第460页。

④ 《"戡乱"简史》，第111页。

⑤ 《第一兵团蒙阴东南地区战役战斗详报》，南京国民政府国防部史政局资料，藏中国第二历史档案馆。

面，殊为憾事"①。对于整编七十四师之被全歼，蒋介石哀叹，"这是我军'剿匪'以来最为痛心、最为惋惜的一件事"②。他认为，"比较敌我的实力，无论就哪一方面而言，我们都占有绝对的优势。军队的装备、作战的技术和经验，'匪军'均不如我们；尤其是空军、运输工具——如火车、轮船，补给——如粮秣、弹药等，我们也比'匪军'丰富10倍；重要的交通据点、大都市和工矿的资源，也控制在我们的手中，无论就哪一方面的实力来比较，共产党绝对不能打败我们"③。然而，"王牌师"整编第七十四师毕竟遭到了覆灭的命运，这又是什么原因呢？蒋介石在一篇总结整七十四师失败原因的敕文中写道："以我绝对优势之革命武力竟为劣势乌合之'匪'众所陷害，其中原因或以谍报不确，地形不明；或以研究不足，部署错误，则致精神不振，行动萎靡，士气低落，纪律败坏，影响作战力量。然究其最大缺点，却为各级指挥官有苟且自保之妄念，无协同一致之精神，至为'匪'所制，以致各个击破。"在这篇敕文中，他还下令，"当时应援各师，作战不力，除八十三师师长李天霞已着等［革］职处办交军事审判外，并将邻近各师迅即查明责任，依法严处，以昭炯戒"④。

国民党军于整七十四师被歼后，经过一个多月的调整，又于6月下旬，调集9个整编师计25个旅，向沂蒙山区的华东野战军发起南麻战斗，企图毁其后方，压其撤出鲁中山区。但遭华东野战军分南、北路两兵团，分路出击远后方，战略部署被打乱，被迫停止进攻。

国民党军于1947年春夏之交，同时在陕北、山东两个战场遭到失败后，被迫在整个内战战场上，由重点进攻转为全面防御。

---

① 《"戡乱"简史》，第111、112页。

② 蒋介石1947年5月19日对军官训练团第二期学员的讲话，见南京国民政府内政部档案，藏中国第二历史档案馆。

③ 蒋介石：《国军将领的耻辱和自反》，见《蒋"总统"秘录》第14册，总第3071页。

④ 《孟良崮战役资料选》，山东人民出版社1980年版，第109页。

五　加强独裁统治

召开制宪国大

南京国民政府在大规模内战爆发、国民经济凋零的情况下，为了给自己的统治披上合法的、民主的外衣，争取美援，继续进行内战，急于召开国民大会，制定宪法。

先是1935年12月召开的国民党五届二中全会决定，于1936年11月12日孙中山诞辰召开国民大会；后因各省选举工作未能如期完成，复由1937年2月召开的五届三中全会议决，推迟一年，即于1937年11月12日召开。中因抗日战争的爆发和进行，始经1939年11月五届六中全会决议，延至1940年11月召开；后又由1945年3月举行的国民党第六次全国代表大会提议，改在当年11月12日召开。1946年1月举行的政治协商会议则商定，于同年5月5日召开国民大会，制定宪法。

根据政治协商会议通过的各项协议，关于国民大会的召开和宪草之修改，有以下几点主要精神：第一，国民大会的召开，应由各方协商决定。《关于宪草问题的协议》规定："第一次国民大会之召集方法由政治协商会议协议之。"第二，国民大会召开前，应先改组政府。《关于政府组织问题的协议》规定："中国国民党在国民大会未举行以前，为准备实施宪政起见，修改国民政府组织法，以充实国民政府委员会。"第三，宪草修正案必须经各方协商一致。《关于宪草问题的协议》规定："由协商会议五方面每方面推五人"，组成"宪草审议委员会"，"根据协商会议拟定之修改原则"，参酌各方面提出的意见，"汇综整理，制成五五宪草修正案，提供国民大会采纳"；"如有必要时得将修正案提出协商会议协商"。

由于国民党挑动全面内战，践踏政协决议，使原政协协议中关于在1946年5月5日召开国民大会的约定已无法实现。7月3日，国民党国防最高委员会第一九七次会议竟单方面作出决定，于当年11月12日召开国民大会。8月13日，蒋介石发表文告，声称："断不因任何阻碍而延迟结束训政开始宪政的程序，11月12日的国民大会，必定如期召集。"[①]10月11日，国民党军占领北方重镇张家口。南京国民政府更加趾高气扬，遂于当日正式发出命令：国民大会改定民国35年11月12日召集。国民党这种由一党决定国民大会开会日期的做法，遭到了社会各方面的强烈反对。中共代表团于7月7日，就此提出书面抗议，并郑重声明："关于国大诸问题，在未得协议以前，敝方不受任何片面决定之拘束。"[②]10月14日，民盟主席张澜在接见记者时指出，只有在"停止内战，改组政府，完成宪草"的基础上，才能召开国大。他说："我们民盟不能放弃自己的意见和立场，不怕一切威胁利诱，绝不参加。"[③]

国民党当局为了给一党决定召开的国大，增加"民主"的色彩，竟不惜利用人们对于停止内战的希望，以要挟的手段，强迫中共方面提交出席国民大会的代表名单。蒋介石在10月10日的演说中声言，"在宣布停止冲突时，中共应提出其参加11月12日召开的国民大会代表名单，以表示其对政府合作的诚意"[④]。16日，蒋复于声明中强调"下停止军事冲突令"时，"共产党

---

① 《中央日报》1946年8月14日。

② 《新华日报》1946年7月10日。

③ 《新华日报》1946年10月15日。

④ 《中美关系资料汇编》第1辑，第688页。

应宣布参加国民大会，并提出其代表之名单"①。对此，中共方面则驳以：
"停战系一事，提出国大名单又系一事"，"政府不应以提交国大名单作为
停战之条件"②。中共遂拒绝提交出席国大之名单。

蒋介石在国民大会召开前，还故作姿态，宣称将"保留中共及其他
党派在国民大会应出席之代表名额"，并将国民大会的开会日期从11月12
日再延期三日。中共与民盟，始终坚持原则，拒不派代表出席国大。王云
五、傅斯年、胡霖等人，以"社会贤达"的身份，出席了国大。青年党
于国大召开前夕，提交了代表名单，其代表陆续向大会报到。当时还留在
民盟队伍里的民社党，则在经过一番犹豫之后，于会议期间，决定参加国
大，并提交了出席名单。后来，民主同盟经中常会第十一次会议议决：
"民主社会党违反政协，参加'国大'，于本盟政治主张显有出入"，
"碍难在本盟内继续合作"，"有民主社会党籍之盟员而参加'国大'
者，应予退盟"③。

11月15日，"国民大会"在南京开幕。出席大会的代表，本应为2050
名，因中共、民盟等方面代表拒绝出席，部分代表因故缺席，出席开幕式的
代表共1381名④，其中绝大多数为国民党员，并为10年前"选举"的旧代表。
会议期间，军人代表一律戎装。蒋介石、孙科、白崇禧、于右任、曾琦、胡
适、吴铁城、陈果夫、李璜、左舜生等48人为大会主席团，洪兰友为大会秘
书长。蒋介石在开幕式上发表演说，称此次会议为"中国进入民主宪政时期
的开端"，会议将"制定一部完善可行的宪法，奠立民主法制的始基"⑤。
事后，蒋介石在日记中称，国民大会的开幕，"实为革命史上最艰难之创

---

① 《中央日报》1946年10月17日。

② 《新华日报》1946年11月2日。

③ 《民盟秘书处致张君劢函》，《新华日报》1946年12月25日。

④ 代表人数据来源于《国民大会实录》，藏中国第二历史档案馆。关于出席"国
大"的代表人数，国内著述多称为1355名，台湾许朗轩氏之《中国现代史》亦然，台湾
贺允宜等著《中华民国建国史纲》载为1701名。此处从《国民大会实录》说。

⑤ 《中美关系资料汇编》第1辑，第694、696页。

举，与划时代之新页"；"共党一年来联合其他党派以孤立本党、围攻政府之阴谋，已被我完全击破"①。中共领导人周恩来于11月16日声明：这一"国大"，"是一党召开的分裂的'国大'，而不是各党派参加的团结的国大、政协协议的国大"，"我们中国共产党人坚决不承认这个'国大'。和平之门已为国民党政府当局一手关闭了。"②接着，11月19日，周恩来遂率中共代表团离开南京、上海，返回延安。民盟于11月25日发表声明，拒绝参加"国大"，表示："只有超然置身事外的途径，以求良心之所安"③。

11月28日，蒋介石向国民大会提交了"宪法草案"。为了给国民党一党专制的统治装扮门面，他竟然煞有介事地说："今天国民政府将宪法草案提交国民大会以后，可以说政府已经将国家的责任交给全国人民了。从今天起，全国人民就要开始担负这个重大的责任。"④经过一番形式上的"讨论"，"国民大会"于12月25日正式通过《中华民国宪法》，并即宣告闭幕。会议决定，《中华民国宪法》于1947年1月1日公布，同年12月25日施行。

《中华民国宪法》共有14章、175条。第一章为"总纲"，宣称"中华民国基于三民主义，为民有民治民享之民主共和国"；并对国民资格、疆域、民族、国旗等内容，作了相应的规定。第二章为"人民之权利义务"，罗列了欧美国家宪法中，关于人民权利、自由、义务方面的条文20余条，并附有相应的限制条款。第三章为"国民大会"，申明国民大会"代表全国国民行使政权"，并规定了国大代表的选举及国民大会之职权。第四章为"总统"，规定"总统为国家元首，对外代表中华民国"，"总统统率全国陆海空军"；还对总统的选举及各项具体职权作了规定。第五章"行政"、第六章"立法"、第七章"司法"、第八章"考试"、第九章"监察"，分别对

---

① 蒋介石1946年11月16日日记，见《蒋"总统"秘录》第14册，总第3070页。

② 《解放日报》1946年11月19日。

③ 《民盟在京招待记者声明决保持第三者地位》，见民主同盟总部编印《民主同盟文献》。

④ 《中国名将录》第1辑，新世界出版社1947年1月版。

五院的职能和院长的产生，作了规定。第十章为"中央与地方之权限"，共规定由中央立法并执行者13项；由中央立法并执行，再交由省县执行者20项；由省立法并执行，或交由县执行者12项；由县立法并执行者11项。第十一章为"地方制度"，对省、县自治法的制定，作了若干规定。第十二章为"选举、罢免、创制、复决"，规定"以普通、平等、直接及无记名投票"作为基本的选举方法，"被选举人得由原选举区依法罢免之"；"创制、复决两权之行使，以法律定之"。第十三章为"基本国策"，分别对国防、外交、国民经济、社会安全、教育文化及边疆地区的基本政策作了规定。第十四章为"宪法之施行及修改"，强调了宪法对于一般法律、命令的权威性，规定了修改宪法的程序。上述内容，除套用了欧美资产阶级宪法中一些自由、平等的条款和以政协宪草协议的某些词句为粉饰外，实为10年前《五五宪草》的翻版，完全背离了政协决议的精神。《中华民国宪法》表面上维持了国会制和责任内阁制，规定了地方自治和人民的民主自由，实际上是根本做不到的。《宪法》规定："立法委员之选举"，"以法律定之"；省、县《自治法》的制定，必须依据中央制定的《省县自治通则》；人民的自由权利，在"为防止妨碍他人自由，避免紧急危难，维持社会秩序，或增进公共利益所必要者"的情况下，将受到法律的限制。这些规定，都可以被国民党政府用来限制和否定各项有关"民主""权利"的条款。对于这部宪法，正如周恩来代表中共方面一针见血指出的那样，"只有把他当作袁世凯天坛宪法和曹锟贿选宪法一样看待"[①]。民盟亦发表声明，严厉谴责国民党一党召集"国大"、制定"宪草"的做法，宣告对宪法"愿保留其接受的权利"[②]。民主建国会、中国民主促进会和九三学社等11个人民团体于12月31日发表联合声明，对一党宪法表示了坚决的反对和否认。

　　"国民大会"的召开和《中华民国宪法》的制定，更加暴露了国民党当局破坏政协决议，实行一党统治的真实面目，使其在全国人民中间更加孤立。

---

① 《新华日报》1946年12月29日。

② 《解放日报》1947年1月12日。

张群上台

国民党当局继召开"国大",制定"宪法"之后,又于1947年3月15日在南京召开了六届三中全会。出席会议的中央执监委员和候补执监委员共254人[①],各省、市党部主任委员和青年团支团干事长100余人列席了会议。

这次会议的主题,是研讨如何结束训政,促进宪政,做好行宪的各项准备。国民党总裁蒋介石向全会致开幕词,称此次大会为"结束训政的一次全会",标榜此后要"重新厘定党和政府的关系","要自居普通的政党,要和各党派处于平等的地位"[②]。会上,还分别由王世杰作外交报告,陈诚作军事报告,吴铁城作党务报告。会议通过了《宪政实施准备案》《现阶段的党务方针》及有关政治、经济、军事、外交等决议案,并作出国民政府增设副主席、中委担任五院院长者为当然常务委员、七届大会展期召开等项决定。会期原定7天,后延长3天,至24日,通过《六届三中全会宣言》后结束。

会议面对"险象环生"的各种危机,不得不承认:"党的病状,确已陷于积重难返之势,非一人一事一时一地之改革所能为力";"现在的结束训政,不是训政成功而自然结束,乃训政失败而不得不结束"[③]。

会议在声称今后各党派平等的同时,复叫嚷:"今日党派虽多,舍本党而外,更无任何一党担负得起建设三民主义新中国的责任";"中国盛衰兴

---

① 出席此次会议的人数,说法不一,此处采用数字系据国民党中央执行委员会秘书处编印:《第六届中央执行委员会第三次全体会议经过》,藏中国第二历史档案馆。

② 《六届三中全会开会词》,藏中国第二历史档案馆。

③ 《现阶段的党务方针》,《六届三中全会宣言及重要决议案》,藏中国第二历史档案馆。

亡的关键，不操于任何一党之手，而实操于本党之手”①。

会议还宣告了与中共的彻底决裂。蒋介石在开幕词中即称："政治解决的途径已经绝望"，"当然不能坐视变乱而不加制止"②。会议在《宣言》中强调，要消弭"国家统一、政治民主、经济建设之最大障碍"②。

国民党六届三中全会的召开，为在"宪政"新形势下，仍由国民党一党控制政府，在党内统一了认识。

国民党当局为了挽救各方面的危机，作出尊重民意、建立多党内阁和准备行宪的姿态，在召开六届三中全会的基础上，对国民政府进行了改组。4月17日，蒋介石主持召开国民党中常会、国防最高委员会联席会议，决定修改《国民政府组织法》，以国民政府委员会为最高国务机关；并通过了国民党政府的改组名单。18日，南京国民政府公布改组后的名单：国民政府主席蒋介石，副主席孙科；行政院院长张群，立法院院长孙科，司法院院长居正，监察院院长于右任，考试院院长戴传贤。国民政府委员共29名，内国民党17席，除五院院长为当然委员外，尚有张继、邹鲁、宋子文、翁文灏、王宠惠、章嘉呼图克图、邵力子、王世杰、蒋梦麟、钮永建、吴忠信、陈布雷；青年党四席，为曾琦、陈启天、余家菊、何鲁之；民社党四席，为伍宪子、胡海门、戢翼翘，另一名待补；社会贤达四席，为莫德惠、陈辉德、王云五、鲍尔汉。此外，还聘请宋庆龄等13人为国民政府顾问。在新宣布的29名国府委员中，国民党的席位远过半数；但国民党当局故意声称，如连同保留给共产党（条件是放弃武装）和民主同盟的11个席位，"则国民党党员之席次，成为40席中之17席，尚不足全额之半数"③。蒋介石并宣布，"已完成多党之政府"。他说："改组后的政府，乃是青年党、民主社会党以及无党派人士与中国国民党共同组织而没有共产党在

①　《现阶段的党务方针》，《六届三中全会宣言及重要决议案》，藏中国第二历史档案馆。

②　《六届三中全会开会词》，藏中国第二历史档案馆。

③　《蒋介石主席宣布改组国民政府委员会的声明》，《中美关系资料汇编》第1辑，第749页。

内的联合政府。"①

南京国民政府这次改组的一项重要内容，是由张群接替宋子文，出任行政院院长。张群，字岳军，早年留学日本，入日本陆军士官学校学习；回国后，参加光复上海战役和讨袁斗争，担任广州大元帅府参军；北伐战争中，任国民革命军总司令部总参议、军事委员会委员；南京国民政府建立后，先后任湖北省政府主席、外交部部长、行政院副院长、四川省政府主席及中央政治委员会秘书长、军事委员会秘书长、国务最高委员会秘书长等要职。

4月23日，张群宣布组阁：王云五为行政院副院长；王世杰为外交部部长，白崇禧为国防部部长，俞鸿钧为财政部部长，张厉生为内务部部长，李璜为经济部部长，左舜生为农林部部长等；甘乃光为行政院秘书长。张群在就职演说中宣称，国民党"业已开始结束训政，扩大政府基础"，国家已进入"训政到宪政的过渡阶段"。他承认，"国家财政与社会经济的危机，一天一天的深刻化"，"国家的困难，已经到了最严重的关头"，因而面临的任务，"万分艰巨"②。

南京国民政府这种"换汤不换药"的改组，激起了社会舆论的广泛谴责。国民党爱国民主派李济深、何香凝、蔡廷锴等，民主同盟彭泽民等，救国会李章达等联合发表声明指出，"这样的政府改组是和政协决议显然极端背谬的"；并表示，"对此改组的政府不存在任何幻想，益愿与我爱国同胞共同反对之"③。民主同盟在对时局的宣言中认为，改组后的南京国民政府，乃是三个党"共同负责与共产党作战的政府"。农工民主党留港中委在《对"改组政府"的意见》中，严正声明，"国民党临到政治完全破产、人心尽去的今日，竟来玩一套'改组政府'，以图挽救危机"，这种做法，"不但违背人民的要求，继增人民的痛苦"，且"与政协决议完全相背"④。

---

① 蒋介石：《苏俄在中国》，《先"总统"蒋公全集》第1册，第342页。

② 《行政院院长就职广播词》，《中美关系资料汇编》第1辑，第751、752页。

③ 国民党中执会档案，藏中国第二历史档案馆。

④ 香港《华商报》1947年4月。

民主党派被逼到绝境

国民党召开国民大会、制定宪法、改组政府和宣布与中共彻底决裂等一系列强化一党统治的措施，使中间派别建立资产阶级共和国和多党政府的希望，日益破灭。

在抗战胜利后的一段时间里，介于国共两党之间的若干中间派别，曾一度在政治舞台上十分活跃。中间派的著名代表人物、民主建国会领导人之一施复亮，曾发表许多文章，阐明他们的主张和观点。他认为："政协的路线是一条企图用和平合作的方式来实现政治民主化、军队国家化和经济工业化的政治路线，完全跟中间派所代表的中间阶层的历史任务相符合，而且跟中间派的政治斗争的方法和态度相一致。"因此，政协路线在本质上，就是"中间性的或中间派的政治路线"[1]。中间派主张：在政治上，采用"英美式的民主政治"，使人民"能行使主人的权利，真正做国家政府的主人"[2]，在经济上，建设新资本主义的经济，"尽量利用资本主义生产方式的各种优点以促进整个国民经济的迅速工业化"[3]；在军事上，反对内战，国共双方互相不用武力来消灭对方；在外交上，与美、苏等保持距离，与美、苏、英三个强国"互助合作"。他们认定，要恢复政协路线，"首先必须造成一个强大的中间派，独立于国民党统治集团与共产党之间，取得一种举足轻重的地位"。为此，他们鼓动，"国民党统治集团与共产党以外的一切民主党派（包括国民党民主派）和民主人士，在目前应当赶紧团结起来，形成一个强大独立的中间派的政治力量，以便及早促进和平，实

---

① 施复亮：《中间派的政治路线》，《时与文》第1卷创刊号。

② 《中国民主同盟临时全国代表大会政治报告》，见民主同盟总部编印《民主同盟文献》。

③ 施复亮：《中间派的政治路线》，《时与文》第1卷创刊号。

现民主"①。

属于中间势力的党派，主要有民主同盟、民主建国会、民主促进会、三民主义同志联合会、九三学社、致公党和农工民主党等。这些党派，曾再三声明：在国共两党之间，绝不附属于任何一方，保持"第三者"的地位；在斗争手段上，主张"和平奋斗"，"不欲以暴力手段去推翻现有政府"②。

但是，国民党当局需要的是，各党派都服从于它的一党统治，成为它的附属品；否则，必欲除之而后快。国民党当局把打击中间势力的矛头，首先指向影响较大、拒不参加"国大"和拒不承认"宪法"的民主同盟。

1947年5月3日，国民党中央社在公布捏造文件《中共地下斗争路线纲领》的同时，发表了某政治观察家的谈话，声称：民主同盟及其"化身"民主建国会、民主促进会、三民主义同志联合会等组织，"已为中共所实际控制，其行动亦均系循中共意旨而行"，已成为"中共之新的暴乱工具"③。14日，国民党政府新闻局局长董显光进而公开指责："民盟与中共曾公开否认宪法及国民大会之合法性"；民主同盟"与反叛政府之中共""有密切关系"④。31日，成都、重庆两地同时于深夜宣布戒严，民盟中执委杨伯恺、于邦齐及大批盟员被逮捕。10月7日，国民党当局在西安将民盟中执委兼西北总支部主任委员杜斌丞杀害于狱中。21日，首都卫戍司令部和南京市政府联合颁发布告，限令该市所有共产党人及其"关系人"，均需在31日前到卫戍司令部登记，"逾期即依法逮捕"⑤。据美国驻华大使司徒雷登向其政府的报告称，民盟领导人罗隆基认为，"该通告主要系针对民盟，因为南京似乎不会有真正共产党员会到南京卫戍司令部去登记"⑥。此后，民盟总部即

---

① 施复亮：《中间派在政治上的地位和作用》，《时与文》第1卷第5期。

② 《第三方面的主张和态废》，上海《文汇报》1947年1月8日。

③ 《中央日报》1947年5月3日。

④ 《中央日报》1947年5月15日。

⑤ 《南京共产党分子脱党申请登记办法》，《中美关系资料汇编》第1辑，第849页。

⑥ 《中美关系资料汇编》第1辑，第847页。

被包围，民盟领导人被跟踪。28日，南京国民政府以"勾结'共匪'，参加叛乱"，"煽动五月学潮及上海工潮"，"作叛乱宣传掩护'共匪'之间谍活动"，"不承认国家宪法，企图颠覆政府"等罪状，将民主同盟宣布为"非法团体"，声称："今后各地治安机关对于该盟及其分子一切活动自应依据《妨害国家总动员惩罚暂行条例》及《后方共产党处置办法》严加取缔，以遏乱萌，而维治安"①。同时，民盟领导人被通知不能离开民盟总部，行动受到限制。这样，"不但和平之门已彻底封闭，而且在国民党统治区内一切合法公开的反对党均已不复存在"②。后经民盟常委黄炎培等人赴南京同国民党当局交涉，在黄炎培明确表示"民盟既经政府认为非法团体，唯有通告盟员停止活动，自经通告，以后盟员如有言动，自应由个人负责"的情况下，南京国民政府方允诺："如民盟能遵照内政部发言人所公布的命令正式宣告自行解散，停止活动，各地盟员之登记手续可予免除，并保障合法自由"；"正因案被捕之盟员，如司法机关根据调查实据，判定其为非共产党党员，或非为共党工作者，自可不援用《后方共产党处置办法》之规定。"③民主同盟总部遂于11月6日被迫发表公告，宣布"盟员自即日起一律停止政治活动"，"总部同人即日起总辞职，总部亦即日解散"④。民主同盟之被取缔，表明各民主党派在政治上已被逼到绝境。

不过，国民党当局对民主势力的摧残，不仅不能挽救其严重的政治危机，相反，更加促进了各种民主力量的联合和斗争。民盟南方总支部严正声明，国民党当局强行取缔民盟是"非法"的，违背了全国人民的公意和政协决议的精神。声明还指出："国民党政府，可以封闭我们南京的总部，可是，它绝不能消灭本盟在海内外的广大组织，更不能消灭中国的民主运动，相反，这种暴力政策，只会促进本盟在海内外的发展，更加强民主人士的团

---

① 《国民党政府宣布民盟非法的声明》，载《中国现代史资料选编》（5），第719—720页。

② 民盟三中全会宣言，民盟总部编印《民盟文献》。

③ 《中美关系资料汇编》第1辑，第846页。

④ 天津《大公报》1947年11月6日。

结。"①民盟总部的部分领导人如沈钧儒、史良、周新民等，公开表示，绝不屈服于国民党政府的压力，继续开展民盟总部的活动。他们宣称，"容忍已到了极限"，和国民党政府已"无法并存"。民盟三中全会的政治报告指出：由于政协道路被根本破坏，和平之门被彻底关绝，"因而民主运动的道路就于调协团结的形式而转入革命斗争的形式"②。各民主党派也纷纷谴责国民党当局取缔民盟的蛮横行径。民主促进会领导人马叙伦投书行政院院长张群，愤怒声明："自今以拥疾之躯，待命陋巷之内，捕杀不辞，驱胁无畏"③。

后来，各民主党派重新制定了政治纲领，进行了新的组合。1948年1月，在香港先后建立了中国国民党革命委员会和重建了中国民主同盟。它们都表示，愿意与中共合作，为推翻国民党的专制统治，建立联合政府而奋斗，这就为新政治协商会议的召开和南京政府的覆灭创造了条件。

---

① 朱建华、宋春：《中国近现代政党史》，黑龙江人民出版社1984年版，第592页。

② 民盟《三中全会政治报告》，载民盟总部编印《民盟文献》。

③ 民进中央宣传部编：《中国民主促进会简史》。

六　经济恶化

《中美商约》和美货泛滥

南京国民政府在发动全面内战之后，渴望从美国得到更多的援助，以维持其庞大的军费支出；而美国政府也急于通过对中国的"援助"，倾销其过剩物资，独占中国的商品市场和资本市场，以达到全面控制中国主权的目的。1946年11月4日，由南京国民政府外交部部长王世杰、条约司司长王化成和美国驻华大使司徒雷登、驻天津总领事施麦斯，在南京签订了《中美友好通商航海条约》，简称《中美商约》。

《中美商约》共30条，名为"通商航海"条约，实际涉及中美两国间政治、经济、军事、文化等各个方面。其主要内容如下。

1.关于国民在对方国土居住、经商及从事各项活动的权利。条约规定："缔约此方之国民，应许其进入缔约彼方之领土，并许其在该领土全境内，居住、旅行及经商"，从事并经营"商务、制造、加工、科学、教育、宗教及慈善事业"，以及为进行上列活动，可以"取得、保有、建造或租赁及占有适当之房屋，并租赁适当之土地，选用代理人或员工，而不问其国籍"；

还可以取得该国"领土内矿产资源之探勘及开发之权利"①。

2.关于法人②及团体，在对方领土内活动的权利。条约规定：缔约此方之法人及团体，"无论在缔约彼方领土内，有无常设机构、分事务所或代理处，概应在该领土内，承认其法律地位"；"应享有组织与参加该缔约彼方法人及团体之权利（包括管理与经理之权利）以从事于商务、制造、加工、科学、教育、宗教及慈善事业"。

3.关于商品在对方领土内征税、销售、分配或使用的权利。条约规定："输入品及拟予输出之物品，在本国境内之征税、销售、分配或使用者"，"缔约此方之国民、法人及团体，在缔约彼方领土内，应给予不低于现在或将来所给予该缔约彼方之国民、法人及团体之待遇"；"缔约此方对缔约彼方之任何种植物、出产物或制造品之输入、销售、分配或使用，或对输往缔约彼方领土之任何物品之输出，不得加以任何禁止或限制"。

4.关于国民、法人、团体在对方领土内取得动产及不动产的权利。条约规定："缔约此方之国民、法人及团体，在缔约彼方全部领土内，应许其……取得、保有与处分地产及其他不动产"；"缔约此方之国民，应有以遗嘱、赠与或其他方法，处分其在缔约彼方领土内任何地点之一切动产之全权，其继承人、受遗赠人或受赠人"，"免缴异于或高于该缔约彼方国民之继承人、受遗赠人或受赠人，在同样情形之下，现在或将来所应缴之任何税款或费用"。

5.关于船舶在对方口岸，地方及领水自由航行的权利。条约规定："缔约双方领土间，应有通商航海之自由。""缔约此方之船舶"，"享有装载货物前往缔约彼方现在或将来对外国商务及航行开放之一切口岸，地方及领水之自由"；"倘缔约此方之船舶（按：该款同时规定，此处所指"船舶"，包括军舰、渔船及其他一切船舶），由于气候恶劣，或因任何其他

---

① 引自《中美友好通商航海条约》原文，见《中国现代史料选编》（5）。下引条约原文同此。

② 法人，即社会组织在法律上的人格化。在资本主义时期，法人则以公司作为它的主要形式。

危难，被迫避入缔约彼方对外国商务或航业不开放之任何口岸、地方领水时，比项船舶，应获得友好之待遇及协助，以及必需与现有之供应品及修理器材。"

6.关于享受最惠国待遇的权利。前列5项及其他有关权利性的条款，均同时规定，享受最惠国待遇。

蒋介石称，《中美商约》是"采取平等互惠的原则来签订的"①。美国政府也宣称：《中美商约》"是根据互惠的关系和互不歧视对方的原则而缔结的"。是"一个现代的、广泛的友好，贸易与航行条约"。条约"向对方的侨民保证赋予他本国国民的同样的待遇与权利"；"各该国侨民在对方国土内可以享有任何第三国侨民所应享受的权利或特权"；"两国彼此间的贸易与通商，并应保证互给最惠国的待遇"②。

《中美商业》表面看来，处处强调对等，是一个"平等""友好""互惠"的条约。其实则不然。由于当时中、美两国，经济发展水平十分悬殊，美国是资本主义富国，中国是殖民地半殖民地穷国，因此大量的商品倾销、资本的输出以及军舰和商船的远航，基本上只能是单方面的，即只能由美国单方面进行。本来在移民问题上，中国可以取得若干便利，但条约规定，不得影响"任何一方有关入境移民之现行法规"。美国的移民入境法却每年只允许105名华人入境③。这样，条约中所列各项"互惠"的权利，大多只能为美国一方享受其实惠，而中国方面则平白无故地丧失了许多国家主权。条约虽规定，以此代替中美间历史上遗留的九项不平等条约；但最惠国待遇的规定，又使美国得以继续享受其他帝国主义国家在各项不平等条约中所享有的特权。有鉴于此，全国各界进步人士，纷纷抨击、谴责《中美商约》，称其为"新的不平等条约"。

继《中美商约》签订之后，中美又签订了一系列名目繁多的协定，举其要者有：1946年12月的《中美航空协定》，1947年10月的《中美救济协

① 蒋介石：《苏俄在中国》，见《先"总统"蒋公全集》第1册，第342页。
② 《中美关系资料汇编》第1辑，第269页。
③ 韩德坊：《评中美商约中的移民规定》，《观察》第1卷第24期，1947年月。

定》，1948年7月的《中美双边协定》，同年8月的《中美农业协定》等。这些协定，使美国在中国享有的经济、军事等各方面的特权，得到了进一步的扩大。

《中美商约》和中美间一系列协定的签订，为美国政府加紧对中国的经济侵略创造了条件。

美国商品大量涌入中国市场。其销售美货的渠道，有美商直接开办公司经营者，有美商与四大家族合办商业公司者，也有四大家族开设专门销售美货公司者。据上海一些大商业公司的统计，美货竟占了商品总数的80%。时人讽刺这种畸形状况为"无货不美""有美皆备"。据海关统计，自1946年至1948年的三年中，共进口美国牛奶5259657千克，奶油37513克，奶粉4006483千克，炼乳520197千克；而当时生产鲜牛奶最多的上海，日产不过36000磅，合16344千克[①]。有人形容大量倾销来中国的墨水说，"如果将进口的派克墨水，倾注在江湾体育场的游泳池内，至少需12个容量相同的池子，才可容纳"[②]。尤其严重的是，美国商品走私的情况十分惊人。例如，美国海军西南太平洋司令柯克走私汽车和美海军陆战队走私医药用品，就曾成为轰动一时的丑闻。由于走私的美货成本低、不交税，价格远低于中国的同类商品。这使中国的民族工商业者，叫苦不迭。上海市工业协进会曾为美货尼龙丝袜"大量走私，充斥于市"，使当地丝袜工业"遭受严重摧残"，具文呈南京国民政府经济部，呼吁"吾人平时有纳税义务，政府应对吾人负责，法令应为吾人保障"[③]。

美国资本几乎独占了中国市场。在美国对中国的资本输出中，绝大部分以各种类型的贷款形式出现，尤其是军事贷款。战后数年中，美国给南京国民政府的贷款和"援助"，即达29笔，计60亿美元，占南京国民政府财政支

---

①　凌耀伦等：《中国近代经济史》，重庆出版社1982年版，第416页。

②　凌耀伦等：《中国近代经济史》，重庆出版社1982年版，第416页。

③　上海市工业协进会转呈第四区纺织工业同业公会请求禁止美货尼龙丝大量走私进口文，南京国民政府经济部档案，藏中国第二历史档案馆。

出总数的50%以上。具体列表如下[①]。

贷款14笔	918194000美元
"救济"物资4笔	799029000美元
租借法物资2笔	1626789143美元
军事"援华"2笔	142666930美元
剩余物资"售让"	
"赠予"7笔	2532807543美元
合计	6019496616美元

此外，美国各垄断资本集团还在国民党统治区兴建各种工矿企业，进行直接投资。南京国民政府于1946年4月公布的《新公司法》，更给美国资本涌入中国提供了更多的方便。在此后的3个月中，美国各资本垄断组织即在上海设立了100余个分支机构，同时还在纽约成立了"中美工商联合会"，以制订投资计划。其中，重点为矿业、军事工业和交通运输业，地区则以台湾、华南一带最为集中。美国对中国航运业的投资，从1938年的0.8%，猛增到1947年的33.7%。在农业方面，还由美资创办农场，如占地440万亩的皖北"合作农场"等。美国在华的投资，与其他各国相比，已独占鳌头。1936年时，美国在华投资只占各国在华投资总额的8%，到1948年，已占到80%以上。

由于《中美商约》的签订和美国对中国商品、资本输出的急剧增加，进一步加深了国民党统治区经济殖民地化的程度。

---

① 凌耀伦等：《中国近代经济史》，第410页。

官僚资本巧取豪夺

以蒋、宋、孔、陈四大家族为代表的官僚资本，在南京国民政府准备和发动全面内战，积极依附美国的同时，进一步加紧了对人民的掠夺。

由于四大家族控制了"四行二局"等一大批中央和地方的金融机构，因此，实行通货膨胀和金融投机，就成了他们掠夺人民的一种最主要、最残酷的方式。

抗战胜利后，随着内战的发生和扩大，南京国民政府出现了巨大的财政赤字。据统计，1946年为43000亿元，1947年更高达27万亿元，而历年赤字均占实际支出的70%—80%[1]。为了弥补如此巨额的财政赤字，其唯一的办法就是滥发钞票，增加通货发行额。1945年共发行法币10319亿元；1946年其发行额增至37261亿元，比上年增加了2.6倍；至1947年，更增为331885亿元，比1945年增长了32.2倍[2]。钞票的发行额以如此惊人的天文数字剧增，难怪当时社会舆论讽刺钞票印刷行业是在百业凋零的情况下，"唯一仍然全力开动的工业"。

四大家族乘通货膨胀之机，依仗其政治特权与对金融的控制，大量进行金融投机。抗日战争结束时，重庆国民政府官定法币对美元汇率仍维持20：1。1946年2月下旬，陈立夫以中国农村电影教育公司董事长名义，按此汇率预购外汇119万美元。3月初，重庆国民政府正式开放外汇市场，法币对美元的汇率规定为2020：1；至8月中旬，更调为3350：1。6个月间，陈家的这笔款项，即陡增167.5倍。与此同时，四大家族又利用黄金政策的变化，巧取豪夺。1947年2月以前，黄金可以公开买卖，他们从国库中大量抛售黄金；2月以后，又宣布禁止黄金自由买卖，强制收兑民间散落的黄金，并于

---

① 南京国民政府财政部档案，藏中国第二历史档案馆。

② 陈鉴波：《中华民国春秋》，第912页。

三四月间发行了短期库券美金3亿元及美元公债1亿元。在这一放一禁、一抛一收之间，四大家族大捞了一把。就连美国政府官方人士也认为，国民党内"消息灵通的政府官吏和投机分子经常地窃取机会，狼狈为奸"；"发生了几次关于将美元证券和债券以及黄金特别优待地售给幕内人物的丑剧"[①]。

四大家族官僚资本对工业生产的操纵和控制也十分突出。四大家族在抗战胜利后，假接收之名，大量占有敌伪工厂和民营工业，使官僚资本在全国工业系统中的比重急剧增长。宋系官僚资本，几乎控制了平津的轻重工业。由其控制的天津中纺七厂，共拥有纺锭32万余枚，占全津纺锭的84%。由官僚资本控制的中国蚕丝公司，到1946年8月，已拥有上海和江浙两省的八大缫丝厂，共798台机器；此外，还在嘉兴、苏州、上海等地设立了蚕丝、制丝、丝绸工厂。由官僚资本控制的工厂企业，拥有雄厚的资本，享有种种政治、经济特权，是各民营工厂生存和发展的严重威胁。

以四大家族为代表的官僚资本，还通过种种投机活动，盘剥农民，垄断商业。1946年，中国蚕丝公司，贷款200亿元，承办春茧。蚕农养蚕，每担鲜茧成本至少需15万元，而公司规定价格却只有10万元，至收购时实际所付的价格则有低于7万元者，还不到成本的1/2[②]。宋氏控制的台湾糖业公司，以极低的价格收购台糖，其成本连同运费每市担不过5万元，而转销上海后，1946年6月中旬的开价为73000元，到月底又升至123000元。1946年春夏间，由于四大家族内部的矛盾，陈系报刊披露了孔、宋系利用"粮贷"投机的丑闻。该年4月，重庆国民政府发放"粮贷"10亿元，孔、宋系统的商业公司均为受贷的主要公司。他们利用"粮贷"，到处高价抢购粮食，使上海市场米价很快由每担3万元跳到63000元。甚至，"糙米卖主只要53000元1担，他们却硬以55000元买进，一定要使大米打破63000元的大关"[③]。

在以四大家族为代表的官僚资本的操纵、盘剥之下，国统区的民族工商业受到严重的摧残，农村经济也进一步走向衰败。

---

① 《中美关系资料汇编》第1辑，第400、797页。

② 《新闻报》，1946年6月26日。

③ 王新命：《崩溃中的上海》，《中央周刊》第8卷第22期。

国民经济凋零

由于南京国民政府为发动内战支付了巨额的军费和四大家族官僚资本的巧取豪夺，加上美货像潮水般涌来，使国民经济陷于严重危机之中。1947年2月6日，南京国民政府行政院院长宋子文向美国驻华大使司徒雷登提出的一份备忘录中称："我并不是故作惊慌，去年夏季有人坦白地猜测，以为在几个星期之内经济即将崩溃。当时我曾经告诉你和马歇尔将军，这种现象或许在若干月之后可能出现。"[1]美国政府也认为，1947年"中国的经济情况继续地每况愈下"，"这种逐渐恶化的经济形势，乃是整个局势中最重要的一种现象"[2]。

构成经济危机的一项重要内容，是随着通货膨胀而出现的物价疯狂上涨。据南京国民政府主计部统计局统计：1946年全国趸售物价平均总指数比抗战前的物价水平上涨了3790余倍，1947年更增为27100百余倍，两年中月增长率为18.2%；1946年全国零售物价平均总指数比抗战前上涨4300余倍，1947年更增为37300余倍，两年中月增长率为17.8%[3]。

1947年2月17日，南京国民政府颁布了《经济紧急措施方案》，禁止黄金买卖及外币流通，冻结生活指数，限价配售日用必需品，借以控制物价上涨的势头；但是，这些措施都失败了。正如蒋介石所承认的，"各地政府未能依照经济紧急措施方案切实评议物价，并彻底执行处罚办法，遂致

---

[1] 《中美关系资料汇编》第1辑，第401页。

[2] 《中美关系资料汇编》第1辑，第409—410页。

[3] 《两年来之全国趸售，零售物价总指数暨公务员生活费总指数》，南京国民政府资源委员会档案，藏中国第二历史档案馆。

粮价暴涨，影响人民生计"[①]。物价仅相对平稳了两个月，即又开始大幅度上涨。如甘肃省食盐在4月一个月中，即由每市斤755元涨至1300元；随后，天水小麦每市斗由六七千元，陡升至13000余元；天水至兰州的汽车票价，从3月到6月，也涨了1倍多[②]。南京国民政府全国经济委员会称，1947年物价共经历了4次涨风：第一次为年初至2月底，物价总指数上升68%；第二次为4月下旬至7月中旬，上升100%；第三次为9月中旬至10月下旬，上升74%；第4次为11月中旬至年底，上升30%[③]。其中，上涨最烈、对人民生活影响最大的是米价。在国民党统治区，每担米价，1947年1月为6万元，6月涨至50万元，7月底达65万元，11月底竟高达110余万元。在11个月的时间里，上涨了19倍[④]。这段时间，物价上涨的特点是"大涨小回，小回大涨"，"周期愈演愈短，物价愈涨愈烈"。南京国民政府经济部门分析，造成这种状况的主要原因是："1.财政收支失衡，通货不断膨胀；2.生产停顿，物资缺乏；3.交通工具破坏，货运停滞；4.游资作祟，囤积垄断。"[⑤]这种分析，虽避开了国民党发动内战、投靠美国、压榨人民等实质性原因，但于此亦可见当时危机状况之一斑。

直接受到物价上涨之冲击者，首为城市居民。统计资料表明：1937年上半年，一成年男性城市居民每月总消费值平均为15.04元，至1947年度则已上升为397026元，增长了26000余倍；从1946年1月至1947年12月，每月生活

---

① 南京国民政府1947年4月26日交秘字第402号代电，南京国民政府行政院档案，藏中国第二历史档案馆。

② 《甘肃省参议会决议案》，1947年合字第5号，南京国民政府行政院档案，藏中国第二历史档案馆。

③ 南京国民政府全国经济委员会关于1947年度物价波动概况的报告，南京国民政府财政部档案，藏中国第二历史档案馆。

④ 沙英编著：《中国四大家族的危机》，光华书店1948年版，第69页。

⑤ 《战后物价之分析》，南京国民政府全国经济委员会档案，藏中国第二历史档案馆。

费总指数增长率约为18.5%[1]。以国立大学教授的实际收入为例，抗战胜利时相当于战前的1/10；到1948年七八月，又只相当于胜利时的1/3了，比抗战前的女工还差了1/2。美联社的一则新闻说：法币100元，在1937年尚可买2头牛，到抗战胜利时，只能买1条鱼，1946年可买1只鸡蛋，1947年已经只能买1/3盒火柴了[2]。

通货膨胀，物价上涨，造成了工厂倒闭、工人失业的严重后果。在1946年下半年至1947年，据不完全统计，仅上海、天津、重庆、汉口、广州等20多个城市，即有27000多家工厂倒闭。国民党统治区的经济中心上海，抗战胜利时尚有4000余家大工厂，但1947年1月的开工率只有20%；1月至6月倒闭的工厂，商号有1600余家。华北工业中心天津，原有大小工厂5000家，1947年能勉强开工者只有5%，其余95％的厂家均处于停工或半停工状态。西南经济中心重庆，在1946年一年中即倒闭工商企业7000多家；1947年，在参加全国工业协会重庆分会的470多家工厂中，又有2/3以上停工。据国民党中统局报告，贵阳在1946年一年中，共倒闭工厂、商店1095家[3]。从各省统计情况来看，工厂倒闭、停工的情况，也相当惊人。仅以河南为例[4]。

厂家	抗战前厂数	项目产品	抗战前日产量	战后复员厂数	1947年日产量
棉纱厂	5	棉纱	180包	2	28包
织布厂	96	布匹	1500包	10	130包
毛织厂	45	哔叽	10000尺	15	2500尺

---

① 《两年来全国趸售、零售物价总指数暨公务员生活费总指数》，南京国民政府资源委员会档案，藏中国第二历史档案馆。

② 沙英：《中国四大家族的危机》。

③ 《贵阳厂商倒闭情形》，南京国民政府经济部档案，藏中国第二历史档案馆。

④ 《河南省工业被灾损失统计表》，南京国民政府行政院善后救济总署档案，藏中国第二历史档案馆。

续表

厂家	抗战前厂数	项目产品	抗战前日产量	战后复员厂数	1947年日产量
面粉厂	9	面粉	23000袋	4	5000袋
榨油厂	2	花生、芝麻油	10000斤	1	2000斤
玻璃厂	2	玻璃	1000斤	0	0
火柴厂	3	火柴	1300箱	0	0
皮革厂	5	皮革	250张	0	0
机器厂	5	各种农具	20吨	1	1吨

随着工厂的大批倒闭、停工，国民党统治区各大中城市，充满了失业大军。1947年，上海失业、半失业的工人近200万人；重庆为18万人；天津、青岛各为7万余人；昆明为6万人[1]。广大失业工人，就业无门，生活无着，情状极为凄惨。湖南省长沙、衡阳二地的失业工人，"扶老携幼，寄宿露天，饥寒交迫，风雨不蔽"，"居则倚危墙而搭棚，三五共处；食则采野蔬充膳，仅堪疗饥"[2]。粤汉铁路大批工人，自沦陷后即过着颠沛流离的生活，至1946年底，仍有3000余名失业者，"麇集本路沿线，厥状至惨，鹄面鸠形，俨同乞丐"[3]。重庆市工人请愿团，向市社会局提出了"四要""三不"的要求，即失业工人要吃、要住、要交通工具、要恢复工作；在业工人要求不关厂、不降低待遇、不裁减工人[4]。

国民党统治区的农村，由于不断遭到天灾人祸的袭击，土地荒芜，产量下降，经济日趋破产。

---

① 《中国现代史资料选编》（5），第286页。

② 《为恳分函各有关机关宏施救济长衡两市劳工意见书》，南京国民政府行政院善后救济总署档案，藏中国第二历史档案馆。

③ 《粤汉铁路工会请救济失业流离工人致善后救济总署电》，南京国民政府行政院善后救济总署档案，藏中国第二历史档案馆。

④ 《重庆市工人请愿团报告》，南京国民政府经济部档案，藏中国第二历史档案馆。

南京国民政府为了进行内战，一方面向农民摊派各种沉重的田赋、捐税，使一般自耕农的负担达到其收获量的60%—80%，而佃农则在以全年收入的50%交付地租外，还要以其15%—20%缴纳各种捐税[①]；另一方面在农村大量征兵，1946年各地共征兵50万人，1947年又征150万人，至于强征民夫，则更无法计算。这样，便造成了大批农村劳动力的逃亡和流失。与此同时，在1946年至1947年，各地自然灾害不断。据统计，1946年共有19省受灾，600万亩耕地被水淹；1947年夏秋间，又有15省遭灾。趁各种灾祸蔓延之势，高利贷活动异常猖獗。广东省龙门县竟有一年间本利高达贷款之5倍者。其办法为：借谷伸银，每百斤35000元，其银本至旱谷登场时，照时价折算交谷175斤；由银伸利谷，每千元合利谷10斤，限两造交清350斤，合计本利计需还525斤[②]。

上述种种，造成了十分悲惨的后果。大量耕地抛荒。1946年，仅粤、湘、豫三省，即有5800万亩耕地荒废；1947年，广东省抛荒耕地高达75%，江苏省为60%，安徽、湖南二省为30%以上，河南省为25%。1947年3月，察哈尔省政府主席傅作义在一份呈文中称："年来因治安不靖，民生凋敝，人民无力耕种，因而荒芜之土地为数甚大，就可靠之调查估计，至少在400万亩以上，约占全省已耕地总面积1/3。"[③]农作物产量也随之大幅度下降。以1947年与战前1936年相比，几种主要农作物总产量的下降情况见下表[④]。

1936—1947年

单位：千市担，千市担的%

稻	1034126	942794	91.2
小麦	480897	430570	89.6

①　《东北日报》1948年4月2日。

②　《建议我国农村经济之枯竭及救济办法案》，南京国民政府档案，藏中国第二历史档案馆。

③　南京国民政府行政院绥靖区政务委员会档案，藏中国第二历史档案馆。

④　严中平等：《中国近代经济史统计资料选辑》，第360页。

高粱	233201	203027	87.1
大豆	203086	159178	78.3
棉花	17357	10738	61.8

据当时外国经济专家估计，国民党统治区1946年农作物总产量，仅1932—1936年平均产量的2/3；1947年只合战前标准的60%[①]。农村经济的破败，使广大农民的生活十分悲惨。宋子文在一份政治报告中称："35年（1946年）度，遭逢数10年未有之饥馑，灾民达数千万。"[②]有人形容当时的农村，"遍地有呼号啼饥之声，到处有颠沛流离之状"，"经济之枯竭已达极点"[③]。部分农民为饥饿所逼，只好抢米。浙江一位因抢米而被捕的农民控诉："我们肚里没有一粒米，请你们剖开肚皮看看吧！"[④]

国民经济的凋零、破产，使国民党政权面临着更为严重的政治危机。难怪有的南京国民政府官员惊呼："中国已面临着经济最大危机的关头，若不设法挽救，恐将因经济的破产使政治崩溃"[⑤]。

[①] 苏联《新时代》杂志第15期，1948年4月7日，译文见《中国现代政治史资料汇编》第4辑第32册。

[②] 《宋子文在国民党中央监察委员会所作政治报告》，1946年9月28日，南京国民政府行政院档案，藏中国第二历史档案馆。

[③] 《建议我国农村经济之枯及救济办法案》，南京国民政府档案，藏中国第二历史档案馆。

[④] 《文汇报》1946年5月14日。

[⑤] 国民党吉林省新闻处处长叶显锐：《为平抑物价贡献刍荛》，南京国民政府行政院档案，藏中国第二历史档案馆。

七　残害群众

沈崇事件等

南京国民政府在抗战胜利后，其所以敢于抢占战略要地、破坏政协决议、发动全面内战和实行独裁统治，均因有美国政府作为靠山而有恃无恐。美国驻华的军事人员，其总数最高时达10万人以上，后来虽屡经缩减，至1946年11月，仍有2万人左右。

这批美国军人，在中国享有治外法权。早在1943年10月1日，即经蒋介石签署公布了《处理在华美军人员刑事案件条例》。其中规定："美军人员在中国境内所犯之刑事案件，归美国军事法庭及军事当局裁判"；中国司法机关只能在裁判前"向其询问进行之程度"，裁判后"抄录其原文"①。本来该《条例》只执行到"共同作战结束后六个月为止"。但是，蒋介石于1946年9月20日却致电南京国民政府司法行政部部长谢冠生，提议将《条例》有效期延长"至在华美军全部撤离后为止"。谢则复称："目前我国与

---

①　南京国民政府军令部战史编纂委员会档案，藏中国第二历史档案馆。

95

日本尚未签订和约，故认为战争状态仍继续存在，而美军在华协助遣俘，其任务即未完成，事实上，该条例自有延长之必要。"①接着，司法行政部又颁布了《防止美军人员刑事案件发生及确保受害人获致公允裁判注意事项》，要求各地公安机关，"应随时告诫当地人民，勿于美军驻扎处所，及其附近地带，逗留窥探，借免误会、如遇美军酗酒，或藉端滋事时，并应劝导在场民众疏散，不得围观"②。南京国民政府国防部还规定，对于犯法的美国军事顾问团官兵的眷属："甲、肇事人员，请免逮捕；乙、如车辆肇事，请免充公；丙、请协助肇事人员以电话立即报告美军宪警，以便到场调查该案。"③这些法规，都助长了驻华美军的骄横，使他们肆无忌惮地制造暴行，残害中国人民。

据不完全统计，仅上海、南京、北平、天津、青岛五市，从1945年8月—1946年11月，即发生美军暴行3800起，受害同胞死伤者达3300人以上④。在上海，从1945年9月到1946年7月，美军暴行"日必数起"，致死伤1500人；美舰在黄浦江中横行，撞沉中国船只，致死者达660人。1946年9月22日晚，一名人力车夫臧大咬子，因向乘车的美国水兵索取车费，竟被活活打死。在天津，从1945年10月至1947年9月，美军共发生车祸、枪杀、抢劫、捣毁、强奸等案件365起，受害伤亡的中国人近20名。其中，美军汽车肇祸事件竟占全市交通事故的70%⑤。在北平，三个美国人以正在调车的铁路工人王恩弟的头作靶子，比试枪法，将王当场枪杀。在南京，1947年8月2日深夜，几个美国宪兵乘一辆军用吉普车经过中和桥时，将两名正在乘凉的老百姓扔到秦淮河中淹死。

在驻华美军的一系列暴行中，对全国影响和震动最大者，为沈崇事件。

---

① 南京国民政府司法行政部档案，藏中国第二历史档案馆。

② 南京国民政府司法行政部档案，藏中国第二历史档案馆。

③ 南京国民政府外交部驻云南特派员公署档案，藏中国第二历史档案馆。

④ 王青回忆北平学生抗议美军暴行运动，《中国现代史资料选编》（5），第537页。

⑤ 《美帝国主义侵华罪行录》，中国青年出版社1965年版，第91页。

1946年12月24日晚，北京大学先修班19岁女生沈崇，在去看电影途经东单时，被美国海军陆战队伍长皮尔逊等二人架至东单操场施行强奸。此消息首先由上海《联合晚报》驻北平特派记者刘时平发至上海，遂在全国激起强烈反响。

国民党当局对这一事件，首先是封锁。北平市警察局局长汤永咸发出紧急通知，勒令该地各报刊不得转发此项消息，并威胁被害人"不准声张"。封锁不成，又竭尽诬蔑、歪曲之能事。国民党中央通讯社竟在新闻中提出："沈崇似非良家女子"，"美军是否与沈女士相识，须加调查"。美联社更诬称："少女引彼等狎游，并曾言定夜度资。"[①]当各校已燃遍抗议美军暴行怒火的时候，又由北大校长胡适出面宣称："此事系一法律问题，唯余以为对美军抗议以罢课游行为手段，似属不智。"[②]

面对美军暴行和国民党当局的卑劣行径，北平和全国各地的学生、广大群众，愤怒进行了揭露和声讨。12月26日，北京大学沙滩大操场的墙壁上，就贴满了抗议的标语和壁报；27日，这类标语和壁报蔓延到其他各建筑物的墙壁上。当晚，北大进步学生召开各系级、各社团代表会议，成立了北京大学学生抗议美军暴行筹备会，通过了《告全国同胞书》《告全国同学书》《告美国人民书》等事项，并作出决议："1.严惩暴徒及其主管长官，在北平由中美联合法庭公开审判；2.驻华美军当局公开道歉，并保证撤退前不得再有任何非法事件发生；3.要求美军立即退出中国。"[③]30日，北大、清华、燕京、辅仁等校学生举行了抗议美军暴行的万人游行，到驻有美军的"军事调处执行部"门前示威，并高唱《抗议美军进行曲》，高呼"抗议美军暴行""美军滚回去"等口号。同日，北大许德珩、沈从文、闻家驷、朱光潜等48名教授联名致书美驻华大使司徒雷登，称："吾等忝为某女士之教师，闻悉此暴行，尤深悲愤"；强烈要求美方，"对于犯罪之士兵，迅绳以

---

① 《中国现代史资料选编》（5），第538页。
② 《中国现代史资料选编》（5），第539页。
③ 《中国现代史资料选编》（5），第540页。

法"，"保证此后绝不再有类似事件在中国任何地方发生"①。

一个抗议美军暴行、要求美军撤出中国的爱国运动，迅速由北平波及全国各地。1947年1月1日，上海交通大学等20多所学校学生数万人，高举"保卫中国独立自主"的巨大横幅，举行示威游行，并组成上海学生抗议驻华美军暴行联合会；同日，天津南开大学、北洋大学等30余所大中学校万余学生示威游行；2日，南京中央大学、金陵大学等6所大学5000余人向南京国民政府请愿，并向美国大使馆提出抗议；4日，开封河南大学等大中学校20000余人示威；6日，重庆63所学校约15000名学生集会游行，并向重庆行辕递送请愿书；6日，昆明30000余学生举行抗议罢课。学生抗暴运动还在武汉、广州、杭州、台北等几十个大中城市展开。总计在一个月内，全国有50万名以上学生，相继举行了游行、示威和罢课，抗议美军暴行。

学生的抗暴行动，还得到了社会舆论的广泛同情和支持。各地工人、市民，通过捐款等各种形式，给学生以支援。上海市总工会于1947年1月6日致电蒋介石，提出惩凶、赔偿、道歉等三项要求②。民盟北平支部于1946年12月29日发表宣言，抗议美军强奸女学生的罪行。九三学社重庆分社、民盟重庆市支部等15个民主团体，于1947年1月6日在重庆发表联合宣言，指出：美军暴行"绝不是单纯的法律问题，而是美帝国主义者以殖民地政策对待我中华民族之表现"；强烈要求，"立即驱逐美军出境"，"公开审判各地暴行的美军，严厉惩凶赔偿，并由美国政府向中国人民正式道歉"③。

对于席卷全国的抗暴怒潮，国民党当局惊恐万状，千方百计地进行镇压和破坏。国民党首都警察厅在为学生参加抗暴斗争事给教育部的专门报告中表示，该厅将"继续侦查并为必要之防范措施"，要求教育部亦采取相应的对策，如"各学校党团工作应设法加强，予一般思想纯正之青年

---

① 西北大学历史系编：《中国民主党派史资料选辑》，第502—503页。

② 南京国民政府档案，藏中国第二历史档案馆。

③ 《新华日报》1947年1月6日。

学生以正确领导，并对反动分子以有力之打击与镇压，使其无法抬头"；"对一般思想'左'倾及行动反常之教职员、学生，学校当局应利用寒假期间，设法将其解聘及除名"；"学校当局应随时设法撕毁散贴校内之反政府、反美之宣传文件，并侦查其幕后主持人，向治安机关报告"等[1]。南京国民政府教育部随即给国立中央大学发去代电，作出4项"指示"：1."开导各生静候法律解决，毋得盲从，和再有其他越轨行动"；2."对于不良分子应特别注意防范，至纯正学生应予保障"；3.清除校内反政府、反美之宣传物，追查幕后；4.鼓励"思想纯正之青年"在校内创办壁报、刊物，作"正面宣传"，并给予经济补助[2]。国民党北平当局，还组织暴徒，冲进北大，捣毁抗暴会办公室，撕去抗议美军暴行的墙报，并盗用学生名义，通过"绝不采取罢课游行手段、信任政府合理解决此案"等项决议。各地三青团组织在破坏学生抗暴斗争方面，尤为卖力。三青团重庆市支团，不仅对学生的抗暴游行"予以分化"，还召集全市60余所大中学校校长开会，强行决定："抗联会早无存在意义，应即日结束"；"请军政当局取缔非学生分子参加学生活动"；"由各校分别函知家长，如学生在校不受管束，请由家长自行领去管教"等[3]。重庆市教育局则更颁发《渝市中等学校致各生家长函式》，规定每个家长必须就"是否容许贵子弟参加罢课游行等举动"表示书面意见，否则学校在新学期不予注册[4]。

但是，国民党当局的破坏和镇压，并没有能阻挡全国学界抗暴运动的深入发展。1947年2月下旬，以南京、上海、杭州、北平，天津、武汉、重庆、昆明、广州等地的学生"抗暴联"为中心，由全国28个省、市单位的代

---

[1]　《首都警察厅专报》，1947年1月11日，南京国民政府教育部档案，藏中国第二历史档案馆。

[2]　南京国民政府教育部代电，1947年1月18日，藏中国第二历史档案馆。

[3]　三青团中央干事会负责人陈介生致教育部函，1947年2月14日，南京国民政府教育部档案，藏中国第二历史档案馆。

[4]　南京国民政府教育部档案，藏中国第二历史档案馆。

表，在上海秘密组成了全国学生抗议美军暴行联合会总会[①]，3月8日正式宣告成立。总会成立后，在不到一个月的时间内，又有67个地区、单位的代表入会。

后来，由于南京国民政府的无能和中国所处的依附地位，美国海军陆战队司令范特格里甫特竟于1947年6月，改变原判皮尔逊15年有期徒刑之决定，宣布撤销皮尔逊强奸中国女大学生之罪案，将皮尔逊释放，并恢复其伍长职务。

美国当局的这一荒谬决定，激起了中国人民的更大愤慨。广大学生在中国共产党的组织领导下，把抗议驻华美军暴行和反对美国政府支持国民党当局的内战、独裁政策结合起来。一场轰轰烈烈的反内战、反饥饿、反迫害运动，在全国各地如火如荼地展开了。

血溅台湾岛

正当抗议美军暴行的运动席卷中国大陆的时候，刚刚从日本帝国主义长期奴役下回到祖国怀抱的台湾人民，也因反抗国民党当局的暴行，而展开了英勇的斗争。

台湾光复后，蒋介石即决定，对台湾实行特殊的政治建制和经济建制，要实现"政治、军事的绝对独裁统治"，执行"统制经济和内地隔离的政策"。政治上，国民党当局在这里设立了"台湾行政长官公署"，并规定，由行政长官兼任警备总司令。由国民党当局派往台湾接收的最高长官陈仪，即一身兼任了此二项要职。他不仅掌握了台湾的行政、军事和立法大权，而且还通过安插亲信，建立特务网，来加强其统治。在这里，日本殖民者的残余力量，还具有相当的势力。"日人依然能以副统治者地位，作威作福，继续压迫台湾人民"[②]。经济上，国民党

---

① 南京国民政府教育部档案，藏中国第二历史档案馆。

② 南京国民政府监察院档案，藏中国第二历史档案馆。

当局"接收"了台湾90%的企业和70%以上的耕地,还对生活日用品实行专卖制度。在其垄断下,台湾经济一片凋零。有90%的工厂停工,80万名劳动者失业。物价上涨,生活费用猛增。批发物价指数,若以1937年6月为基数,从1945年11月—1947年1月,粮食由三、三二三增到二一、〇五八;衣服布匹由五、七四一增加到二四、四八三;燃料由九六三增到一四、〇九一①。从1946年1月—1947年2月,大米每斤由6.3元涨至32.33元,鸡蛋每个由1元涨至9元,盐每斤由0.75元涨至14元,白糖每斤由3.5元涨至74元,茶叶每斤由10.16元涨至106元,分别涨了5倍至21倍②。加之,这时美国势力,又趁帮助国民党当局"接收"之机,侵入台湾,取日本而代之。美国政府从台湾银行提走了130000多美元的公款,设立了以艾温斯为团长的陆军顾问团,还享受各种特权,为所欲为。这一切,使台湾人民重新陷入苦难的深渊。人们慨叹,"轰炸惊天动地,光复欢天喜地,接收花天酒地,政治黑天黑地,人们呼天唤地"。正因为如此,台湾人民不断进行了斗争。1947年1月,台北50000余名学生、工人和市民,举行集会和示威游行,声援大陆同胞的抗暴斗争,反对国民党的独裁统治。2月初,在台北、台中等地又有大量反对美军暴行和国民党统治的传单出现。

接着,台湾人民的愤怒和反抗,终于通过林江迈事件爆发为著名的二·二八起义。

2月27日晚,省专卖局专员叶德根带领9名武装缉私人员,在台北市万里红酒店附近,以"逃税"为由,将寡妇林江迈的6000元现款和几十条香烟抢走,并以枪柄砸伤其头部。周围群众激于义愤,遂殴伤查缉员、警员各1人。查缉员傅学通竟开枪射击,当场将市民陈文溪击毙。28日晨,愤怒的台北市民在延平路一带鸣锣击鼓,发表演说,并因不满警察的干涉,而砸毁当地警察所,围殴所长,收缴枪支。然后,又拥至省专卖局台北市

① 1947年4月18日,司徒雷登向蒋介石提出的《关于台湾局势的备忘录》,《中美关系资料汇编》第1辑,第937页。

② 南京国民政府监察院档案,藏中国第二历史档案馆。

分局，打死打伤欺压百姓的查缉员六人，"并将局内存货搬出门外，连同停放门外之汽车一辆、脚踏车数辆，纵火焚毁"[1]。中午，市民数千人高呼"打倒国民党一党专制政府"，"建立台湾民主自治政府"，"建立各界人民代表会议"等口号，到长官公署门口请愿，要求惩办凶手和撤销专卖局。请愿未果，群众于冲入长官公署大门之际，被守卫军警开枪打死30多人，伤者无数。大规模的流血事件，更加激怒了台北民众。人们采用罢教、罢课、罢工、罢市等手段来表示抗议，并进而走上街头，示威游行，包围长官公署、省专卖局等机关，占领了省广播电台和邮电通信机关。由于国民党当局对群众的镇压，遂使请愿、示威等行动发展为武装起义。经过一天的紧张搏斗，国民党军警、公务员和起义群众各死伤1000余人。起义者通过电台，向全省宣布，台北市民已经起义，呼吁全省人民给予支援，要求各县市亦举行起义。

台湾当局对台北市民的起义，惊恐万状。他们于28日当天。便宣布台北市戒严，以机枪封锁街道，进行血腥的镇压。同时他们又开动宣传机器，欺骗市民放下武器，停止斗争。台北起义群众不畏强暴，不受欺骗，继续斗争。3月1日，起义者封锁要道，断绝了台北市与外地的交通；2日，5000余名大中学校的学生集会并组织了学生军；5日，台湾自治青年同盟成立，反对妥协，号召继续进行武装斗争；9日，起义者经数日战斗和进攻，已将除长官公署和警察总司令部以外的各机关占领、接管。在此期间，起义民众还组织了二·二八事件处理委员会，通过了政治改革方案，并致电蒋介石，提出"重用台省人才""专卖局废止""县、市长民选"和"勿用武力弹压"等9项要求。

与此同时，起义的烈火，迅速燃遍全省各地。2月28日当晚，临近台北市的基隆市、台北县首先响应，起义者进攻国民党军驻地，袭击军用仓库；3月1日，新竹市、新竹县、彰化市起义，新竹市起义者于当日控制了市区，并提出"不追究暴动，市长民选，军队撤离市区，警察、宪兵不得携带枪

---

① 周敬瑜给陈仪的电报，南京国民政府监察院档案，藏中国第二历史档案馆。

支出外"等六项要求，当局以"宪兵及驻军力量极为薄弱"，"乃允其所请"①；2日，台中市、嘉义市、台南市、台中县、台南县起义，台中市市民数千人在谢雪红率领下，包围市府，进攻警察局，并在之后建立了一支由谢担任总指挥的3000人的武装部队；3日，南部的高雄市、高雄县、台东县起义，高雄市起义者高呼"打倒腐败官僚，建立民主政治，解放被压迫下的台湾同胞"，"建立真正民主的台湾"②等口号，控制了市政府，并在之后建立了4000人的"台湾革命军高雄支队"；4日，花莲县、屏东市先后起义。至此，除澎湖因受国民党海军镇压未能武装起义外，台湾全省各地都实行了起义，各级国民党政权大多瘫痪。据司徒雷登大使事后给蒋介石的报告称："3月5日，台湾的中国人没有经过预先的布置和准备，就已经在全岛各地占有优势，或者控制住全岛了。"③

面对台湾全岛的一片起义烽火，陈仪慌忙于3月2日向蒋介石致电呼救："奸匪煽动，挑拨政府与人民间之感情，勾结日寇残余势力，致无知平民胁从者颇众。祈即派大军，以平匪氛。"④蒋介石迅即复电"照准"，并于当日电令驻江苏的整二十一师刘雨卿部"全部开台平乱"，"限3月8日以前到达"，"到台后归陈长官（仪）指挥"⑤。接着，又派国防部部长白崇禧亲至台湾，"权宜处理"。于是，用美械装备的整二十一师立刻紧急动员，其军部及直属营连和第一四六旅在上海吴淞口登船，直开基隆；第一四五旅由连云港启程，急驶高雄。

自8日中午起，国民党整二十一师在美国军舰、飞机的护送下，陆续

① 杨亮功、何汉文关于台湾二·二八事件的调查报告，南京国民政府监察院档案，藏中国第二历史档案馆。

② 高雄市政府《抄呈虏获奸暴文件之一部》，南京国民政府监察院档案，藏中国第二历史档案馆。

③ 《中美关系资料汇编》第1辑，第942页。

④ 何汉文：《台湾二·二八起义见闻纪略》，《湖南文史资料选辑》（修订合编本）第2辑。

⑤ 何曹儒：《蒋军镇压台湾人民起义纪实》，《文史资料选辑》第18辑。

赶抵台湾，并立即开始了对起义者的血腥暴行。据美国人的记载："从3月9日开始，就展开了广泛的毫无区别的屠杀行动。""任何被认为想躲避或逃跑的人，都被射倒。任何地方士兵只要看到有可要的东西，就开始掠夺。"①在基隆，民众遭到国民党军队机枪的疯狂扫射，或被三人一捆、五人一绑，投入大海。整二十一师的先头部队第四三八团在船只尚未靠岸时，即向岸上的群众开火，很多人被打得头破腿断，肝肠满地，甚至孕妇、小孩也不能幸免。第一四六旅从基隆登陆后，遂杀向台北，并分兵到台中及附近各县镇压。民众被一卡车一卡车地拖到警备司令部的大围墙院子里，被死死捆绑着等待处决。有一个外国人，3月10日在警备司令部，"看到约有15个衣着讲究的台湾中国人被绑在一起，屈膝跪着，脖子裸露出来，显然是正在等待执行死刑"②。在此后一周左右的时间内，大约有1000多人在被残杀后丢在淡水河中。第一四五旅从高雄登陆后，一面围剿高雄市起义者，一面又分兵杀向台南及附近各县。高雄要塞司令彭孟缉更加肆无忌惮，杀人如麻，爱河之水为之赤。据估计，在要塞司令部与第一四五旅的联合镇压下，至13日，高雄市已有2500名群众遭杀害。在大规模的屠杀告一段落后，台湾当局又从3月下旬开始，实行"清乡"，进一步搜剿起义者。在这场惨绝人寰的大屠杀中，台湾全岛尽遭血洗，"无辜民众横被枪杀，将尸首抛入海中，或放弃田野者，为数在50000人以上"③。

国民党当局虽用暴力镇压了台湾人民的二·二八起义，但它在台湾的统治，却因此受到沉重的打击，其对大陆解放区的军事进攻，亦因此被分散兵力。

---

① 《中美关系资料汇编》第1辑，第944页。

② 《中美关系资料汇编》第1辑，第945页。

③ 南京国民政府监察院档案，藏中国第二历史档案馆。

五二〇血案

南京国民政府刚刚镇压了台湾人民的二·二八起义，又为一场以南京为中心的"反饥饿、反内战、反迫害"的大规模学生运动所困扰。

这次学生运动的直接导因，是学生不堪忍受物价的猛烈上涨，要求政府增加其副食费。据统计，从1946年12月—1947年5月的半年中，南京的食米价格上涨了4.2倍，猪肉价格上涨了3倍，大豆价格上涨了5倍；仅5月1日至13日，大米价格即上涨了60%。但大学生每月的副食费却仍为24000元，平均每人每天只能凭此款买两根半油条或一块豆腐。为此，中央大学于5月12日首先向教育部提出，将学生每月副食费增加到100000元，并按月就米价上涨情况予以调整；同时宣布，自13日起，实行罢课，直至教育部接受要求为止[①]。15日，中央大学、国立音乐院等校3000多名学生，打着"要求增加副食费至100000元"的横幅，到教育部和行政院请愿。17日，中央大学、金陵大学、国立音乐院、国立药学专科学校等校学生代表开会，决定在5月20日，即国民参政会四届三次会议开幕的那天，举行一次更大规模的示威游行。在此期间，上海交通大学、暨南大学、同济大学、复旦大学等八所院校学生代表联席会议决定，为增加副食费派代表赴京请愿；北平、天津学生宣布为反饥饿、反内战而罢课，并成立了华北学生反饥饿、反内战联合会。

南京国民政府对于日益高涨的学生运动，十分惶恐，遂于18日，由蒋介石主持召开临时国务会议，通过了《维护社会秩序临时办法》。其中规定：人民团体与学校学生请愿，"人数以十人为限"，且"不得越级请愿"；禁止罢课、罢工、罢业，否则将"采取必要之措置或予解散"；凡"妨害公共秩序，阻碍交通，妨碍公务，损毁公私财物或伤害他人身体者"，"当地政

---

① 《文汇报》1947年5月13日。

府应采取紧急措施为有效之制止"，"其触犯刑法者，并送由司法机关处理"[1]。蒋介石还在讲话中，指责中大、金大学生"行同暴徒"，声称"不能不采取断然措置"。

国民党当局对学生运动的压制，激起了各地学生的无比愤怒和坚决反抗。19日，上海复旦、交通、同济、暨南等15所学校学生5000余人，举行反饥饿、反内战大游行；北平北大、燕大、中法、师院等一批学校宣布罢课；天津国立师专、省立工学院、水产专科学校等校亦开始反饥饿、反内战罢课。同日，中央大学召开系科代表大会，通过了《抗议政府剥夺人民请愿自由》的决议，决定坚持原定20日向国民参政会游行请愿的决议。连日来，上海、杭州、苏州一批学校的学生代表陆续抵达南京请愿。于是，19日晚，京、沪、苏、杭四区的中央大学、金陵大学、国立音乐院、国立药专、高工建训班、复旦大学、同济大学、交通大学、暨南大学、上海医学院、上海机械学院、上海音专、吴淞商船学校、社会教育学院、浙江大学、英士大学等16所专科以上学校的代表，举行联席会议，研究了次日游行、请愿的具体事项，确定了请愿的五项要求：（1）全国教育经费须提高至国家总预算的15%（1947年只占财政支出的3%）；（2）5月份学生副食费应增至100000元，以后按物价指数逐月调整；（3）专科以上学校学生应一律享受公费待遇；（4）提高教职员与研究生待遇或生活津贴，并按物价指数逐月调整；5.请政府直接指拨充足外汇，交学校定购图书、仪器及科学器材[2]。

南京国民政府在得悉各校学生将于5月20日举行游行、请愿的消息后，如临大敌。他们一方面通过国民党、三青团组织，在中央大学等校学生中，成立所谓"复课委员会"，盗用广大学生名义，"要求复课"，并制造恐怖气氛，分化瓦解学生运动；一方面召集首都卫戍司令部，首都警察厅、宪兵司令部、三青团中央、教育部等单位，组成"联合学运小组"，具体策划镇压学生运动的办法。

---

① 南京国民政府内政部档案，藏中国第二历史档案馆。

② 《抗议政府屠杀学生五二〇血案纪实》，国民党总统府档案，藏中国第二历史档案馆。

5月20日上午，京、沪、苏、杭16所专科以上学校学生5000余人举行了"挽救教育危机联合大游行"。其中心口号为："反饥饿、反内战、反迫害"，"要饭吃、要和平、要民主"。

还在各校去中大操场集合前，国民党军警即将中大大门封锁，并将丁家桥中大分部、音乐院和金大等校包围。在金大校门口，军警甚至鸣枪恫吓，挥刀夺旗，殴打并戳伤学生。各校学生与国民党军警斗智、斗勇，或化整为零，或翻越墙头，或冲出重围，终于在鼓楼附近会合。

国民党宪警在珠江路口设置了第一道封锁线。约400名宪警当街横站，两辆消防车已接上数条水龙，附近500公尺范围均为戒严区。当游行队伍在交涉无效的情况下，决定强行通过时，宪警便放射水龙，抢起鞭子、皮带、木棍乱打，抢夺学生手中的旗子、标语、漫画，造成了严重的流血事件。一位叫胡海伦的女学生，被十几名警察围打，扑倒在马路上，头、胸、肘、膝均受伤，身躯还被任意践踏。另一位叫黄斌的学生，为了援救女同学，右肋被木棍猛击，立即吐血昏厥[①]。据事后统计，国民党宪警这一暴行，共使学生重伤19名，轻伤104名，被捕28名[②]。被捕学生，初则遭毒打，继则被蒙眼塞口，绑送卫戍司令部及警察局，然后分送雨花台青年训导队和方山集中营。

国民党宪警设置的第二道封锁线在国府路（即今长江路）。这里设有国民参政会和国民政府，因此是重点保护地段，军警如林，层层设防。第一层是骑着高头大马的骑兵队，第二层是穿黑色服装的警察防护团，第三层是全副美式装备的青年军，第四层是武装宪兵，第五层是机关枪队。卫戍司令部并连下两道紧急命令："严禁违法游行示威，既经布告，着即解散"。游行学生冒瓢泼大雨伫立，高呼革命口号，高唱《团结就是力量》《你这个坏东

[①] 《抗议政府屠杀学生五二〇血案纪实》，国民党总统府档案，藏中国第二历史档案馆。

[②] 学生伤捕数字，各种回忆录及档案记载中，不尽相同。此处系采用中央大学学生为五二〇血案《告全国同胞书》中的说法。国民党总统府档案，藏中国第二历史档案馆。

西》等歌曲，并绝食以示抗议，斗志益加旺盛。在双方僵持中，首都卫戍司令部参谋长卫持平同学生代表进行了谈判。学生代表愤怒抗议宪警部队的血腥暴行，并提出四项要求：1.释放被捕同学；2.受伤同学由卫戍部负担医药费；3.对死者负完全责任，并严惩凶手；4.撤退武装宪警①。后由国民参政会秘书长邵力子出面，会见学生代表，收下请愿书，代表国民政府完全接受学生所提出的要求。于是，宪警撤防，学生整队返校。

五二〇血案在全国引起了巨大的反响，"反饥饿、反内战、反迫害"的呼声传遍全国。南京国民政府国防部惊呼："南京学生之'五二〇'事件发生以后，各地学生步调已趋一致，纷纷宣传，罢课响应。"②参加五二〇游行的16校学生决定无限期罢课。京沪苏杭18所学校成立了学联会，并发表《告全同同胞书》，慷慨陈词，"枷锁和枪炮吓不倒我们，我们要用汗和血去换取一个真正独立、民主、和平、康乐的自由新中国"③。北平、天津等大中城市学生纷纷罢课抗议。上海学生联合会宣告成立，并领导了全市学校的总罢课，愤怒控诉国民党当局的暴行。据南京国民政府6月的统计，"各地参加学潮之主要大学达56所"④。著名民主人士郭沫若、柳亚子、马寅初和华侨领袖陈嘉庚等，亦纷纷发表声明，热情支持学生的正义行动。南京一工厂职工自动捐款2600000元，支援学生运动。全国各地学生在各界，各阶层群众的广泛支持下，在同南京国民政府的斗争中，密切了联系，加强了团结，于6月18日在上海成立了中国学生联合会。

南京国民政府一手制造的五二〇血案，不仅没有能够把学生运动镇压下去，相反，使得以"反饥饿、反内战、反迫害"为中心内容的学生运动，席

---

① 《抗议政府屠杀学生五二〇血案纪实》，国民党总统府档案，藏中国第二历史档案馆。

② 南京国民政府国防部第二厅：《学潮汇编》，国民政府档案，藏中国第二历史档案馆。

③ 国民党总统府档案，藏中国第二历史档案馆。

④ 南京国民政府国防部第二厅：《学潮汇编》，国民政府档案，藏中国第二历史档案馆。

卷全国，达到了一个新的高潮。这一声势浩大的爱国民主运动，提高了广大国统区人民的政治觉悟，牵制了国民党当局对陕北和山东解放区的重点军事进攻，加速了国民党政权的崩溃。

于子三惨死

以南京五二〇血案为爆发点的全国学生"反饥饿、反内战、反迫害"运动，在5月、6月达于高潮。自6月中旬以后，学生运动一度平静。但随着南京国民政府《戡乱动员令》的发布，学生运动又掀起了高潮。

1947年秋季，南京国民政府军事上重点进攻遭到惨败，经济形势进一步恶化，为巩固其后方，便在"戡乱"的名义下，加紧了对学校及学生组织的控制和监视。浙江大学是5月20日16所专科以上学校请愿、游行的参加者，当然也就成了国民党当局镇压学生"反饥饿、反内战、反迫害"运动的重点对象。

10月下旬，中统浙江省调查室从情报和检查佰件中获知，浙江大学学生自治会主席于子三将去苏州开会，并于10月25日返回杭州。中统特务遂于25日，在杭州火车站守候。于子三偕同学郦伯瑾于是日返杭后，未返校即前住延龄路大同旅社会校友陈建新、黄世民，畅谈至深夜。次日凌晨2时，中统浙江省调查室会同杭州市警察局二分局，竟派出特务、员警，将于子三等4人逮捕，其罪名为"商讨如何展开学运，实行反总动员令及布置竞选，争取学生自治会领导权之阴谋"[1]。

事发后，浙大学生随即组织"被捕同学营救会"，并向国民党当局提出三项要求：（1）无条件释放被捕同学，或者在24小时内将他们移送法院；（2）在未释放前，不得施用任何刑罚；（3）保证以后无类似事件发生。[2]

---

[1] 1947年10月29日沈鸿烈致朱家骅电报，南京国民政府教育部档案，藏中国第二历史档案。

[2] 洪德铭：《"于子三事件"前后》，《中国现代史资料选编》（5），第562页。

国民党当局根本无视学生的正当要求。浙大学生自治会被迫召开紧急代表会议，决定罢课三日，向社会呼吁，抗议国民党当局的暴行。连日来，浙大校长、著名科学家竺可桢，不断奔走于当地保安司令部、警察局与省政府之间，营救被捕同学。

于子三等4人被捕后，始则关押于大方旅社内，由特务严密监视；后将于子三转押浙江省保安司令部看守所，其余3人则转押浙江省高等法院看守所。国民党特务、警察机关，对于子三采用了威胁利诱和刑讯逼供等各种手段，均未能达到目的。

29日晚9时，警保当局突然宣布，于子三于下午6时"用玻璃片自杀致死"，并要求竺可桢校长前去查看现场，予以证明。竺校长经详细查询，以"在狱中身故，到现场看过"10个字作答，未证明其为自杀致死。30日，竺可桢电告南京国民政府教育部，于子三"艳日在保警处惨死"①。

30日拂晓，浙大校园里响起了一阵深沉的钟声，1600名同学紧急集合在秋风萧瑟的广场上。竺可桢校长向全校师生，宣布了于子三惨死的消息。这引起了全校师生的极大愤慨。浙大学生自治会于10月31日决定，罢课三日，并派出代表吊唁于子三，慰问其余3位被捕同学。浙大教授会议亦决定罢教一日，以示抗议；同时，致电蒋介石，提出申诉。11月8日，浙大学生自治会议决：在阳明馆前建于子三纪念碑；自10日起再罢课一周；由师生共同组成惨案处理委员会；充实、加强人权保障委员会②。从这一天开始，浙大还组织了300名控诉队员，分赴各县、各界，揭露事件的真相，控诉当局的暴行。12日，浙大学生自治会上书蒋介石，揭露于子三被害经过，指出"当局不能辞其咎者有二，一非法逮捕；二草菅人命"；强烈要求，"处元凶以极刑，为天下不法者鉴"③。

随着浙大血案的发生，全国各地学生又一次掀起了反迫害运动的新高

---

① 南京国民政府教育部档案，藏中国第二历史档案馆。

② 《浙大学治会代表会议议决继续罢课》，南京国民政府教育部档案，藏中国第二历史档案馆。

③ 南京国民政府档案，藏中国第二历史档案馆。

潮。11月上旬，北平各大中学校纷纷举行罢课，抗议国民党当局对学生的迫害。北大、清华等校的163位教授联合发表宣言，对学生的罢课表示同情。燕京大学学生会决定，于11月4日、5日罢课，罢课期间停止一切娱乐活动。天津南开、北洋等大学亦相继罢课。南开大学组织了人权保障委员会，并召开以反迫害为中心内容的晚会。中央大学学生自治会于5日，向浙大发出慰问电；其壁报中呼吁，"提高警觉，加紧团结，挺起胸膛，迎接一切可能发生的无耻行动，以打击应付打击"[①]。上海学联就此专门发表了抗议书。昆明30余所学校举行两天总罢课，并集会抗议。

国民党当局对于这次波及全国的学生运动，动用了各种手段，严厉镇压。国民党浙江省政府从10月31日起，"宣布临时戒严"，并"发动舆论"，"明辨是非"[②]，软硬兼施，对付学生。上海各大学校方，禀承南京国民政府教育部意旨，殴打、开除声援浙大的学生。复旦大学由训导员梁绍文等率部分校工，将校内有关于子三被害案的传单撕去，殴打进步同学；校方并召开紧急会议，宣布将"煽动风潮为首学生"李启知等九人开除学籍，关葆权等8人记大过后留校察看[③]。大夏大学由国民党、三青团"党团同志合作，设法冲散"该校学生为于子三案召集的会议；"校长及训导长亲出撕毁标语"；同时还将学生陈赞培等9人予以开除[④]。北平国民党当局利用学生中的国民党员、三青团员对学生运动进行破坏。11月6日，北大召开追悼大会，"党团学生500余人，坚强阻止清华、北大两校以外大学及中学"前往参加；至正式开会时，又有"党团学生300余人，进入北大会场，采取分散

---

① 《中大学生响应于子三案由》，南京国民政府教育部档案，藏中国第二历史档案馆。

② 1947年10月31日，沈鸿烈致教育部电，南京国民政府教育部档案，藏中国第二历史档案馆。

③ 《沪各大学响应于子三事件酝酿学潮》，南京国民政府教育部档案，藏中国第二历史档案馆。

④ 《沪大厦大学为响应于子三案学生发生互殴》，南京国民政府教育部档案，藏中国第二历史档案馆。

办法，造成会场纷乱形势"，并"击回"游行队伍，使"游行未果"①。

11月17日，浙江省高等法院，对与于子三同时被捕之郦、陈、黄三同学进行了公开审讯。其时，浙大学生代表只允以20人为限参加旁听，且由浙江省政府"饬军警严密布置"。20日，该三名同学竟均被判处七年徒刑。法庭的非法判决，激起了浙大师生和全国学生的强烈愤怒。浙大学生自治会宣布罢课三天，以示抗议。全国学联也为此发表书面谈话，指出："统治者一手立法，一手毁法"，"全国学生和人民要想获得人身自由，只有依靠人民的团结和斗争"②。

1948年1月4日，国民党浙江省当局和中统、军统特务组织，为阻止浙大学生自治会为于子三出殡，竟出动数百名军警和流氓、打手，手执军刀、手榴弹和钉着铁钉的木棍，冲进浙大，殴打学生，致20多人重伤。在双方搏斗中，有11名暴徒为学生当场抓获。后经学校与国民党当局多次交涉，方于3月14日将于子三遗体安葬于西子湖畔的凤凰山麓。

---

① 《北平各校奸匪分子响应浙大学潮详情》，南京国民政府教育部档案，藏中国第二历史档案馆。

② 洪德铭：《"于子三事件"前后》，《中国现代史资料选编》（5），第157页。

八 转入防御

发布《“戡乱”动员令》

当国共全面军事冲突进入第二个年头时，国统区经济形势已趋险恶，"交通中断，生产停顿，各地物资交流全面隔绝，影响物价不断高涨，逼使政府通货陷于恶性膨胀之境"，以致社会人心为之"浮动"①。以学生为主体的人民大众反美、反蒋爱国民主运动又搞得南京国民政府焦头烂额。国民党军队在战场上则节节失利，如果说，1946年下半年的战局"尚勉能获致胜利"，那么，到1947年上半年，战局已"日形危迫"⑰。蒋介石急切渴望打通津浦全路，使南京和北平连为一气，构成连接不断之一道政府权力线的战略企图完全落空了②。在关外，东北民主联军于1947年5月，发动夏季攻势，与国民党军恶战四平城之后，虽然不久即撤围北走，可是东北行辕主任熊式辉仍惊恐不已地向南京国民政府国防部报告："未来之危险，将甚于前

---

① 《“戡乱”简史》，第95页。

② 董显光：《蒋“总统”传》（三），台北中华文化出版事业社出版，第482页。

者"①。6月30日，鲁西之国民党军黄河防线被晋冀鲁豫野战军一举突破，国民党统治的中原腹地暴露在解放军兵锋之下。

鉴于极其严重的政治、军事和经济情况，1947年6月19日，蒋介石问计于美国驻华大使司徒雷登。司徒雷登答曰："采取紧急措施的时刻，恐怕已经来到了。"并担保说，"这样一个新的计划将在美国以及全世界各地赢得众多的同情。"②在得到美国方面的授意和支持后，6月28日，南京国民政府最高法院下令"通缉"毛泽东。6月30日，国民党召开了中常会中政会联席会议，蒋介石在会上作了《当前时局之检讨与本党重要之决策》的讲话，他说："现在真是本党千钧一发，存亡绝续的关头，我们为什么还不把握这个时机，群策群力，同心同德，来改造党挽救当前的危机呢？"眼下"有两种方式可以选择，一种方式是明令讨伐'共匪'……另一种方式是不下讨伐令而采取全国总动员的方式，动员全国人力物力，以加强'剿匪'军事的力量。"③7月4日，南京国民政府第六次国务会议通过并修正蒋介石交议的"如期实现宪政，贯彻和平建国方针案"，并以国府训令的方式颁布："厉行全国总动员令，以戡平'共匪'叛乱，扫除民主障碍，如期实施宪政，贯彻和平建国方针案，立即切实执行。"④7月7日，蒋介石又向全国发表广播讲话，重谈要共产党"不拥兵割据"（即交出军队和根据地），"像英美各民主国家的共产党一样，以和平合法的政党来争取选民"的老调，指责共产党在抗战结束后，"公开叛乱"，"破坏交通，破坏工矿，而且到处破坏奄奄一息的农村"，要求"举国一致"，"抱定决心戡平叛乱"⑤。参谋总长陈诚于同一天发表《告全国官兵书》说，"革命现已濒临严重的关头"，命令全体国民党军人应"为民前驱"，"及早肃清"共军⑥。7月18日，南京

---

① 郭廷以：《近代中国史纲》（下册），香港中文大学出版社1980年版，第772页。

② 《中美关系资料汇编》第1辑，第294页。

③ 《党团统一组织重要文献》，第14页，藏中国第二历史档案馆。

④ 《总动员与"戡乱"建国运动》，时代出版社1947年版，第3页。

⑤ 《总动员与"戡乱"建国运动》，第5页。

⑥ 《总动员与"戡乱"建国运动》，第14页。

国民政府明令公布《动员戡乱完成宪政实施纲要》，同时宣布取消中共国大代表、国府委员保留名额以及开除中共参议员。

《动员"戡乱"完成宪政实施纲要》共十八条，主要内容为。第一，命令授权政府可以肆无忌惮地征集人力，以补充内战军队之不足。规定"戡乱所需之兵役、工役及其他有关人力，应积极动员。凡规避征雇及妨碍征雇等行为，均应依法惩处。"第二，命令授权政府可以任意征发一切物力财力以补充内战经费之需求。规定"戡乱所需之军粮、被服、药品、油煤钢铁、运输、通信器材及其他军用物资，均应积极动员。凡规避征购征用……均应依法惩处。"第三，命令授权政府可以采取一切行动残酷镇压人民的爱国民主运动。规定"凡怠工、罢工、停业、关厂及其他妨碍生产及社会秩序之行为"，以及"对于煽动叛乱之集合及其言论行动""均应依法惩处"。第四，命令授权政府可以随心所欲地发布任何反共、反人民法令。规定"为达成戡乱之目的，行政院得依国家总动员法之规定，随时发布必要之命令。"①南京国民政府又根据此项纲要，于1947年下半年陆续颁布了一系列法规，计有：《动员"戡乱"完成宪政国防军事实施办法》《后方共产党处置办法》《粮食流通管理办法》《全国花纱布管理办法》《加强金融业务管理办法》《厉行消费节约办法纲要》以及《动员"戡乱"期间劳资纠纷处理办法》等，并于11月通令成立由各级"民意机关"议长主持的省市"戡乱建国"动员委员会，以持续地、最大限度地搜刮人力、物力、财力，用于内战。

与此同时，为迅速完成"戡乱"之目的，蒋介石作出了党团合并的决定。蒋既为国民党总裁，又兼三青团团长，可是国民党和三青团长期以来却各成体系，相互矛盾，钩心斗角，甚至为竞选"国大代表"彼此闹得不可开交。国民党元老、考试院院长戴传贤为之大声疾呼："现大敌当前，可大胆地说，倘不能团结一致对外，则吾人将死无葬身之所。"②但，党与团如何

---

①　《总动员与"戡乱"建国运动》，第15—17页。

②　1947年7月9日《中央常务委员会第七十五次会议纪要》，藏中国第二历史档案馆。

合并？有三种意见：第一，"团并入党"；第二，"团认为党不行，欲由团来代党"，至少"倘要团并入党，则先决条件为现在党部负责首长等都应先行引咎辞职，另行改组不可"；第三，团要取代党"恐不能办到，而党要吞团亦为不合之事"①。几种意见争执不下，最后只好由蒋介石亲自出马，先指着国民党党员的鼻子说："现在我们的党真像一个大家庭，权力是个个人都要享受，责任是没有一个人肯来分担。对于公家的事情，不是袖手旁观，不闻不问，就是争权夺利，互相防范……本党现在确已到了这种危险地步，不但纪律荡然，而且已是精神丧失，长此以往，即使没有共产党来破坏我们，我们自己也要灭亡。"②接着又指着三青团团员的鼻子说："本团过去在心理和精神上已经犯了两个是使革命根本失败的错误"："第一个错误是今年团的中心工作方案所拟的是在参加国民大会代表的竞选……为什么要使我们纯洁的青年变成官僚政客？""第二个错误是主张与本党保持不即不离的关系。"③然后再向全体国民党党员、三青团团员发出警告：现在大家"只图得过且过，粉饰太平，这样下去，党与团整个革命的生命未有不被消灭的！"我们的"党员和团员在群众间社会上发生不了作用，整个党的生存差不多完全寄托在有形武力之上，这是我们真正的危机"④。在蒋介石的干预下，三青团和国民党分别于9月上旬在南京召开了二中全会与四中全会，确定了团并入党的原则，并达成了一个妥协的方案，规定三青团本届中央干事和监察委员一律转为国民党本届中央执行委员和监察委员，而候补三青团本届中央干事和监察委员则转为国民党本届候补中央执行委员和监察委员，省市县依此办法参照执行，勉强地完成了党团合并的任务。

　　蒋介石以为发布了"戡乱"总动员令，又进行了党团合并，可以大大加

---

① 1947年7月9日《中央常务委员会第七十五次会议纪要》，藏中国第二历史档案馆。

② 《党团统一组织重要文献》，藏中国第二历史档案馆。

③ 《党团统一组织重要文献》，藏中国第二历史档案馆。

④ 《党团统一组织重要文献》，藏中国第二历史档案馆。

速"戡乱"进程，并夸下海口：半年至多一年内定可"戡平'共匪'"①。可是，他的同僚、国民政府副主席兼立法院院长孙科于沪地答记者问时，却很不乐观地表示："总动员令颁发后，民众对于战事结束之迟缓作种种猜测，但我人需明证者，对于战事估计，未可尽如人意……唯结束确期除上帝知晓外，无人可作有把握猜想。"②

天险黄河被突破

在发布《"戡乱"动员令》的前后，国内各战场，尤其是中原战场的形势，发生了巨大的变化。一年来，由于不断遭到人民解放军的反击，国民党军"战力已形锐减"③，总兵力由开始发动战争时的430万人减少至370万人，其中正规军由200万人减少到150万人，加上占地广，绝大部分兵力不得不用于防守。能作为机动力量使用的仅40个旅。特别是对山东和陕北两个解放区发动的重点进攻，使大量主力部队被牵制在两个相距较远的战场上，无所作为。而联结这两个战场漫长的黄河防线防守力量则十分薄弱，从豫北开封至鲁西东阿500里的河面上，基本上只有第四绥靖区刘汝明部第五十五、第六十八两个整编师等布防。这就为人民解放军由战略防御转入战略进攻、由内线作战转入外线作战提供了条件。

1947年6月30日，刘伯承、邓小平根据中共中央军委指示精神。集中晋冀鲁豫野战军第一（司令员杨勇，政委苏振华）、第二（司令员陈再道，政委王从吾）、第三（司令员陈锡联，政委彭涛）、第六（司令员王近山，政委杜义德）共四个纵队，从鲁西的张秋镇到临濮集强渡黄河，一举突入鲁西南，围定陶、打郓城。国民党军事当局匆忙由平汉铁路抽调五个整编师，组成王敬久第二兵团辖第三十二、第六十六、第七十共三个整编师和王仲廉第

---

① 《党团统一组织重要文献》，藏中国第二历史档案馆。

② 《总动员与"戡乱"建国运动》，第28页。

③ 《"戡乱"简史》，第95页。

四兵团辖第三、第十两个整编师，驰援鲁西。第二兵团之整编七十师奉命北
上援救郓城，被解放军打援部队阻击于巨野附近，无法前进一步。7月7日，
郓城为解放军第一纵队攻下，国民党整编五十五师被歼灭，师长曹福林只身
逃到嘉祥。10日，定陶、曹县又为解放军第二、第六纵队占领，国民党军整
编第六十三师之一百五十三旅遭覆灭。王敬久把第二兵团三个师从金乡到巨
野之间，布成断断续续的一字长蛇阵，陈颐鼎第七十师在六营集，唐永良第
三十二师在独山集，宋瑞珂第六十六师在羊山集，每师相隔25里，这是一个
被动挨打的阵式。六营集、独山集首当其冲，战斗力较弱的第七十师和第
三十二师首先被解放军吃掉，师长陈颐鼎做了俘虏。接着，解放军集中力量
围攻羊山集，激战旬日，第六十六师遭歼灭，师长宋瑞珂被俘。此时，王仲
廉第四兵团走走停停，姗姗来迟，但又被解放军打援部队阻击于金乡城北之
万福河，前进不了。国民党军事当局也不得不承认，他们在鲁西南战役中遭
到了惨败。其资料载称：由于"第二兵团指挥未尽适切，以致整七十师、整
三十二师为匪击破。我第四兵团又以赴援迟缓，致使第六十六师于羊山集全
军覆没"①。

　　对晋冀鲁豫野战军的下一步行动，国民党军事当局认为要"北窜"，
于是急令整编第五师和整编八十四师迅速堵住被突破的黄河地段，以截断野
战军各纵队的退路，迫其背水一战而歼灭之。殊不知，刘邓大军在华东野战
军外线兵团掩护下，已分三路秘密南下，跨陇海铁路，过黄泛区，渡沙河、
淮河。国民党军事当局急调第七、第十、第四十、第四十八第五十八、第
八十五、第四十六共七个整编师跟踪追击，又令第八十八、第五十二、第
六十五共三个整编师，再加上第二〇二师、第二〇三师各一个旅分头拦击，
企图用分进合击的战术歼灭晋冀鲁豫野战军于黄泛区。但这个企图未能得
逞，反不断遭解放军"伏击与围困"，在舒城西北之张家店，整编第八十八
师"损失甚重"；而在广济以西之高山铺，整编第四十师和整编第五十二师
各一个旅"全师覆亡"。8月25日，晋冀鲁豫野战军先头部队，首先登上大

---

①　《"戡乱"简史》，第124页。

别山北麓之光山地区。27日，全军顺利渡过淮河进入大别山区。至此，刘邓大军经过20天连续行军，打破了国民党军的重重追堵截击，行程250公里，终于胜利跃进大别山，并会合了李先念中原独立旅等队伍，初步在大别山区站住了脚。

刘邓大军向大别山挺进，吸引了顾祝同集团10个整编师跟踪追击，而西北野战军又发动了榆林和沙家店战役，致使胡宗南集团主力深陷在米脂以北地区。这样，豫西陕南一带，国民党军的力量就十分空虚，从潼关至孟津500里黄河防线仅有五个保安团布防；在陇海路洛阳到潼关之间也只有武庭麟整编第十五师和邱行湘青年军第二〇六师等部驻扎。

8月13日，陈赓、谢富治指挥其第四纵队（司令员陈赓，政委谢富治）、第九纵队（司令员秦基伟，政委黄镇）和第三十八军（军长孔从周，政委汪锋）分左右两路，于垣曲、济源间及茅津渡以东强渡黄河，一举突破天险，并乘胜出击陇海路潼（关）洛（阳）段，连下新安、渑池、宜阳、洛宁等城镇。国民党军事当局急调顾祝同集团的力量，组成李铁军第五兵团，辖整编第三师全部，整编第十五师和四十一师、第二〇六师各一个旅，以及洛阳守军共八个旅，同时又抽调胡宗南集团的力量，组成裴昌会陕东兵团，辖新编第一、第一三五、第一六七、第一六五旅及第二〇六师之第一旅，共四个半旅，企图东西对进，夹击陈谢集团，打通陇海路。陈谢根据中共中央军委指示，乘胡宗南在西面部署尚未就绪之际，除留一部牵制李铁军第五兵团外，主力则于9月2日乘虚西进，下陕县，打灵宝，重创国民党军第二〇六师之第一旅及第一三五旅，兵锋直逼潼关，威胁西安。西安绥署急调十个半旅布防在西（安）潼（关）地区，陈谢集团遂以主力四个纵队向东疾进，在征途中于铁门又歼灭国民党军整编第十五师第六十四旅，一直打到洛阳城下，国民党军又赶快增加洛阳守备力量，陈谢兵团旋移师南下，直插豫西伏牛山区，完成了在豫陕鄂边地区的展开。

在解放军刘邓、陈谢两路大军强渡黄河后，陈毅、粟裕于9月5日集中华东野战军第一纵队（司令员兼政委叶飞）、第三纵队（司令员何以祥，政委丁秋生）、第四纵队（司令员陶勇，政委王集成）、第六纵队（司令员王必成，政委江渭清）、第八纵队（司令员王建安，政委向明）、第十纵队（司令员宋时轮，政委景晓村）共六个纵队，并会合晋冀鲁豫第十一纵队（司令员王秉璋，政委张霖之），突入鲁西南。国民党军事当局抽调第五、第五十七、第八十四共三个整编师加以阻击。当整编第五十七师进至荷泽和巨野间的沙土集时，突被华东野战军包围，整编第八十四师由巨野来援，还未到达，整编第五十七师已"全军覆没"，师长段霖茂被生俘。国民党军事当局自济宁急调整编第七十五师于巨野，自鲁中调整编第十一师于商丘、柳河，自信阳调整编第十师于民权，然后令其北上，以配合整编第五师、整编第八十四师南下，实行南北夹击。华东野战军外线兵团为免于国民党军纠缠，除留两个纵队在郓城、荷泽牵制外，即以主力五个纵队分别从锡山、马牧集间和内黄、兰封间穿越陇海铁路南下，围宿县，过津浦铁路，断陇海铁路民权至黄口段，占砀山、内黄，威胁国民党军战略要地徐州，以后又指向太和、界首，复又折向北向西，攻开封、郑州，旋又向东挺进黄泛区，解放了豫皖苏大片地区。

三路解放大军一举突破国民党军黄河防线，特别是刘邓大军挺进大别山，像一把钢刀插入国民党统治的心脏地带，使其非常震惊。蒋介石于11月在南京召开大别山区作战检讨会和湘、鄂、皖、赣、苏、豫六省绥靖会议，成立了以国防部部长白崇禧为首的国防部九江指挥部，辖张轸第五绥靖区、夏威第八绥靖区和张淦第三兵团，杨干才第十兵团以及驻汉口海军江防第二舰队、空军第四军区等部，全力对付大别山区之刘邓大军。国民党国防部九江指挥部以第四十八、第五十八两个整编师从皖西向西，第七、第二十八两个整编师由鄂东向北，第十、第十一两个整编师由豫之信（阳）潢（川）公路向南，第九、第五十二、第六十、第八十五共四个整编师控置在平汉铁路作机动，对大别山区形成合围之势。面对国民党军的重重包围，晋冀鲁豫野战军一分为三：由邓小平、李先念指挥三个纵队及军区地方武装，坚持大别山区斗争，另以两个纵队，乘虚进入桐柏、江汉地区；刘伯承、张际春则率中原局机关、野战军指挥部及一个纵队进入淮西地区。坚持大别山区斗争的解放军野战部队，在广大人民支持下，巧妙适时地跳出合围圈，并不时地与国民党军以伏击，使国民党军始终无法"收聚歼之效"①。而进入桐柏、江汉和淮西地区的野战军都得到很大发展，分别开辟了新区。同时为配合晋冀鲁豫野战军粉碎国民党军"围剿"大别山的计划，华东野战军外线兵团和陈谢集团发动了平汉、陇海铁路的作战，迫使国民党军事当局不得不从大别山区调走"围剿"部队，致其合围计划破产。国民党军事当局为之惊呼："我大部华中地区，全为匪军糜烂，我全般战略形势，乃从此陷于被动"②。国民党军也由战略进攻被迫转入全面防御阶段。

全面防御防不胜防

当刘邓、陈谢、陈粟三路大军一举突破黄河天险，与国民党军鏖战在中原之时，其他各个战场的人民解放军亦先后转入战略反攻，使国民党军全面防御陷入防不胜防之困境。

西北战场

西安绥署主任胡宗南自多次"扫荡"被挫后，便把他的部队收缩至延安、宜川、洛川一线。西北野战军为策应陈谢集团南渡黄河，调动胡宗南集团主力北上，于1947年8月6日，在彭德怀指挥下，围攻西北重镇榆林。蒋介石一面令榆林守军坚守；一面令胡宗南派主力火速北上援救。胡即派钟松率整编第三十六师，刘戡率整编第二十九军驰援。两路兵马不仅欲解榆林之围，而且还企图南北夹击，把西北野战军和中共中央机关压迫至黄河和无定河之间狭小地区消灭之。西北野战军觉察到国民党军的用心，于8月12日黄昏，迅速撤围东去。自恃"援榆有功"，骄横跋扈的整编第三十六师尾随追击，当进入米脂附近沙家店地区时突遭西北野战军伏兵包围，经过8月20日一整天激战，整编第三十六师被歼，师长钟松化装潜逃，仅以身免。国民党

---

① 《"戡乱"简史》，第127页。

② 《"戡乱"简史》，第124页。

军事当局想不到共军会在退却途中"反其围点打援之惯技",突然运用"奇袭之原则"^①，致使胡宗南的这支劲旅全军覆没。

8月23日，陈谢集团南渡黄河成功，并乘胜沿陇海铁路向西进击，直逼潼关，威胁绥署所在地西安。胡宗南大为惊恐，急令刘戡率部南撤。西北野战军兵分两路，奔袭国民党军后方宜川、洛川以南的黄龙山区，迷惑敌人，而以第一纵队（司令员贺炳炎，政委廖汉生）、第三纵队（司令员兼政委许光达）两个纵队和教导、新四两个旅发动对延长、延川、清涧地区的攻击。从9月23日—10月24日，历时32天，整编七十六师遭歼灭，师长廖昂被活捉，延长、延川、清涧、子长、绥德等城为西北野战军所占领。这样，国民党军队对延安的占领，亦出现了极大的危机。

华东战场

当陈毅、粟裕指挥华东野战军主力六个纵队转入外线作战时，国民党军事当局集中了第八、第五十四、第二十五、第九、第六十四、第四十五共六个整编师，组成第一兵团，以范汉杰为司令，发起"九月攻势"，大举进犯胶东，企图攻占并封锁渤海诸港口，切断华东解放区与华北、东北解放区的海上联系，将华东野战军压迫至胶东半岛尖端，一举歼灭之，而后转兵他用。

9月1日，国民党军发动进攻。以集结于昌邑、峄山间地区的整编第八师担任左翼；以集结于胶县、高密间地区的整编第五十四师担任右翼；以分置于高密、峄山间地区的整编第二十五师和整编第九师作为中央纵队；以整编第六十四师及整编第四十五师断后作为机动力量。国民党军沿胶济铁路东段向北、向东进击，先后攻占平度、莱阳、福山，并于10月初夺取了山东解放区重要出海口烟台。华东野战军内线兵团（后改称山东兵团）在许世友、谭震林指挥下，将主力跳到外线，并在胶莱河一带布下伏兵，范汉杰误以为这是共军"钻隙西窜"，遂令整编第九师跟踪追击，整编六十四师由平度北上

---

① 《"戡乱"简史》，第138页。

阻击。当整编第六十四师孤军突进，行至范家集时，即遭山东兵团三个纵队的围攻，其师伤亡殆尽。其他各路援军经山东兵团打援部队顽强阻击，死伤亦重。当整编五十四师向东南"扫荡"到海阳时，复遭山东兵团优势兵力之包围，整编第九师前往增援，进至离海阳不远之桥头、金口时被阻击，咫尺天涯，可望而不可即，始终无力解海阳之围，最后只有靠国民党海军代总司令桂永清，亲率"峨嵋""美亨""美乐""中练""长治""太原"等舰从海上援救，才勉强把被困40多天的整编五十四师运到青岛，免遭全军覆没之命运。[①]

12月，由于中原和东北战局吃紧，国民党军事当局顾了头却保不了尾，只好令黄百韬整编第二十五师由烟台船运南京，又令范汉杰率阙汉骞整编第五十四师由青岛赶赴锦州。国民党军发动的"胶东扫荡"遂以失败而告终。

坚持在苏中、苏北地区斗争的华东野战军第十一纵队（司令员胡炳云，政委张藩）、十二纵队（司令员谢振华，政委李干辉），于1947年8—12月，先后发动了盐城、李堡等战役，国民党守军20000多人遭歼灭，并有大片苏北土地为华东野战军所解放。

华北战场

1947年秋，蒋介石和第十一战区司令长官孙连仲为确保平、津、保三角地区的安全，调集第九十四军和第十六军等部向大清河北岸晋察冀解放区进击。晋察冀野战军为配合各地解放军的战略反攻，并粉碎国民党军的进犯，于9月2日，先以第三纵队（司令员郑维山，政委胡耀邦）由冀西易县、满城地区进攻平保铁路，又以第二纵队（司令员陈正湘，政委李志民）、第四纵队（司令员曾思玉，政委王昭）两个纵队由文安、任丘北渡大清河向霸县、雄县地区进攻，因连日大雨滂沱，行动不便，仅歼国民党军数千人，又返回冀西。

---

① 《"戡乱"简史》，第116页。

10月初,国民党军事当局为支援岌岌可危的关外国民党军,不得不从华北战场抽调第九十二军和暂三军两都东出山海关,而平、津、保三角地区防守力量顿感薄弱,于是蒋介石速令第三军从石家庄北上驻防保定。晋察冀野战军乘机集中主力三个纵队又三个旅,围攻容城、徐水,破击平保铁路,并准备围城打援。第十一战区长官部匆忙集中第九十四军、第十六军和第九十五师组成多路援军,且彼此靠得很拢,不易被分割包围。恰逢此时,罗历戎率第三军主力由石家庄北上,因行军误期,形成孤军深入之势。晋察冀野战军抓住这个机会,以一部在保北阻击国民党军以防南下,主力则轻装兼程向南,赶至望都埋伏,当第三军行进到望都西南之清风店时,即遭晋察冀野战军合围。从10月20—22日,经三天激战,第三军主力全部被歼,军长罗历戎被俘。晋察冀野战军乘势继续南下,围攻石家庄。11月12日,石家庄被攻克,守军国民党第三军之第三十二师和地方团队被全歼。石家庄地处平汉、正太、石德三条铁路的交叉点,是华北交通枢纽,具有十分重要的战略意义。石家庄一"失",平汉路北段以至整个华北的军事形势,都发生了不利于国民党军、而有利于人民解放军的变化。

在山西,由于国民党军南渡黄河追击陈谢兵团。运城,这个为国共两军多次争夺的晋南重镇,仅为国民党军整编第三十六师、整编第十七师和整编第六十一旅各一部以及保安第五团驻防。1947年12月15日,由贺龙、徐向前指挥的西北野战军和晋冀鲁豫军区各一部,乘晋南国民党军防守力量空虚之际,发起对运城的包围,运城守军企图凭借城四周众多的堡垒群进行顽抗,解放军动用大炮,击毁了坚固的防御工事,经10余日激战,终于28日攻下运城。运城丢失,不仅影响国民党军在晋西南方面的作战,而且使关中和豫西地区安全受到人民解放军的威胁。

东北战场

蒋介石为挽救关外战场经东北民主联军夏季攻势打击后的危局,于8月上旬特派参谋总长陈诚担任东北行辕主任,以取代熊式辉、杜聿明(杜因病离东北,由郑洞国暂代保安司令长官)职务。陈诚走马上任后,撤销保安长官部，将东北国民党军编为第一、第六、第八、第九区共四个兵团10个军，连同扩编的骑兵师以及保安支队，计有50余万人。他把主力集结在中长路长春、沈阳一线，第一兵团郑洞国部驻扎长春，第八兵团周福成部调防开原，第九兵团廖耀湘部则置于铁岭，而锦州仅配备孙渡第六兵团防守。陈诚采取"依托重点，向外扩张"的机动防御方针，以沈阳及其外围地区为依托，企求在一时一地争取战局上的主动地位。

9月上旬，陈诚令新从苏北调来的王铁汉第四十九军等部，首先由锦州、阜新地区向热东解放区进击，以打通锦承铁路。该部刚刚行动，其所辖之第一〇五师即在杨家杖子被东北民主联军两个纵队所歼灭，跟着这两个纵队乘势对北宁路锦（州）榆（山海关）段发动破袭战，关内外国民党军的联系被切断，北宁线告急。陈诚匆忙令新六军从铁岭西援，新一军则东调沈阳，北宁线国民党兵力得到加强，而中长路防守力量则减弱了。东北民主联军遂以主力七个纵队奔袭长春以南两侧地区，西丰、公主岭、梨树和八面城等地被攻克，这又迫使新六军、新一军匆忙掉头东援。

10月初，蒋介石飞沈阳，力主打通北宁路，恢复关内外交通，并从华北战场抽调第九十二军、暂编第三军四个师出山海关，进入兴城、锦州地区，并命令东北国民党军从西向东配合行动。当国民党军事当局又把注意力集中到北宁线时，东北民主联军六个纵队却挥戈北上，奔袭长吉地区，围攻吉林。另以三个纵队向西出击北宁线，并且先后向北攻新立屯、下黑山、占阜新，迫使国民党华北援军不得不改变向沈阳行进的方向，为诱使其继续向西追击，东北民主联军三个纵队西撤热东。10月23日，朝阳为东北民主联军队攻克，第九十二军西援，行至义县以西，遂遭包围、伏击，而受重创。挺进到长吉地区的东北民主联军主力六个纵队则于10月18日到20日，攻克九台、农安、德惠，遂使长春、吉林两城陷于孤立。总计，从9月中旬至11月初，关外战场的国民党军由于东北民主联军的秋季攻势，疲于奔命于北宁路和中长路之间，被歼60000多人，安东、热东、辽东诸地尽失，国民党军事当局承认："演成吉长、四平之各个孤立"，"东西屏藩既失，门户洞开"；

"沈阳形势，乃日陷不利"①。欲问陈诚主持东北战局功过得失，东北人讥之为："陈诚真能干，火车南站通北站"②，喻其所占地域之缩小也。

"分区防御"和"总体战"

国民党军事当局为应付1947年秋季以后，人民解放军在各个战场，特别是中原地区所发动的战略攻势，被迫重新调整了军事部署，实施了"分区防御"和"总体战"新的战略方针。

所谓分区防御是国民党军全面防御失败后被迫改取的一种"联省剿匪"的防御方法③。国民党军事部门要求它的部队，打破以往"有进无退，重地轻人的观念"，改变过去"到处要守，到处挨打，处处设防，处处薄弱之弊"，集中力量，"以动打动"，"以强吃弱"，实行以消灭或削弱共产党军队战斗力的重点防御方针④。

为此，从1947年底到1948年夏，蒋介石在几个重要区域分别设立了"剿匪"总司令部，统一指挥全区军事。

在华北，撤销保定、张家口两个绥靖公署，成立华北"剿匪"总司令部，以傅作义为总司令，统一指挥晋、冀、热、察、绥五省军队。下辖第三十四集团军李文部驻扎新城，晋陕绥边区总司令邓宝珊部驻扎榆林，第十一兵团孙兰峰部驻扎张北，第六集团军王靖国部驻扎阳曲，第八集团军孙楚部驻扎平遥，其中第六、第八两个集团军兼受太原绥署主任阎锡山的指挥。在东北，任命卫立煌为东北"剿匪"总司令，以逐步取代陈诚，统一指挥东北九省军队。下辖第一兵团郑洞国部驻防长春，第六兵团孙渡部驻防锦州，第八兵团周福成部驻防开原，第九兵团廖耀湘部驻防铁岭，骑兵团徐梁

---

① 《"戡乱"简史》，第100页。

② 杜聿明：《辽沈战役概述》，《文史资料选辑》第20辑，第4页。

③ 南京国民政府行政院档案，藏中国第二历史档案馆。

④ 南京国民政府行政院新闻局印行：《总体战》，第52页。

部驻防兴隆店，第七兵团刘安祺部作机动力量使用；另以冀热边区司令范汉杰部驻扎秦皇岛，兼受东北、华北"剿总"指挥，以保障北宁路交通，联系国民党军关内外战场。在华中，合并国防部九江指挥部和武汉行辕，设华中"剿匪"总司令部于汉口，由国防部部长白崇禧兼任总司令，主持鄂、豫、皖、赣、湘五省"剿共"事宜。下辖六个绥靖区部队和张淦第三、杨干才第十、吴绍周第四共三个机动兵团。在华东，撤销徐州、郑州两个绥靖公署，将陆军总司令部徐州司令部改称徐州"剿匪"总司令部，以刘峙为总司令，取代前任陆军总司令顾祝同的兼职，主持苏、鲁、豫三省军事，下辖12个绥靖区部队和李延年第二、黄百韬第七两个机动兵团。

所谓总体战，白崇禧解释说，今后"剿匪"必须采取"军事、政治、经济三位一体"之办法，即"以军事力量掩护政治，以政治、经济力量配合军事"①，以对付共产党及其所领导的人民解放军。"总体战"方针是针对中原地区出现的新形势而提出的。刘邓、陈谢、陈粟三路大军挺进中原后，成功地采取了多种措施：在军事上，机动灵活，避实击虚，运用运动战和歼灭战相结合的方法，消灭了不少国民党正规军及地方保安团队；在政治上，摧毁了各级国民党政权和依附它的乡保社会组织，建立起人民民主政权，组织农会，武装群众；在经济上，领导群众，清匪反霸，土地改革，保护群众利益；在思想上，以无产阶级和广大劳动人民的民主来代替国民党虚伪的"全民政治"。因此，三路解放大军不仅在国民党统治的中原地带站住了脚跟，而且得到了广大人民群众的支持和拥护。国民党军事当局鉴于人民解放军"以其求战求兵求食三位一体的姿态"，"以军事政治经济及思想四合一之阴谋，同时对政府作战，使全国处处糜烂，处处纷乱"，所以感到"仅以单纯之军事进行戡乱，在行动上补给上俱受影响"，必须采取"以军事力量掩护政治，以政治经济及思想力量配合军事"，亦即"总体战"的方法，以抵御其进攻②。1947年11月在南京召开了苏豫皖鄂湘赣"六省剿匪检讨会议"；次年1月中旬至3月中旬，先后在九江召集了豫鄂皖赣湘"五省清

---

① 张宪文主编《中华民国史纲》，河南人民出版社1985年版，第712页。

② 南京国民政府行政院新闻局印行，《总体战》，第21—22页。

剿会议"和苏鲁豫皖"四省绥靖会议";最后又在南京召开了"华中绥靖会议",决定调整绥靖区范围,提高绥靖区司令官的权力,集军事、政治、经济、文化大权于一身,实施"一元化"作战新制度,加紧编练地方自卫武力,重新厘定征兵征粮办法,充分发挥绥靖区军政经济总体力量,使之能彻底控制战场上的物资和壮丁,以尽快完成"戡乱"的目标。

为此,在黄河以南、长江以北、大巴山以东,划建了20个绥靖区,分别隶属于顾祝同、白崇禧和胡宗南。华东地区计有12个:第一绥靖区李默庵部驻防南通,第二绥靖区王耀武部驻防济南,第三绥靖区冯治安部驻防徐州,第四绥靖区刘汝明部驻防开封,第六绥靖区周喦部驻防商丘,第七绥靖区张雪中部驻防淮阴,第九绥靖区李良荣部驻防临沂,第十绥靖区李玉堂部驻防兖州,第十一绥靖区丁治磐部驻防青岛,第十四绥靖区李觉部驻防阜阳,第十二绥靖区陈鼎勋部驻防新乡,第十三绥靖区王凌云部驻防南阳。华中地区计有6个:第五绥靖区张珍部驻防信阳,第八绥靖区夏威部驻防蚌埠,第二十一绥靖区潘文华部驻防宜昌,第十七绥靖区刘膺古部驻防长沙,第十五绥靖区康泽部驻防襄阳,第十六绥靖区霍揆彰部驻防咸宁。西北地区计有2个:第十八绥靖区董钊部驻防宝鸡,第十九绥靖区高桂滋部驻防商县。

蒋介石进行上述军事部署的调整,其战略目标为:在东北方面,"持久消耗打击"解放军,"使其战力不能成长",在华北方面,"采取主动攻势",使东北解放军"陷于孤悬分离,截断其补给";在华中方面,"建立封锁",阻止解放区的不断扩大。

中共中央军委针对国民党"分区防御"和"总体战"的方针,决定已打到中原地区的外线兵团,继续扩大战果,集中优势兵力,争取在运动中歼灭国民党军,在有把握的情况下,尽可能夺取具有中等坚固设防的中等城市和战略要点,而内线兵团,则应以拔除国民党军的据点为主,并寻机在运动中歼灭其有生力量。

重点防御初遭挫败

1948年初，蒋介石任命卫立煌为东北行辕副主任兼东北"剿匪"总司令，以逐步取代因公主屯战败而损失国民党新五军的东北行辕主任陈诚，在两年多时间内东北已三易主师。卫立煌走马上任后，改取"固点、联线，扩面"的方针，他命令国民党军控制的城市加紧构筑防御工事，并把主力部队集结于沈阳附近，以作长期固守东北的准备。东北野战军针锋相对地运用了"控面、断线、困点"之战略，"夜袭、奇袭、包围"之战术，以挫败其企图。1948年1月底，东北野战军集中主力一部跨越北宁铁路，渡过辽河向国民党军防守力量薄弱的辽南进击；1月28日围辽阳，国民党守军暂编第五十四师大部被歼，一部被俘，辽阳被攻克；2月12日困鞍山，国民党守军第二十五师全师覆没，鞍山被攻占；2月24日迫营口，国民党守军暂编第五十八师及交通警察一部起义，营口被解放，中长路南段为东北野战军所控制，从而断绝了国民党军的海上补给线。与此同时，东北野战军另一部主力为策应辽南作战，渡辽河北上，于2月16日打法库，国民党守军暂编第六十二师弃城逃跑，中途遭截灭；接着又攻开原，国民党守军第一百三十师一部被歼灭，中长路沈阳到四平段被切断。

3月3日，东北野战军集中五个纵队分由法库、库平、昌图、开原向四平集结，并于次日午后首先向四平机场发起猛攻；6日晨机场失守，国民党军退保四平城垣，双方激战至10日晨，四平外围据点以及城廓之东南、东北两高地相继被攻占，12日上午，东北野战军一部由东北角突入市区，国民党守军第八十八师"伤亡惨重"，该师师长彭锷见大势已去，率少数残部仓皇逃命，四平遂告解放。在东北野战军包围四平城之际，东北"剿总"，唯恐吉林守军亦遭包围，令其撤往长春。至此，国民党军在关外只剩下长春、沈阳、锦州三个被东北野战军包围的孤立之点，以及周围若干小点。卫立煌虽采取较稳健的防御方针，但也无法挽救国民党军在东北战场即将到来的彻底溃败。

傅作义主持华北地区的军事后，为支援国民党军的东北战场，并企图分区包围歼灭晋察冀野战军主力于平保路西侧地区，集中了第十六军全部、九十四军、暂编第三军、新编第二军务一部，及整编骑兵第十二旅作一线兵团，并以第三十五军作二线兵团，统归第三十四集团军总司令李文指挥，在空军的配合下，准备首先对易县进击。晋察冀野战军乘李文未行动之时，先发制人，于1947年12月27日夜即以一部包围松林店、高碑店，其余各部则分别袭击涿县、永乐、硫璃河、定兴、雄县甚至天津外围的若干据点，以分散国民党军进攻力量，同时集中主力一部向涞水一带秘密集结。1948年1月12日，当第三十五军分自高碑店及定兴向涞水方向进击时，行至北义安和庄町先后被阻、被击，官兵伤亡达2/3，军长鲁英麟因惨败而自杀，师长李铭鼎被击毙。

第三十五军遭重创后，傅作义将主力收缩到平津地区，这样察南、绥东广大地区兵力空虚，聂荣臻指挥五个纵队在李运昌部配合下，发起了察南、绥东战役，一举攻克左云、右玉、怀仁、阳高、天镇、蔚县等据点，奔击傅作义后方，迫使其不得不抽调一部分主力西援。5月中旬至6月下旬，华北军区第二兵团（司令员杨得志，政委罗瑞卿）率七个旅进军平北、热西、冀东，调动国民党将近五个军在后面尾追。而在山西，由于国民党军沿陇海路西调，图保西安，临汾陷于孤立。1948年3月7日，徐向前指挥华北军区第一兵团所属第八纵队（司令员兼政委王新亭）、第十三纵队（司令员韦杰，政委徐子荣）两个纵队发起对该城的围困，5月13日，临汾被攻克，国民党守军第六十六师及整编第三十旅大部被歼。华北军区第一兵团沿同蒲路乘胜北上，兵临太原城下。华北"剿总"抽不出一兵一卒来援救山西的败局。傅作义虽是国民党军的一员战将，但始终未能捕捉到晋察冀野战军主力，反为对方牵制，"胶着月余之久，处处陷于被动"，"无法及时抽调兵力，转用于东北方面，协力打通锦、沈交通，致东北、华北战场陷于隔离"①。

1948年初，主持华中战场的为国民党顾祝同军事集团、白崇禧军事集团，以及胡宗南军事集团的一个兵团。他们联合起来，专门对付突入到华中地区的刘邓、陈谢、陈粟三路解放大军，特别是"围剿"大别山根据地。黄河以南，长江以北，大巴山以东广大的华中地带是蒋介石苦心经营的中原防御体系所在，战略地位十分重要，东向可威胁南京，西向可威胁武汉，随时可阻遏长江航运，切断津浦、平汉、陇海三路陆上交通，为国民党军势所必争之地域。1948年3月，挺进到中原的三路大军合并为中原野战军，以刘伯承和陈毅、李先念分任正、副司令员，邓小平和邓子恢、张际春分任正、副政治委员。中原野战军为粉碎国民党军的围歼计划，根据中共中央军委意见，转出大别山区，集结于淮、汉两水，陇海、津浦两路间，待机出击。3月初，西安绥署调裴昌会第五兵团从陇海路回援洛川，豫西国民党军防备力量骤减，洛阳仅青年军第二〇六师驻防。中原野战军两个纵队于3月9日从东、南、西三个方向猛攻该城外围据点，激战至12日晨，国民党军退守洛阳中学等核心阵地。国民党胡琏整编第十八军和孙元良整编第四十七军分由登封、巩县驰援。14日下午，洛阳中学核心据点丢失，洛阳遂被攻占，守军伤亡殆尽，残部包括师长邱行湘悉被俘。17日，赴援的国民党军才迟迟到达洛阳近郊，而中原野战军已走西南，连下新安、渑池、偃师等地。

4月2日，皖西、陕北等地告急，洛阳国民党军相继调离，中原野战军一部分别占许昌、新郑，并再克洛阳。5月，中原野战军分自伏牛山、大洪山，向宛（南阳）西各县袭击，宛西地方团队顽强抵抗，俱遭歼灭。内乡、镇平、邓县、西峡口以至汉水上的老河口都一度为中原野战军所攻占。宛西战役结束后，中原野战军为保障粟裕兵团顺利南渡黄河，参加中原地区作战，而出击宛东，佯攻平汉线上之确山，以牵制胡琏整编第十八军。5月底粟裕兵团从菏口以北地区渡过黄河，与刘汝明第四绥靖区和前来堵击的邱清泉兵团（辖第五军、整编第八十三师、骑兵第一旅）相持于荷泽、巨野一

---

① 《"戡乱"简史》，第160—161页。

线。中原野战军乘机围攻开封,从6月17日至22日,开封被攻克,守军整编第六十六师及豫省保安第一、第二、第一一九旅死伤惨重,师长李仲辛遭击毙,河南省主席刘茂恩侥幸得以逃脱。

开封失守,蒋介石大为震动,除令邱清泉兵团、刘汝明部向开封疾进外,又组成区寿年兵团(辖整编第七十二、第七十五师及新编第二十一旅),从东南方向迂回开封,企图在开封地区与中原野战军决战,鉴于国民党军兵力过分集中,中原野战军遂撤离开封,南走睢县、杞县、陈留,当跟踪追击的区寿年兵团进至睢县以北之铁佛寺时,童王店突然被包围攻击,从开封来援的邱兵团被野战军打援部队阻击于杞县西南,仅隔区兵团10公里,但始终无法靠近。黄百韬兵团(辖整编第二十五师、第三快速纵队、交警第二总队)奉命从徐州经商丘赶来营救,途经帝丘店附近亦陷包围,国民党军事部门眼看区兵团全军覆没,无可奈何。黄兵团因收缩较快,仅被歼一部。

正当两军鏖战于豫东之时,中原野战军一个纵队和桐柏、陕南军区部队,乘汉水流域防务空虚之机,于7月5日袭取襄樊,全歼守军第一〇四、第一六四旅,第十五绥靖区司令官康泽被俘。至此蒋介石中原防御体系被打得支离破碎。

在西北,胡宗南自损失钟松整编第三十六师和廖昂整编第七十六师以后,将其主力紧缩在延安以南洛川、黄陵、宜君一线,企图以机动防御态势,确保延安并阻止西北野战军南进。彭德怀根据中共中央军委关于西北野战军可转入外线作战的指示,遂于1948年2月24日命令第三纵队(司令员兼政委许光达)围攻宜川,另以主力埋伏之,诱黄陵、洛川等处国民党军来援,刘戡率整编第二十九军由洛川东进增援,行至宜川以西之瓦子街隘路,陷入西北野战军重围,激战三日两夜,该军团于3月1日全部覆灭,刘戡自戕而亡,宜川被攻克。西北野战军乘胜向南向西发展,连克黄陵、宜君、白水,并围洛川,胡宗南急调裴昌会兵团由豫西回援,洛川一时攻不下,而西府(凤翔、宝鸡地区)陇东地区国民党军兵力空虚,西北野战军四个纵队迅速越过囊形地带,渡泾河。向西疾进,连下邠县、长武、永寿、扶风、凤翔,并于4月25日攻克宝鸡,全歼第十八绥靖区部队。青海马步芳整编第八十二师南下增援，而裴昌会兵团又尾随追踪，两部企图合击西北野战军于宝鸡，西北野战军弃宝鸡北上，国民党军又企图在泾川以北进行夹击，西北野战军突出重围，夺路东进。

就在西北野战军西渡泾河奔袭宝鸡之际，延安国民党守军何文鼎整编第十七师于4月21日弃城南逃，延安于次日又重新回到人民手中。

在山东，许世友、谭震林指挥山东兵团第七纵队（司令员成钧，政委赵启民）、第九纵队（司令员聂凤智，政委刘浩天）、鲁中南纵队（司令员傅秋涛）、渤海纵队（司令员袁也烈）四个纵队，乘鲁地国民党军南调之机，奔袭胶济路西段和中段。1948年3月9日，山东兵团开始向周村集结。国民党军误以为只是共军后勤人员和眷属欲渡河"北窜"，不料竟是野战军正规部队，一时乱作一团，整编第三十二师师部所在地周村顿失，张店、桓台等处也均失守。山东兵团乘胜东进围攻潍县，守城的整编第四十五师及保安第四、第六旅大部被歼，潍县被攻克。

山东兵团在周村昌潍战斗后，为配合中原战场，复又出击津浦路中段，5月30日克泰安，6月5日下大汶口，6月10日围兖州，国民党出动空军支援，双方激战至7月13日，兖州被攻克，第十绥靖区部队及整编第十二师遭歼灭。接着，山东兵团尾随从济南姗姗来迟的援军第九十六军，并在太平镇和大汶口分歼该军第一六一旅及第一五五旅。国民党军事当局严责增援部队不力，既挽救不了兖州守军之覆灭命运，自己又被人民解放军吃掉两个旅。

在苏北，国民党军组织了四个整编师以第四、第二十五师为南兵团，以第七十二、第八十三师为北兵团，企图南北夹击华东野战军苏北兵团（司令员韦国清，政委吉洛即姬鹏飞），一举歼灭之。苏北兵团却始终活跃在盐阜及陇海路东段，7月5日克涟水并围攻泗阳、宿迁、睢宁，国民党军苏北"清剿"计划未能得逞。

由于半年来各个战场人民解放军相互配合，展开攻势，使得国民党军"分区防御"和"总体战"的方针遭到挫败，导致国民党战区与战区之间多被隔断，同一战场也被分割成许多不连贯的据点，如东北战场，只剩下长春、沈阳、锦州、绥中等12个孤立的城市；山西战场，只剩下太原、大同、榆次等四五个孤立的城市；山东战场，只剩下济南、青岛、烟台、临沂等六七个孤立的城市；华北战场，只剩下张家口、归绥、包头、承德与北平、天津、保安等七八个孤立的城市[1]。面对每况愈下的战局，蒋介石忧心如焚，夜不能寐，任何安眠药物对他都无济于事，只好每晚饮威士忌酒一杯半，稍能安睡片刻[2]。

---

[1] 张玉法：《中国现代史》，台北东华书局1981年版，第707—708页。
[2] 董显光：《蒋"总统"传》（三），第497页。

九　内外交困中的闹剧

魏德迈的失望

美国政府被国统区日益恶化的政治、经济形势，特别是国民党军在军事上的连连挫败所震惊，1947年7月9日经国务卿马歇尔提议，11日由总统杜鲁门宣布，派遣以魏德迈为特使的代表团前往中国进行实地调查。

对于魏德迈使华：第一，"就中国现在及未来的政治、经济、心理和军事情况，作一个估量"；第二，"只有中国国民政府能够提出令人满意的证据，证明其能采取有效办法以趋向中国元气的恢复，美国政府才能考虑援助复兴的计划"；第三，"任何可能提供的援助，必须由美国政府的代表监督的情况下，予以利用"[①]。

魏德迈在抗战期间曾接替史迪威担任中国战区参谋长，战后出任驻华美军总司令。此人一贯支持蒋介石，反对中国共产党。因此，魏德迈的任命颇受国民党统治集团人士的欢迎，他们相信随着魏德迈的访问，美国政府大量

[①]　《中美关系资料汇编》第1辑，第300—301页。

的经济和军事援助会滚滚而来[①]；甚至提供了"一个机会，可以清除史迪威以来一切妨害中美关系的误解"[②]。

7月22日，魏德迈调查团一行九人抵达南京，立即受到了隆重接待，蒋介石召集各省省政府主席向魏德迈报告了军事、政治、经济情况。魏德迈在听取南京国民政府官员介绍后即赴东北的沈阳、抚顺，华北的北平、天津、青岛、济南，华中的上海、汉口，华南的广州以及台湾，进行调查访问，除接触各级政府官员和国民党军军官外，还会见了各方面人士，包括民主同盟负责人，然后回到南京。

7月22日，魏德迈应邀向国府委员、各部部长以及40名国民党重要人士发表了讲话。在公开场合，蒋介石一再表示要魏德迈作完全开诚布公、坦白的谈话，可是，私下却挂电话给司徒雷登，希望大使警告魏德迈不要过于指责政府[③]。魏德迈在讲话中，严厉批评政府军事上的无能和各级官员普遍的贪污，缺乏效率。他明确地告诉南京国民政府：用武力是不能击败中国共产党的，只有靠立即着手改善政治经济状况，重新赢得中国人民的支持，这种改善进展的情况将决定政府的成败。

8月24日，魏德迈离华返美时又发表声明，再一次重复他自己的意见："光靠军事力量是消灭不了共产主义的。"他说："在今天的中国，我发现许多方面消沉而麻木"，"看到许多中国人的卑怯的失败主义，令人丧气。"并特别强调：中国的"恢复有待于令人振奋的领导"[④]。司徒雷登大使说魏德迈这些话"是对中国政府的当头棒喝"。

魏德迈的讲话和声明在国民党中掀起了一场轩然大波。特别是中国的"恢复有待于令人振奋的领导"，南京国民政府新闻局局长董显光说："此一语在当时认为系反映蒋总统者。"[⑤]蒋介石十分狼狈，8月25日晚于私邸召

---

① 《中美关系资料汇编》第1辑，第301页。
② 董显光：《蒋"总统"传》（三），第485页。
③ 《中美关系资料汇编》第1辑，第836页。
④ 《中美关系资料汇编》第1辑，第302页。
⑤ 董显光：《蒋"总统"传》（三），第485页。

见司徒雷登的私人秘书傅泾波，详细询问魏德迈代表团的背景如何，司徒雷登是否参与这个代表团的组织或派遣，并怀疑美国是否有意迫他退休或者用别的办法要他去职。国民党中常委开会时，指责这是魏德迈"招告洋状"，认为这是"近年我外交当局实在太无能力"的表现，对此，外交部"应加检讨，以明责任之所归"①。南京国民政府行政院院长张群抱怨魏德迈未能了解中国情况，没有公正不偏地搜集材料。魏德迈对来自国民党内的这些反应十分惊诧。8月10日，他在写给司徒雷登的信中说："你知道，而委员长也应该知道，我们的目标是帮助他们实施改革和重组他的政府，以造成经济和政治的稳定。你可以向他担保，我的代表团的全体团员都是对华友好的。"②

魏德迈给大使的信，不是官样文章，而是肺腑之言。9月19日，在他返回华盛顿后，向杜鲁门总统提出的一份洋洋10余万言的秘密报告，充分地证实了这一点。诚然，秘密报告从政治、经济、社会文化和军事各个方面指责了南京国民政府的腐败与无能，措辞异常激烈。但是，在其结论部分，又采取了充分谅解和同情的态度，魏德迈说："虽然如此，对国民政府努力改良所得成效的批评，须顾到八年抗战所给予中国的艰难困苦，反抗共产主义的负担和它为盟国所作的牺牲。"③与此相反，秘密报告通篇充满了对中国共产党的诬蔑和谩骂，什么"苏联的仆从""残暴的集权主义""专以破坏为任务"，等等，并肯定"一个中国共产党统治下的中国，对美国利益是有害的"④。魏德迈认为："中国如为苏联所控制，或者成立一个亲苏的政权，则将使许多不冻港和空军基地供作敌用。我们自己在日本、琉球与菲律宾的海空基地将受到比较短程足以消灭实力的空中轰击。""反之，一个与美国友好或同盟的统一的中国，不但可供给重要的海

---

① 1947年9月24日《中央政治委员会第十三次会议纪要》，藏中国第二历史档案馆。

② 《中美关系资料汇编》第1辑，第304页。

③ 《中美关系资料汇编》第1辑，第782页。

④ 《中美关系资料汇编》第1辑，第782页。

空军基地，而且从它的幅员与人力来看，也是美国的一个重要盟友。"①既然美援可以收"稳定中国局势和抗衡共产主义危险的扩张之效"，因此，"那个决心是必须下的"②。

为了使美援"有效地执行"，魏德迈除了要求南京国民政府进行迫切需要的经济、政治、军事改革外，就是必须在接受美援的特定经济和军事部门，由美国顾问团监督执行，按照美国政府原定的意图加以运用，只有在这样的前提条件下，才能提供大量的援助。这个交换条件，露骨地反映了美帝国主义加紧控制中国的企图。在魏德迈提出的授蒋计划中：军事上，包括陆、海、空的装备计划和后勤补给、弹药供应，以及把军事顾问监督的范围扩大到野战部队、训练所，尤其是后勤机构；经济上，计划自1948年7月1日起，执行一个为期五年的援助计划，而对最急迫的运输、电力、煤业、人造肥料方面的援助，可以提前在1948年7月1日之前开始。只要该项美援被有效地使用，则援助数量还可以无限制地增加。所以南京国民政府称这个计划为"大量经济援助中国的五年计划"③。

魏德迈在秘密报告中，还多次建议："中国请求联合国"，"将'满洲'置于五强监护之下，如不成，则按照联合国宪章置于托管制度之下"④。以"迅速的行动"挽救"现已恶化"的"满洲"局势，对抗中国共产党行将"对于'满洲'在军事上的控制"⑤。实际上，魏德迈早在抗战胜利后担任美军驻华总司令时，就于1945年11月14日、11月20日两次向华盛顿报告，鼓吹"由美、英、苏三国在满洲成立托管制度，直至国民政府强大安定足够完全负责控制该区为止"⑥。显然，这是个假他人之名行吞并东北领土之实的阴谋，暴露了美帝国主义侵略中国的野心。

---

① 《中美关系资料汇编》第1辑，第820页。

② 《中美关系资料汇编》第1辑，第774页。

③ 董显光：《蒋"总统"传》（三），第486页。

④ 《中美关系资料汇编》第1辑，第783页。

⑤ 《中美关系资料汇编》第1辑，第773页。

⑥ 《中美关系资料汇编》第1辑，第191—192页。

在魏德迈秘密报告呈送不久，美国政府就恢复了曾一度中止的美援。从1947年10月底到次年4月止，美国政府先后同南京国民政府签订了《中美救济协定》《海军协定》《临时援助》和《援华法案》等，共提供了5.1亿美元的援助，同时还派了大批军事顾问渗透到国民党各个军事部门，帮助蒋介石打内战。

难产的国民大会

美国政府愿意支持南京国民政府，是从它的全球战略目的和自身利益考虑的。美国政府通过魏德迈特使对中国一个月的实地调查，看到了不仅国统区广大民众对国民政府的专制统治怨声载道，而且了解到国民党内部也有人对蒋介石一意孤行的作风亦日益不满。大部分人认为如果把蒋介石的"戡乱"方针继续执行下去，是没有希望的，因此，主张改弦易辙，转向与中共政治和解，从而保存国民党现存的力量，避免日后更大的失败。美国人觉察到国民党内部出现的这种动向，作出如下推断："在现在情况下，我们注意到有一种反对蒋委员长和找一个人来替换他的统治的与日俱增的倾向。"[1]并认为随着这部分势力的加强和取得优势地位，"那他（指蒋介石）的退休将是不可避免的"[2]。司徒雷登为国民党内这部分反对派推波助澜，他重复不久前魏德迈使用过的语言，说："现在需要的是能感召人的领袖，而这似乎是蒋委员长所不能做到的。"[3]他还就中国政局向国务卿马歇尔将军通报："与日俱增的征象指出国民党内对他（指蒋介石）的逐渐增多的反对派可能会另寻领导的人了……而且将要使他下野退出现局"[4]。

鉴于极为不妙的国内外形势，蒋介石决心召集行宪国大，再次取得"合

---

① 《中美关系资料汇编》第1辑，第851页。

② 《中美关系资料汇编》第1辑，第853页。

③ 《中美关系资料汇编》第1辑，第855页。

④ 《中美关系资料汇编》第1辑，第856页。

法"之地位，借以巩固自己的集权统治。

按照制宪国大的规定，南京国民政府于1947年3月21日颁布《国民大会组织法》《国民大会代表选举罢免法》《总统副总统选举罢免法》《立法委员选举罢免法》《监察委员选举罢免法》等有关行宪的各种法规。6月13日，成立了以张厉生为主席的《选举总事务所》，准备行宪国大的召开。是否需要如期召开国大，国民党内议论纷纷。于右任、邵力子等在国民党中央常委会第79次会议上的报告说："国民大会一部分代表（指制宪国大时产生的代表）及各地同志，以政府现在戡乱剿匪，全国实行总动员之际，理应集中全民力量以灭共匪，各地秩序未复，选举不能普及实施，纷纷电请缓办选举。"他们认为这个建议"不无理由"，"似可加以考虑"①。张发奎、罗卓英等43人甚至联名上书蒋介石，呼吁：值此"内乱外患交相煎迫"，"财政支拙，民生凋弊"之际，召开行宪国大，是"草率从事，违反民意"②。但蒋介石对这些建议不予理睬，照既定方针办，于11月21日特委派孙科为国民大会筹备委员会主任委员，洪兰友为国民大会秘书长，并规定从即日起至23日三天内，在全国各地同时举行国大代表选举。

21日，南京国民政府新闻局局长董显光奉命率局本部工作人员23人，深入到首都各个投票所现场，将当时所目睹的投票情况写成报告一份，呈送行政院，内称："京市选民总数，据《中央日报》刊载为一百四十八万八千四百零七人……惟就本局参加投票所工作人员估计结果，选举人弃权者至少在半数以上……如玄武门投票所选民总数为七千二百人，投票者五百二十二人，不足十分之一，雨花路选民一千八百九十四人，投票者六百零一人，不足三分之一，大光路选民一千二百人，投票者八十四人，不足十分之一"；"少数不法之徒……事前大量搜集选举权证，甚至……竟将选举权证扣留不发，待投票时利用中小学生，轮流投票，常有一人投票至十次以上者……当日大行宫、火瓦巷、中华路等投票所几全为市立第一、第二女中学生所包办，二条巷投票所竟有某报记者夏某，临时雇用贫苦妇

---

① 南京国民政府档案，藏中国第二历史档案馆。

② 国民大会档案，藏中国第二历史档案馆。

女二十余人，轮流投票，每次给钱若干。"①此等不法行为在普选前早有发生，为此，南京国民政府不得不发出训令，其文曰：现已"有挟其来历不明之金钱，广事招徕募致流氓地痞为爪牙，为之奔走，设处招待，设席宴会，诱以嗜好，投以物品，凡此所为类似行贿，据今所闻者，已有费至十数亿元者……如此选举，若不严切禁止设法纠正，则正气无由申张，贤能何能选出？"②可是这一纸空文又顶何用？舞弊情事在选举中仍大量发生，选民的告发函电纷至沓来，检举：有的候选人是摇身一变的汉奸，有的候选人是冒名顶替者，还有的候选人以撤职威胁选民，更有的候选人持枪行凶迫害选民。宁夏省旅陕（西）、旅绥（远）同乡会揭发，宁夏国民政府省主席马鸿逵，包办国大代表、立法委员、监察委员的选举，其候选人全系他的亲戚或亲信，内中当选之四女性，一为马的庶母，二为马的四姨太，三为马的儿妾，四为马的庶母之义女③。如此种种恶劣情状层出不穷，这就使负责国大代表选举的各级机构，以及司法行政部，甚至各省法院忙于核实查对，不堪其烦！

一波未平，一波又起。11月28日，南京国民政府第16次国务会议通过张群等12人秉承蒋介石意志所提出的《政党提名补充规定》提案，共两条：（一）凡中国国民党、青年党、民主社会党参加国大代表及立法委员竞选者，均须由各属政党提名；（二）用选民签署手续登记者，以无党派者为限④。这个补充规定与3月31日公布的《国民大会代表选举罢免法》第12条有矛盾。该条规定所有候选人之产生都可通过两个渠道：一经500名以上选举人之签署；二或由政党提名⑤。这个补充规定卡死了第一个渠道。同时，国民党标榜现时已由一党政治进至多党负责之政治，必须按比例分配一定名额给青年党、民主社会党和"社会贤达"，要求已当选国大代表之国民党

① 南京国民政府行政院档案，藏中国第二历史档案馆。
② 南京国民政府行政院档案，藏中国第二历史档案馆。
③ 南京国民政府行政院档案，藏中国第二历史档案馆。
④ 南京国民政府行政院档案，藏中国第二历史档案馆。
⑤ 南京国民政府档案，藏中国第二历史档案馆。

员相让给党外人士。其让出人数，据陈立夫以后在国民党中常会临时会议上所提供的统计数字为：（一）党内同志应予互让者256人（即中央提名为候补代表而选为正式代表者，以及未经中央提名而由500人签署当选者）；（二）本党同志应让与友党者171人。共计有427名国民党员须退出国大代表资格[①]。这顿使选举掀起轩然大波。先是国民党一齐指向青年党、民主社会党。台湾省参议院致电蒋介石，认为"若保证各党派当选名额，是无异于分赃主义，势必强奸民意"[②]。湖北省选民护宪会致电国民政府主席及五院院长，抗议：如果"因民青两党之要挟，由国民党遽尔代让，显系破坏宪法，剥夺民权"，这样以后"人民不履行宪法上所赋予之义务"云云[③]。但民、青两党绝不让步，且"言辞则甚为傲慢"。至于国民党内须让出国大代表资格的两部分人，即经签署而当选的代表和中央提名而落选的代表，各自分别组成"联谊会"，结队向国民党中央请愿，并张贴标语，散发传单。签署当选之国大代表认为中央决定"以党让党"方针于法无据，中央提名之国大代表则认为中央不能出尔反尔，置国务会议补充规定而不顾。两派代表又相互攻讦，签署当选代表指责对方，虽得党的全力支持，不获当选，可见不代表民意；中央提名代表指责对方不是土豪劣绅就是不法之徒，由于多赖选举舞弊以至当选。两派代表都表示绝不让出代表资格，要求集体报到，出席行宪国大。在此情况下，选举机构不敢公布国大代表名单，行宪国大不得不被迫延期。

　　国民党中央被国大代表选举纠纷闹得手足无措，为保证能尽快召开行宪国大，中常会经接连不断地、紧张地召集会议研究对策，决定对签署当选和中央提名之代表软硬兼施。1948年2月4日，中常会第140次会议通过《中国国民党员当选国大代表立法委员自愿让与友党奖励办法》六条，许以书面奖励，保证下届竞选有优先提名之机会，现无工作者予以介绍适当工作，等等；并对不愿自动退让者除以党纪处分外，还要开

---

① 南京国民政府档案，藏中国第二历史档案馆。

② 南京国民政府档案，藏中国第二历史档案馆。

③ 南京国民政府行政院档案，藏中国第二历史档案馆。

除其行政职务①。3月15日，中常会第146次会议通过：自愿退让者其无工作的一律由国民政府任命为"戡乱建国委员会"委员，反之则送中央监察委员会议处。②但是签署当选和中央提名之代表毫不理会，据3月11日中常会临时会议纪要载：这些代表"不时结队来党部请愿，并于本月一日晨集合三十余人，至居（正）院长住所，当面责问司法院，解释如何不当，并强挟居院长乘车至官邸同谒总裁，适值公出，未得谒见"。③又据3月17日中常会第147次会议纪要载：这些代表"连日向中央党部请愿，情绪恶劣，屡欲向居正、张厉生、陈立夫等施用武力，几经防止未生事故"④。

行宪国大一时陷于欲开不能、欲罢不行的尴尬处境中，最后蒋介石硬着头皮决定于3月29日在首都召开。按照宪法实施准备程序规定，一旦政府公布各项行宪法规，代表必须在六个月之内选出，旋即召集国民大会，现在会期足足拖延了六个月之久。在国民大会开幕之日，即有签署当选代表赵遂初雇人抬了一口棺材至会场门口，吵闹不休，硬要闯进会场，以后又有当选代表颜洋滋、杨翘新、李化成，黄漠、张敷、刘彬、周游、连退菴八人宣布绝食抗议，"已逾十日，命在垂危"，接着又据国民大会筹备委员会警卫处情报，签署提名当选代表180名，要以冲锋方式占据大会主席台，逐出民、青两党代表，并以10人为一组分别占领陈立夫、张厉生、吴铁城公馆，等等⑤。

行宪国大就是在难产和惊恐不安之中召开的。

---

① 南京国民政府档案，藏中国第二历史档案馆。
② 南京国民政府档案，藏中国第二历史档案馆。
③ 南京国民政府档案，藏中国第二历史档案馆。
④ 南京国民政府档案，藏中国第二历史档案馆。
⑤ 国民大会档案，藏中国第二历史档案馆。

蒋介石当上了总统

行宪国大在签署当选和中央提名当选国大代表的一片吵闹声中，于3月29日在南京开幕。1679名"依法当选"之国大代表出席了开会典礼，略略超过应出席代表总额3045人的半数①。

蒋介石唯恐出席的国大代表在会议中再制造事端，早在开会前就布置中常会于3月3日通过《国民大会党团组织办法》，规定凡参加国民大会的每一基层选举单位只要有党团员30人者得组织党团干事会，在中央则成立由陈立夫控制的党团指导委员会。这两级临时机构要求党团员在开会期间：（一）切实执行命令；（二）为党服务任劳任怨；（三）牺牲小我，服从决议；（四）捐弃成见，共同奋斗。党团指导委员会如发现党团干事或党团员言论行动有逾越党团规定之范围，而使本党主张遭受失败者，得视情节轻重报请中央议处。以此达到全党在国民大会期间团结意志，齐一步骤之目的②。

蒋介石以为在会议中建立了党团组织便可顺利地贯彻其意志了，其实不然。29日，他在所致《开会词》中强调指出：此次"国民大会的使命，只是行使选举权，以完成中华民国政府的组织"③。可是代表们意见却与之相左，强烈地要求："将地方情况反映于大会，反映于中央政府，对于当前时局及政府施政方针，应有广泛之检讨。"④于是此项建议付诸表决，以绝对多数赞同而获通过。4月9日，蒋介石作《施政报告》，12日，国防部部长白崇禧作军事报告及检讨，13日，财政部部长俞鸿钧、经济部部长陈启天、交

① 《国民大会实录》第1编，第117页，藏中国第二历史档案馆。
② 南京国民政府档案，藏中国第二历史档案馆。
③ 《国民大会实录》第1编，第119页，藏中国第二历史档案馆。
④ 《国民大会实录》第1编，第136页，藏中国第二历史档案馆。

通部部长俞大维、粮食部部长俞飞鹏分别报告财政、经济、交通、粮政情况及检讨，14日，外交部部长王世杰、内政部部长张厉生、教育部部长朱家骅、社会部部长谷正纲，分别报告外交、内政、教育、社会工作及检讨。这些报告和检讨无不承认形势之严重，但一触及具体情况都掩过饰非，谎话连篇。因此，大家不感兴趣，有的代表干脆逃会，出席会议的代表也精神不振，窃窃私语者有之，闭目养神者有之，嗑瓜子者有之，猛抽烟者更有之，一时会场十分冷落。反之，一到讨论报告之检讨时，不仅代表们到得齐，而且争先恐后地要求发言，登记发言者辄达二三百人之多。虽然蒋介石在《施政报告》中一再规劝各位代表："切不可重视细节，议论纷纷，争持不决"，甚至恳求大家，"为了国家，程序愈简单愈好，议程的进行愈迅速愈好"[1]。但代表们不理睬蒋的意见，对部长们的报告，进行了"尖刻批评"[2]。特别是北方代表在台上大骂政府，台下代表为之鼓掌喝彩；也有的代表在台上颂扬政府，台下代表则发出嘘声、尖叫声、跺脚声，会场吵成一片。多少年后，当司徒雷登忆及这场面时，对"会场秩序混乱，人们大喊大叫，行为恶劣"，仍有极其深刻之印象[3]。在12日下午，对于军事报告之检讨会上，山东代表赵庸夫大喊："胜利后不收编山东伪军，把30万游击队逼上梁山，应请政府杀陈诚以谢国人。"东北代表张振鹭说："诸葛亮挥泪斩马谡，我们要求蒋主席演这出戏。"台下代表也为之呼应，不约而同地大叫："杀陈诚以谢国人！"[4]陈诚是蒋介石的心腹爱将，这使蒋十分难堪而又十分难办。蒋于是操纵大会秘书处，加快步伐，砍掉绝大多数发言，连原定15日政府对各项检讨意见之答复都被取消。又经过两天倾盆大雨的大会报告（13日经济报告，14日政治报告）和少数代表的自由发言，这一议程草草结束。

从15日起，国大代表开始讨论对《中华民国宪法》进行若干修改或

---

① 《国民大会实录》第1编，第152页，藏中国第二历史档案馆。

② 董显光：《蒋"总统"传》（三），第479页。

③ 司徒雷登：《在华五十年》，北京出版社1982年版，第185页。

④ 杜聿明：《辽沈战役概述》，《文史资料选辑》第20辑，第8页。

补充，这是为总统选举做准备的。《中华民国宪法》制定刚刚一年多一点时间，4月4日，蒋介石在国民党第六届中央执行委员会临时全体会议上，出人意外地提出自己不愿意参加总统竞选，而建议由"一卓越之党外人士为总统候选人"，并开列出候选人必备的五个条件：（一）了解宪法；（二）富有民主精神及民主思想；（三）忠于"戡乱建国"之基本政策；（四）深熟我国历史、文化及民族传统；（五）对当今世界形势及文化有较深的了解。而他自己则"愿担任政府中除正、副总统外之任何职责"。①蒋介石的决定在国民党统治集团中引起了激烈争论。统治集团中绝大部分成员，力主总统非蒋莫属。执委会最后同意推蒋。蒋不同意，执委会只好将此问题交中央常务委员会研究后决定。5日，中常会举行会议，会场上仍有两种不同意见。这时，最善于体会蒋介石用心的张群站起来说："并不是总裁不愿意当总统，而是依据宪法规定，总统是一虚位之首，所以他不愿处于有职无权的地位。如果常会能想出一个补救办法，规定在特定期间，赋予总统以紧急处理的权力，他还是要当总统的。"②一下子常委们才恍然大悟，原来如此，随即推张群、陈立夫、陈布雷三人带着这一意见去见蒋介石，蒋即表同意。张群把这个党内决定带到国民大会上，串联了民、青两党和"社会贤达"，15日，由莫德惠、胡适、谷正纲、王云五等721名国大代表联名向大会提出《请制定动员"戡乱"时期临时条款案》，主张："总统在动员"戡乱"时期，为避免国家或人民遭遇紧急危难，或应付财政经济上重大变故，得经行政院会议之决议，为紧急处分，不受宪法第39条或第43条所规定程序之限制。"③查《中华民国宪法》第39条、第43条的主要精神是：如总统宣布重大法令时，得经立法院同意或事后追认同意，若立法院不予赞同，则有权做出撤销该法令的决定。这两项条款是《中华民国宪法》中对总统权力仅有的限制，一旦此约束解除了，便"给

---

① 《中美关系资料汇编》第1辑，第858页。

② 程思远：《蒋介石发表求和声明的经过》，《文史资料选辑》第66辑，第61—62页。

③ 《国民大会实录》第1编，第345页。

予总统以实际上无限权力"。18日，这个提案以1624人同意，421人反对或弃权而通过，19日，"竞选"总统，蒋介石以2430票获胜，而陪选的居正仅得269票。蒋介石如愿以偿地当上了有职有权的总统。

副总统竞选的风波

行宪国大自19日选出总统后，开始进入竞选副总统之议程。副总统候选人有国民党的李宗仁、孙科、程潜、于右任，民主社会党的徐溥霖，"社会贤达"中的莫德惠。其中最有力的竞争者为李宗仁和孙科。

李宗仁是桂系首脑人物。桂系在南京国民政府覆亡时期，是能与蒋抗衡的最大的实力派，同时美国政府也支持李竞选副总统。早在1947年9月，司徒雷登即向美国政府报告，"作为国民党统治的象征的蒋介石，已经大大地丧失了他的地位"，"李宗仁上将日益获得了公众的信赖"[1]。李宗仁显然受到美国大使的鼓励，遂有竞选副总统之举。1948年3月11日，他在中南海北平行辕正式发表竞选副总统演说，允诺以实现民主改革为其竞选纲领。这个纲领吸引了不少对蒋介石统治感到绝望的人。因此，"一切不满于政府之分子"均结集在李宗仁周围[2]。李宗仁为积极开展竞选副总统的活动，在北平和南京都先后成立了竞选事务委员会。

蒋介石对异己势力历来采取吞并、排斥或限制的方针，更无法容忍桂系力量的膨胀危及到自己的统治地位。所以，在行宪国大开会后，他直截了当地要李宗仁放弃竞选副总统的企图。但李宗仁认为："如今已经粉墨登场，打锣鼓的、拉弦子的都已叮叮咚咚打了起来……你叫我如何能在锣鼓热闹声中忽尔掉头逃到后台去呢？"[3]蒋介石见李宗仁不肯退出竞选，便决定支持孙科与之对抗。孙科时任国民政府副主席兼立法院院长，颇得国民党元

---

[1]　《中美关系资料汇编》第1辑，第299—300页。

[2]　董显光：《蒋"总统"传》（三），第478页。

[3]　《李宗仁回忆录》下册，第885页。

老派的支持，有较大的潜在力量。这时，蒋介石又提出总统、副总统候选人一律由党内提名，借以取消李宗仁作为竞选副总统候选人的资格。这个意见，遭到几位副总统候选人的一致反对。李宗仁甚至提出若在国民党内不被提名，他就在党外搞独立选举①。4月6日，国民党第六届中央执行委员会临时全体会议作出决定：总统和副总统人选"党不提名，本党同志得依法联署提名"，这就否决了蒋介石的提议，但"下届总统、副总统竞选，应由党提名"，以便蒋介石好下台②。

从20日起，竞选副总统的角逐进入高潮。各候选人、助选人，甚至候选人的夫人，都一齐出动，不分昼夜地进入代表住所，紧张地进行拉选票活动。为多拉选票，李宗仁、孙科分别包下安乐酒家、龙门酒家，大宴各省国大代表，以后凡带国大代表徽章的人，不论早中晚进入酒家，一律免费招待。程潜、于右任、莫德惠、徐溥霖没有李、孙那么阔绰，但对各省头面人物也都请了酒席。于右任写得一手好字，便赠国大代表"为万世开太平"的亲笔大字条幅③。短短几天，李宗仁共花去招待费金条1000多根（合金子10000多两）④；孙科用去的钱自然也不在少数，不过不用他自掏腰包，蒋介石为之支付。一边是花钱似流水，一边是成千上万的黎民饥肠辘辘、嗷嗷待哺。

23日进行的第一次副总统选举中，李宗仁得754票，孙科得558票，程潜得522票，于右任得493票，莫德惠得218票，徐溥霖得214票，均未超过法定半数，依选举法规定，次日将在前三人中进行再次选举。是日中午，即发生了一出武打插曲。为争夺副总统这一席宝座，候选人之间，特别是在李宗仁与孙科之间，互相进行人身攻击。由于《救国日报》登载了揭露孙科私生活的丑闻，加之李宗仁在第一次副总统选举中得票最多，这使支持孙科当选的

---

① 《中美关系资料汇编》第1辑，第859页。

② 刘绍唐主编：《民国大事日志》第2册，台北传记文学出版社1979年再版，第797页。

③ 王尊光：《伪国大见闻》，《山西文史资料选辑》第9辑，第79页。

④ 黄绍竑：《李宗仁代理总统的前前后后》，《文史资料选辑》第60辑，第44页。

广东省国大代表十分恼火。于是由张发奎、薛岳等率领，60多个代表分乘两辆国大专车，于中午12时左右，拥入太平路救国日报社进行打砸，将所有门窗、文具、桌椅毁坏，还打伤报社工作人员多人，接着于12点半复至救国日报社曾公祠印刷所再一次进行打砸。为此，救国日报社社长龚德柏向国民大会提出紧急控诉案，而张发奎、薛岳则反告《救国日报》捏造事实。双方吵闹不休，莫衷一是①。

24日进行的第二次副总统竞选投票，李宗仁得1163票，孙科得945票，程潜得616票，仍未有一个候选人过法定人数的一半，但李宗仁再次暂处领先地位，这使蒋介石十分着急。他动员一切力量，包括吴铁城、陈立夫等头面人物，为孙科拉选票，甚至要求程潜退出竞选，偿还其所用之竞选费，但需将所得选票全部让给孙科。这个建议遭到程潜的拒绝②。

虽然美国人在副总统竞选中一直帮李宗仁的忙，司徒雷登不断抨击蒋介石干预选举，赞扬李宗仁是对政府实行改革的唯一力量，指责"孙科代表国民党组织中全然反动的人选"③。可是，蒋介石在国民党内毕竟处于统治地位，如果李宗仁硬要竞选下去，可能会反胜为败。于是桂系在京的重要人物连夜集会，作出李宗仁"退出竞选"的决定，并发表声明，略谓："唯迩来忽发觉有人以党之名义压迫统制，使各代表无法行使其自由投票之职权。以此情形竞选，已失去其意义。用特函达，正式声明放弃竞选。"④这一消息，于25日晨以特大新闻刊于首都各报。跟着，程潜也"退出竞选"。孙科在无对手竞争的情况下，也只得"退出选举"。原定举行的大会被迫休会，担任当天大会主席的于右任难过得老泪纵横⑤，此时又盛传李宗仁要离京赴平，而驻防蚌埠的桂系将领、安徽省主席李品仙将率所部进京劝李勿走。司徒雷登在一旁又煞有介事地证实：据接近李宗仁方面的灵通人士透露，"他

---

① 国民大会（临时）档案，藏中国第二历史档案馆。

② 《中美关系资料汇编》第1辑，第863页。

③ 《中美关系资料汇编》第1辑，第867页。

④ 黄绍竑：《李宗仁代理总统的前前后后》，《文史资料选辑》第6辑，第41页。

⑤ 《中美关系资料汇编》第1辑，第862页。

（李宗仁）计划如果竞选副总统失败便将采取某种'行动'……可能出之地方军事叛变的方式。南京四郊的军队，大部是两广的军队，我们不知道它们是忠于李或忠于蒋委员长"[1]。一时人心为之惶惶。桂系这一招，使蒋介石十分难堪。蒋于万般无奈之际，只好亲自召见白崇禧，表示他从没有袒护、支持任何一方，并要白劝李继续参加决选。大会主席团又派出胡适、于斌、曾宝荪、陈启天、孙亚夫对三位副总统候选人进行劝说，直至三人同意不再退出。28日举行副总统第三轮选举，仍无一人过法定半数。程潜得票最少，依选举法规定被淘汰。29日，又在孙、李之间进行最后之决选。李宗仁终以1438票对1295票获胜，当选为南京政府的第一任副总统。

对于李宗仁的当选，国民党权威人士董显光感到"出人意表"，深叹"这是少数人对党中多数派之首次严重反抗"[2]。司徒雷登则认为：这"对于公开决意支持孙科的蒋介石是一个严重的挫折"；这是"国民党内反对分子，对以CC派和黄埔派为中心的政党机器的独裁进行挑战的胜利"[3]。

行宪国大共开了一个月零四天，耗资巨大，于5月1日闭幕。24日，蒋介石委翁文灏为行政院院长。31日，翁组成新内阁，国防部院长一职，由何应钦取白崇禧而代之。蒋于同日委白为华中"剿匪"总司令，迫其离南京，以防李、白合谋。同时蒋又设长沙绥靖公署，由程潜任主任，以牵制白崇禧。蒋桂之间从此进一步交恶。

① 《中美关系资料汇编》第1辑，第861页。
② 董显光：《蒋"总统"传》（三），第479页。
③ 《中美关系资料汇编》第1辑，第867页。

十　辽沈大战惨败

锦州被攻克

　　国民党军"分区清剿"的防御方针遭挫败后，其军事当局于1948年8月上旬在南京召开了军事检讨会议。蒋介石在会上作了《改造官兵心理加强精神武装》的讲话，承认过去两年来"剿匪"军事，"是处处受制，招招失败"，指责高级将领"精神堕落，生活腐化，革命信心，根本动摇"，甚至"被俘受屈，而不能慷慨成仁"。他说，这"都因为我领袖个人监督不严，考核不周"，并要求高级将领"对于自己平时的精神思想，生活行动，必须彻底反省，彻底检讨"①。同时，在这次军事会议上，还确定了收缩战线，撤守东北，确保华中，实行重点防御，以阻止人民解放军南渡长江的战略方针。为此，1948年10月2日，蒋介石飞往沈阳，向国民党将领正式提出撤退东北的计划。此计划之核心是要坚守锦州两月，维持关内外陆上唯一通道，以便利用这一时间，把沈阳和长春两地守军经辽西走廊撤至关内，转用于平

---

　　①　张其昀主编：《先"总统"蒋公全集》第2册，第1912页。

津和徐州战场。可是，这个"安全撤退计划"被人民解放军对锦州的大举进攻所打破①。

东北野战军在冬季攻势结束后，进行了整编，加强了炮兵建设，以为日后攻坚作战之需要。1948年8月，东北野战军已拥有12个步兵纵队、一个炮兵纵队和17个独立师共60余万人。为了就地全歼卫立煌集团，解放全东北，中共中央军委指示集结在长春周围及长春、沈阳之间的东北野战军，置长春、沈阳两地于不顾，主力迅速南下北宁路，首先歼灭锦榆段之国民党军，攻占锦州。锦州是东北通向华北的门户，战略地位十分重要，夺取锦州，如同关上东北的大门，关外的国民党军就成了"瓮中之鳖"。

东北野战军除以一个纵队及六个独立师继续围困长春，以五个纵队置于彰武、新立屯阻击沈阳国民党军出击外，还以六个纵队零四个师于9月12日越沈阳侧背，渡过大凌河向西，发起以攻占锦州为重要目标的辽沈战役。

锦州地区之国民党守军为东北"剿总"副总司令兼锦州指挥所主任范汉杰，统辖卢濬泉第六兵团四个军14个师约15万人，防守义县至秦皇岛一线。9月中旬，北宁路全线遭到东北野战军猛烈攻击，29日失塔山、高桥、兴城，30日继失绥中，10月1日又失义县，国民党军在半个月的辽西走廊防守作战中屡遭败北。辽西地区直接关系锦州的安危。这里山地绵亘不断，而义县则是封锁山口之要隘，成为锦州的天然屏障。义县一失，锦州必危。同时，由于义县、高桥、塔山、兴城、绥中等北宁线上重要据点的先后失守，使范汉杰集团就被分割成数段：新编第五军刘云瀚部被孤立在秦皇岛、山海关，第五十四军阙汉骞部被孤立在锦西、葫芦岛；而新编第八军沈向奎部和第九十三军盛家兴部则被孤立在锦州。

东北野战军在对辽西走廊作战的同时，于9月25日完成对锦州的合围，并向该城外围据点发起攻击。29日锦州机场为东北野战军炮火所控制，东北"剿总"原定支援锦州防务的第四十九军仅空运两个团即被迫停止，而守军弹药等补给，俱赖空投。蒋介石匆忙于10月1日在北平、10月2日赴沈阳召开

---

① 董显光：《蒋"总统"传》（三），第497—498页。

军事会议，决定以华北的第六十二、第九十二两军和独立第九十五师，并从烟台急调第三十九军船运葫芦岛，会同在锦西的第五十四军组成东进兵团，由第十七兵团侯镜如任司令官，自沈阳抽调新编第一、新编第三、新编第六、第四十九、第七十一军共五个军。加上骑兵旅、炮兵团、装甲车队等部组成西进兵团（或称辽西兵团），以第九兵团廖耀湘为司令官。两路兵马沿北宁路东西对进，驰援锦州。

8日，东北野战军在强大的炮火掩护下，由北、东、南三面向锦州外围据点猛攻。范汉杰在十分危急的形势下，召集兵团司令及军长开紧急会议。鉴于关内和沈阳援兵一时无法赶到，他决定将锦州守军撤退至锦西，与华北援军会合。但是蒋介石与卫立煌都不同意这一计划。卫即来电命令："锦州坚守不动，以免影响全局"[①]。范汉杰只好中止突围南撤的行动，困守危城。援锦东进兵团进展缓慢，10月10日，始行抵塔山，即遭东北野战军两个纵队顽强阻击，无法前进。国民党军事当局调"重庆""太康""永泰""美乐""永兴""中基"等舰艇编成临时混合舰队，共发射炮弹1500余发，猛烈炮击塔山至高桥线，并由北平、沈阳两地出动飞机参加作战，协助陆上国民党军的进攻。但是，不管国民党军怎样拼死冲击，反复攻坚，始终无法越雷池一步。西进兵团则唯恐南下会遭东北野战军的伏击，因此，将主力折向彰武和新立屯方向攻击前进，企图断东北野战军之后方补给线，以迫其放弃对锦州城的进攻。

围攻锦州的东北野战军于10月12日炮轰市区，13日，以更加凌厉的攻势先后占领城垣各据点和锦州机场，并击毁飞机两架，国民党守军退守城内，14日，东北野战军发起总攻，炮弹击中城内弹药库、汽油库，引起大火，燃烧整天不熄，并以一部突破市区南面碉堡多处，蜂拥而入。当晚，国民党军残部最后据守的土城及火车站也被攻占，锦州遂被攻克。此役中，国民党守军暂编第十八、第二十二、第五十四、第五十五及第七十九、第八十八、第一八四共七个师10余万人被全歼，东北"剿总"副总司令兼锦州指挥所主任

---

① 范汉杰：《锦州战役回忆》，《文史资料选辑》第20辑，第98页。

范汉杰，边区兵团副司令官兼辽西行署主任贺奎，第六兵团司令卢濬泉、副司令杨宏光，第九十三军军长盛家兴等高级将领被俘。

锦州被攻克，使东北战场上国民党军的陆上退路被切断，从而置长春和沈阳两城于死地，蒋介石因锦州战役的失利，急得数度大口吐血。

六十军起义

锦州城被攻占后，长春更加孤悬暴露，宛如风雨飘摇中的一叶扁舟，随时都会为波涛所吞没。国民党守军料定守必遭歼，士气顷刻土崩瓦解。

早在1948年春，长春郊区百里以外的地区已悉被东北野战军所夺取。5月23日，长春外围据点复遭东北野战军第六、第十二两个纵队和第六、第八、第十一三个独立师猛烈攻击。25日，城之西北郊大房身机场及宽城亦被攻占。6月上旬，长春市区遭东北野战军炮击。10日，东北野战军一部已冲到南郊之南湖洪熙街上。当时东北野战军考虑到两方面的因素：第一，若继续攻打并一举攻占长春，就可能吓跑沈阳、锦州两地的国民党守军，使其迅速撤至关内，从而无法达到就地全歼卫立煌集团的战略意图，并影响全国战局的进程。第二，如硬性攻打长春，就要付出相当的牺牲。因为长春曾是伪"满洲国"首都，称为"新京"，日本关东军苦心经营了十几年，在市内和郊区构筑了许多坚固的防御工事，到处布满了碉堡、壕沟、坑道、瞭望台等军事设施。日军投降后，国民党军接踵而来，又在市区添修了很多钢筋水泥坑道，将关东军遗留下的碉堡工事连接起来，使长春成了一个有着现代化防御体系的大城市。因此，东北野战军总部根据中共中央军委的指示精神，决定对长春市采取"长围久困，展开政治攻势和经济斗争，使其粮弹俱困，人心动摇时再攻"的方针[①]。为此，东北野战部队改大兵团强攻为以小部分主力与独立师围困的方法，并从西郊自动后撤，暂

---

① 萧劲光：《解放长春》，《云南文史资料选辑》第23辑，第6页。

停攻势，对长春形成远距离包围。

长春国民党守军有新七军和第六十军两个正规军及兵团直属部队约6万人，地方游杂部队加上后勤人员约4万人，共10万人左右，归东北"剿总"副总司令兼第一兵团司令郑洞国统一指挥。第六十军三个师担任城之东半部守备，新编第七军三个师担任城之西半部防御。郑洞国又从游杂部队中挑选出略有一些战斗力的官兵，编成两个骑兵旅参加市区防务，其余则让其在城外自生自灭。长春城犹如大海中的一座孤岛，陷于东北野战军主力重重包围之中，守是守不住的，在国民党军放弃吉林时，郑洞国就有意要撤退长春守军，但蒋介石坚决不同意，认为：从军事上考虑，固守长春可吸引一部分共军兵力，从而减轻共军对沈阳、锦州的压力[1]；从政治上考虑，"长春原是满洲的都城"，亦不能放弃[2]，于是郑洞国只好打消此念，固守孤城。他拟定的防守长春的方针是，"加强工事，控制机场，巩固内部，搜购食粮"[3]。

8月初旬，东北野战军为击破国民党军的防守计划，再次发动猛烈攻势，以紧缩对长春的包围圈，再一次攻占大房身机场，击毁飞机两架。自此，长春守军的粮食、弹药等补给，完全依赖空军从空中投掷。由于东北野战军在长春四周环置高射炮，严密封锁天空，空军唯恐飞机低飞会遭炮弹击中，只好从高空投掷物资，命中率极低，"损耗颇大"，以致"三日投送，足一日之用"。旋东北野战军"复封锁四乡粮米，禁运入城……终使所有存粮坐吃一空"[4]，严重的粮荒，使最初只有几元钱一斤的高粱米陡涨至2800万元一斤。加上燃料亦缺，初则拆无人居住房屋的门窗、木料，继之掘墓穴的棺木，最后只得挖柏油马路路面以为升火之用。军民饥饿万状，长春"每日饿死者不下百人"[5]。郑洞国曾抽调新编第七军和第六十军各一部，试图

---

① 郑洞国：《从猖狂进攻到放下武器》，《文史资料选辑》第20辑，第78页。

② 《中美关系资料汇编》第1辑，第366页。

③ 郑洞国：《从猖狂进攻到放下武器》，《文史资料选楫》第20辑，第80页。

④ 《"戡乱"简史》，第149页。

⑤ 董显光：《蒋"总统"传》（三），第496页。

出城抢粮，但遭东北野战军阻击，颗粒未获，空手而回。形势的危急，使长春无法再守下去。10月15日，飞机空投下蒋介石命令突围的手令，称：关外全部军队不日将退入山海关内，令长春守军即刻向清原撤退，并派青年军第二〇七师在该地等候，"如再贻误戎机，必依军法重处"[1]。郑洞国召集军长和军参谋长等高级将领开会，研究突围部署。大家明知官兵体力太弱，很难通过东北野战军的层层堵击，凶多吉少；但为了服从命令，仍决定将长春守军分为两部分别向中长铁路沈（阳）海（龙）段上的清原方向撤退，预定17日拂晓开始行动。

10月17日，正当突围计划付诸实施之时，曾泽生突然率领第六十军起义。第六十军决定弃暗投明，一方面是东北野战军发动政治攻势，晓以大义，并派人打入第六十军内部进行策反的结果；同时也是蒋介石长期以来对嫡系和非嫡系部队不能一视同仁所致。抗战胜利后，国民党军事当局为抢夺东北地盘，抽调云南卢汉一个集团军北上。这支滇军一踏上征途即被拆散，第九十二军自九龙，第六十军自海防分别登上美国第七舰队海运东北。出关后曾泽生部即被派往吉林省，而卢濬泉部则驻防于辽西锦榆段。这两个军各在一方，不能形成一个集团势力。集团军总司令孙渡（后调任热河省主席），只好辗转于长、锦之间，落个空衔。"很显然，从战略上看，当时这两个军集结使用于中长路方面，其作用要大得多，可是为了派系的猜疑，宁可牺牲战略上的利益，这是反动统治时期的普遍现象。"[2]在长春饥馑期间，第六十军因为从吉林撤退时是轻装出发，粮食辎重抛置一空，因此，粮食困难情况远比新七军为甚。而空投下来的粮食，又规定大部分分配给新编第七军。新编第七军中之嫡系部队新编第三十八师更受优待，每周尚能吃到一顿大米饭，而第六十军和其他杂牌部队却只能吃豆饼、麸子面和野菜。蒋介石一贯歧视非嫡系部队的政策，终于促成了第六十军的起义。

第六十军起义后，东北野战军接管了其防地。在强大压力下，新七军亦

---

① 龙国钧：《长春解放经过》，《文史资料选辑》第42辑，第145页。

② 郑洞国：《从猖狂进攻到放下武器》，《文史资料选辑》第20辑，第57页。

缴械投诚。为了使郑洞国能"体面投降"，新七军等部分官兵还在兵团部所在地的中央银行大厦，演了一幕假抵抗的戏。10月19日，长春市重新回到人民手中。国民党军事当局对10万守军崩溃于一旦，痛感战略上的失策："果我撤守永、吉之际，连同长春兵力一举撤至四平，使与沈阳连成一气，再相机进击，或不致召来全军之损失。"①其实，依靠兵力的局部调整，又岂能挽救东北战场上的彻底败局？

辽西兵团的覆灭

国民党军事当局虽然被迫决定撤守东北，但显然是不甘心的。蒋介石在沈阳对廖耀湘说："现在的问题不纯粹是撤退沈阳主力，而是要在撤退之前与东北共产党进行一次决战，给它一个大的打击。"②他甚至作这样的设想："假如仍能集中东北国军与匪军作一决战，则由于东北军队原系国军之精锐，局势或尚可改观。"③原先，国民党军把决战地点选在锦州城下，"要是能将共军吸引在锦州，而自其后予以进击，则会把握能够歼灭共军的机会"④。锦州失守后，蒋介石仍然没有放弃与东北人民解放军进行一次决战的企图，仍令锦西、葫芦岛方面的东进兵团和新民、彰武方面的辽西兵团继续东西对进，夹击人民解放军，会师大凌河畔。为加强东进兵团的指挥力量，特任命原东北保安司令官杜聿明为东北"剿总"副总司令兼冀热辽边区司令，以代替侯镜如；同时，抽调青年军第二〇七师许万寿旅加入辽西兵团，以增强其攻击力量。

卫立煌、廖耀湘等东北高级将领对向锦州进军的方案，一直持抵制态度。他们认为蒋介石不了解东北的严重军事形势，不知道国民党军一旦离开

① 《"戡乱"简史》，第149页。

② 廖耀湘：《辽西战役纪实》，《文史资料选辑》第20辑，第117页。

③ 董显光：《蒋"总统"传》（三），第498页。

④ ［日］古屋奎二：《蒋"总统"秘录》（十四），第81页。

坚固的防御工事，立即就会遭歼。锦州被攻克后，他们更是心惊胆战，害怕打锦州的东北野战军主力迅速回师新立屯、黑山、打虎山地区，这样辽西兵团就会陷于被合围的危险境地。经卫立煌、廖耀湘以及杜聿明力争，最后蒋介石勉强同意了一个折中方案，即辽西兵团仍旧向黑山、打虎山行进，若能顺利得手则继续向锦州方向行进，如遇东北野战军顽强抵抗，并有增援模样，即向营口逐次抵抗撤退。为做好辽西兵团撤退营口之准备，令第五十二军刘玉章部先行占领营口，巩固海运补给基地，然后命廖耀湘指挥兵团再从营口向北打，经盘山、沟帮子，与东进兵团会师大凌河[1]。卫立煌为固守沈阳计，提出万不得已时，则退沈阳[2]。10月17日，辽西兵团主力占新立屯，廖耀湘拟集中兵团一部攻击黑山、打虎山，并迅速占领该地区，造成继续向锦州西进的假象，迷惑东北野战军，以掩护兵团主力迅速通过黑山、打虎山以东、以南地带，直出大洼而向营口撤退[3]。

东北野战军在攻克锦州和长春后，根据中共中央军委意见，不打锦西、葫芦岛方面的国民党东进兵团，也暂不攻沈阳，而是迅速集中主力，求歼辽西兵团，采取"拦住先头，拖住后尾，夹击中间"的战术[4]，以达到全歼之目的。东北野战军总部除留两个纵队在塔山地区继续阻击国民党军东进兵团外，令攻克锦州之主力全速挥师北上，并以第五、第六纵队先克彰武，然后南下占新立屯、新民，切断廖耀湘兵团东退沈阳的归路，以第十二纵队率五个独立师，火速南下，既牵制沈阳国民党守军又东进台安，切断廖耀湘兵团南逃营口的去路，同时以第十纵队退至黑山、打虎山地区，准备阻击廖耀湘兵团前进，并掩护东北野战军主力由两翼插至辽西兵团后方，以完成合围的任务。

21日拂晓，廖耀湘命令第七十一军向凤武部和第二〇七师许旅对黑山城发起攻击，遭东北野战军第十纵队顽强阻击，无进展。廖耀湘从芳山镇抽

---

① 杜聿明：《辽沈战役概述》，《文史资料选辑》第20辑，第37页。

② 廖耀湘：《辽西战役纪实》，《文史资料选辑》第20辑，第128页。

③ 廖耀湘：《辽西战役纪实》，《文史资料选辑》第20辑，第129页。

④ 钟羽飞：《辽沈战役》，中国青年出版社1964年版，第32页。

调新一军潘裕昆部及其所属重炮部队投入对黑山的攻夺，战斗空前激烈，阵地得而复失，失而复得，但不管花多大代价，付出多重伤亡，始终攻不下黑山城。三日后，据派出搜索的便衣侦探回来报告，攻克锦州的东北野战军回师部队已到达北镇。鉴于情况紧急，廖耀湘征得卫立煌同意，除令新编第一军、第七十一军等部仍继续攻打黑山外，兵团主力立即开始绕过黑山、打虎山，从该地区以东、以南走廊向营口方向撤退。当先头部队郑庭笈第四十九军的前卫团向南进至打虎山以南地区时，突被人民解放军所包围，南逃营口之路已被封闭，南逃不成，廖耀湘又指挥兵团掉头向东。哪知辽西兵团离开新民、新立屯南下时，人民解放军已接踵而来，一举攻占了新民和新立屯，东退沈阳之路也被封死。偌大的辽西兵团被团团围困在一个狭小的地区，西是北镇，南北山地绵亘，无法翻越，东有辽河、沙河、绕阳河、八道河流经，不利徒涉。国民党军事当局认为，"大兵逼处其间，不啻自陷绝境"[①]。10月28日，辽西兵团10万余人全部遭歼，兵团司令廖耀湘、新编第六军军长李涛、第四十九军军长郑庭笈、第七十一军军长向凤武皆被俘。

辽西兵团覆灭后，东北野战军集中第一、第二、第十二三个纵队和第一、第三、第四、第十四个独立师于10月31日向沈阳市区发起猛烈攻击。在这之前，解放长春的东北野战军第十二纵队、独立第一、第二、第三、第十师已迅速南下攻克了铁岭、新城、抚顺、苏家屯等外围地区，进逼沈阳近郊，形成合围之势。沈阳国民党守军为第八兵团之第五十三军、青年军第二〇七师、暂五师和骑兵、炮兵等特种兵以及地方保安团队共约10万人，统由兵团司令周福成指挥，此外，袭取辽南的第五十二军也归入第八兵团战斗序列。第五十三军原非嫡系，是东北军万福麟旧部，本来就受到蒋介石的冷遇，因此在人民解放军大军压境的情况下，再加上中国共产党的政治争取工作，便首先放下武器。接着，暂五军也表示愿意投降。唯第二〇七师在西南方向浑河一带进行了最后的抵抗，但很快就遭全歼。11月2日，沈阳解放，兵团司令周福成被俘，东北"剿总"总司令卫立煌在沈阳

---

① 《"戡乱"简史》，第153页。

解放前夕乘飞机逃至葫芦岛。

当辽西兵团覆灭，沈阳遭合围时，东北"剿总"曾令袭取辽南的第五十二军回援，但在海城遭东北野战军一部阻击，复折返营口，丢掉马匹、辎重以及重武器侥幸得以从海上逃脱。这是关外国民党军唯一逃走的一部。不料来营救的"宣怀"轮突然起火，所装载该军之第二师官兵2000余人，或被烧死，或跳水溺死于海中。葫芦岛上的国民党华北援军，眼见东北大势已去，仓皇从海上撤逃至秦皇岛和上海，然后又转送到华北和徐州战场。

在东北决战中，蒋介石亲自坐镇北平指挥了全部战事，并数度飞抵沈阳，几渡大海登临葫芦岛，筹划以进为退的方案。这个方案，杜聿明认为，他（指蒋介石）不根据当时的敌情、地形，尤其是兵力的悬殊，更不了解毛泽东这时已经牵着他鼻子，要把他的部队牵到大凌河附近消灭，一意孤行，定要反攻锦州，以致惨败[①]。但是为了推卸责任，寻找替罪羊，蒋介石竟以"贻误戎机，失陷重镇"的罪名，而下令撤职查办卫立煌将军[②]，要人代己受过。

在东北国共两军决战期间，关内的国民党军由于受到各地人民解放军的进攻，自顾不暇，除华北"剿总"外，几乎无力抽调兵力支援关外，并且在各地人民解放军的进攻下，大量有生力量被歼灭。在华北战场，平绥路受华北野战军奔袭，10月18日归绥被围，10月23日包头被解放军攻克，接着绥东、察北的广大地区相继解放，国民党军损失了21000多人。在西北战场，洛河下游国民党军防线为西北野战军突破，醍醐镇、永丰镇以及洛河西的大荔于10月8日至9日俱被解放军攻占，国民党守军第十七、第三十八、第三十六军遭重创，损失2万人。而在华中战场，郑州、开封接连为中原野战军所占领，国民党军1万人遭歼灭；但其中最严重者莫不过济南守城战的失败。坚固设防的济南城在9月16日到24日的八天时间里被华东野战军所攻克，10万国民党军除吴化文率整编第

①　杜聿明：《辽沈战役概述》，《文史资料选辑》第20辑，第28页。
②　刘绍唐：《民国大事日志》第2册，第813页。

八十四师在青龙山、簸箕山阵地投诚外，俱覆灭于一役，国民党军第二绥靖区司令长官兼山东省政府主席王耀武被生擒。至此，徐州以北黄河以南诸要地，一一丢失，人民解放军兵锋直逼徐州，一场主力决战又将在此剧烈展开。

十一　淮海决战大败

张克侠、何基沣起义

华东野战军攻占济南后，在兖州一带稍事休整，于11月上旬集中主力向鲁南运动，集结于徐州以东地区，中原野战军在攻克郑州后，亦集中主力跨越平汉路向东运动，集结于徐州以西地区。人民解放军中原、华东野战军在徐州东、西地区，摆开了与国民党军决战的态势。

徐州地处陇海和津浦两路的交叉点，是长江流域的门户，战略地位十分险要，为兵家必争之地。如若"政府仍保有徐州时，敌军不能安然以其全力进攻长江阵线。但徐州一失，南京上海便不易保守"[1]。所以，蒋介石在给黄百韬的亲笔信中强调徐州决战得失与否，"实为我革命成败，国家存亡之最大关键"[2]。11月初旬，国民党军事当局拟订了"徐蚌会战计划"，不惜放弃陇海路上若干重要城市，集中一切可以集中的兵力收缩于徐州、蚌埠间津浦路两侧地区，作攻势防御，与华东、中原

---

[1]　董显光：《蒋"总统"传》（三），第501页。

[2]　《淮海战役亲历记》页前插画，第4页。

野战军进行决战。为此，在徐州周围集结了巨大的军事力量；以第七兵团黄百韬部第二十五、第六十三、第六十四、第一〇〇等军配置于徐州之东，并令第九绥靖区的第四十四军从海州西撤，加入第七兵团战斗序列；以第十三兵团李弥部第八、第九军配置于徐州及其附近；以第二兵团邱清泉部第五、第十二、第七十、第七十二、第七十四等军配置于徐州之西；以第三绥靖区冯治安部第五十九、第七十七等军配置于徐州东北贾汪矿区一带；调第十六兵团孙元良部第四十一、第四十七军由蒙城北上，赶至徐州集结；同时将第四绥靖区刘汝明部第五十五、第六十八军，从商丘车运蚌埠，改编为第八兵团，将第十六兵团的第九十九军和从葫芦岛撤来的第三十九、第四十五军，以及第九十六军编组成第六兵团，集结在蚌埠附近，更令属华中"剿总"的第十二兵团黄维部第十、第十四、第十八、第八十五军从平汉路迅速东开，参加徐蚌会战。此役国民党军事当局投入兵力计有七个兵团，一个绥靖区，还有数量不小的总部直辖部队，号称80万人，归徐州"剿总"总司令刘峙统辖。刘峙资格老、军阶高，但国民党军内多认为其能力平庸，不堪担此重任。因此，蒋介石不得不调整指挥力量，任命杜聿明为徐州"剿总"副总司令兼前进指挥部主任，负实际指挥责任。

中共中央军委为了组织好这次决战，集中了华东野战军16个纵队、中原野战军七个纵队，加上地方部队，共有60多万人；并决定由邓小平、刘伯承、陈毅、谭震林、粟裕五人组成淮海战役总前委，以邓小平为书记，统一指挥战役的进行。毛泽东代表中共中央军委提出《关于淮海战役的作战方针》，要求：战役第一阶段的重心，是集中兵力歼灭黄百韬兵团，完成中间突破；第二阶段歼灭海州、连云港之敌；第三阶段在两淮地区作战。强调指出，担任牵制、阻击的兵力必要时要用一半以上[①]。

11月6日，决战开始。华东野战军按照中央军委意见，分三路首先向黄百韬兵团发起攻击。恰逢此时，担负拱卫徐州东北韩庄、贾汪、台儿

---

① 《毛泽东选集》第4部，竖排本，第1355页。

庄一线的第三绥靖区副司令张克侠、何基沣，率部2万余人于8日宣布起义。

第三绥靖区部队原是冯玉祥西北军之一部。这支队伍从喜峰口的战斗，到卢沟桥的保卫战，都曾对抗击日军侵略做出了贡献。但因为是地方派系力量，一直受到蒋介石的排斥和歧视：抗战期间，该部虽被编为第三十三集团军，但长期被分割使用，编制也越缩越小。抗战胜利后，该集团军开赴徐州，改番号为第三绥靖区，以冯治安为司令官，辖第五十九、第七十七军等部。徐州会战前夕，蒋介石对该部极不放心，特调第十三兵团驻扎徐州，并免去冯治安徐州地区守备指挥官之职，改由李弥充任。第三绥靖区广大官兵都对蒋介石排挤异己的做法不满。

张克侠早年参加中国共产党，并在苏联东方大学学习过。而何基沣，则在抗战初期利用负伤就医的机会，私自访问过延安，不久也加入了中国共产党。中国共产党通过张克侠、何基沣的关系派了一些党员打入该部，进行宣传教育。张克侠、何基沣为人正派，主张革新，反对守旧，反对腐化，在西北军中颇有号召力，在他们周围团结了一批正直的军官，一时蒋介石也奈何他们不得。

国民党军事当局在徐州会战的布防上，把第三绥靖区部队推到防线突出处，这使广大官兵愤愤不平，连冯治安都十分恼火，说："要我们打头阵，这不很清楚吗？不论谁胜谁败，反正我们先完蛋！"[1]张克侠、何基沣乘机策动起义，并劝说冯治安一齐参加。但冯治安由于地位、财产等利益和国民党紧密相连，而且也不相信中共军队会最后击败国民党军，决心跟随蒋介石走。蒋介石、冯治安唯恐第三绥靖区部队发生意外，对张克侠、何基沣两人明升暗降，给以副司令空衔，使之不掌实权。对何基沣监视不那么严格，尚有行动自由；张克侠则被留驻徐州，形同软禁。

11月7日，第三野战军一部，一举夺取第五十九军防守的万年闸，迅速渡过运河，向贾汪、台儿庄逼近。何基沣等以此为理由，要张克侠来前线指

---

① 何基沣：《运河前线起义》，《淮海战役亲历记》，文史资料出版社1983年版，第142页。

挥。冯治安则以讨论作战计划为托词纠缠住张克侠。何基沣在万分危急情形下当机立断，决定起义，并对部下说："我们西北军受了人家多年的气，已经到了出气的时候了，你们为什么还迟疑不决呢？我真不明白。"[1]在他的鼓动下，第五十九军第一八〇师师长崔振伦接着说："国民党多年来干的是什么？他们幸运的时候我们巴结不上，现在他们要送丧了，我们犯不着给人家戴孝帽子。老蒋要我们给他看大门，他的嫡系队伍好安全地向南跑，我们再也不干这种傻事了。"[2]8日晨，张克侠巧妙地摆脱了冯治安的监视，和何基沣一道率国民党军第五十九军两个师、第七十七军一个半师共2万23000余人，交出防地，北投人民解放军。

黄百韬兵败自杀

张克侠、何基沣在运河前线起义，给徐州决战带来严重后果，特别是对奉命西撤的黄百韬所部第七兵团更是致命的一击。国民党军方认为，由于第七十七军、第五十九军起义，"先期开放台儿庄、韩庄间运河防线"，致使解放军得以"长驱南下，威胁徐州，切断第七兵团后方连络线"[3]。

11月5日，蒋介石委派参谋总长顾祝同去徐州"剿总"召集军事会议，决定放弃海州，固守徐州。10月底11月初，国民党军事当局曾有固守海州之议，因此，刘峙于11月2日曾令第一〇〇军周志道部东援海州，当该军正在行进时，旋又要该部折返原地。复于5日深夜又令第九绥靖区之第四十四军王泽浚部也西撤徐州，故绥靖区司令李延年有"举棋不定，亡国之征"的怨言[4]。同时，并令第七兵团在新安镇等待第四十四军，然后协同向徐州方向靠拢，把部队收缩至运河以西；第四十四军以后归黄百韬指挥。黄百韬焦急

① 何基沣：《运河前线起义》，《淮海战役亲历记》，第142页。

② 何基沣：《运河前线起义》，《淮海战役亲历记》，第142页。

③ 《"戡乱"简史》，第186—187页。

④ 李以劻：《淮海战役国民党军被歼概述》，《淮海战役亲历记》，第67页。

地等了两天，该部才到。7日拂晓，黄兵团即按第一〇〇军、第六十四军、兵团部、第二十五军、第四十四军的顺序交叉掩护沿陇海铁路向西开拔。

人民解放军淮海战役总前委，根据中共中央军委关于首先歼灭黄百韬兵团的决策，以华东野战军七个纵队围歼第七兵团；八个纵队负责打援，其中又分出三个纵队南北对进，牵制、阻击李弥兵团，割断第七、第十三兵团之间的联系。

黄百韬预感到人民解放军首先要吃掉他的兵团，也考虑到第七兵团所处战略位置十分不利，是在人民解放军优势兵力南下的情况下，侧敌西进，部队随时都有被切断遭歼灭的危险，故令第六十三军陈章部从西南方向撤退，并从左侧背掩护兵团主力西进，在窑湾镇强渡运河，再到碾庄集结。从新安镇往徐州途中，有运河阻拦，河上只有铁桥一座。黄百韬事先没有想到要架设浮桥。当第七兵团四个军，加上从海州跟来的"难民"，都要通过铁桥时，一下子拥挤万状。正在军民争过铁桥之际，华东野战军一部已火速赶到运河车站，立即截住黄兵团的尾部，与之激战。两军交火，一时炮弹横飞，秩序大乱。国民党兵当场被击毙者有之，落水而溺死者有之，黄兵团殿后的第二十五军陈士章部，且战且退过了运河，但已损失过半①。与此同时，华东野战军另一部则于8日，顺利通过第三绥靖区的运河防线，直插徐州以东陇海铁路上的曹八集，歼灭驻防该地的李弥第十三兵团的一个团，并在苏北兵团的配合下围歼了黄兵团第一〇〇军的第四十四师，迎头挡住了第七兵团西撤徐州的去路。同日，在徐州以西黄口一带邱清泉第二兵团之第七十军第一三九师又遭到中原野战军一部猛烈攻击。刘峙发现人民解放军多路逼近徐州，因此判断将会东西夹击徐州，十分惊慌，突然改变原来撤至徐蚌两侧的计划，除令孙元良第十六兵团及邱清泉第二兵团向徐州集结外，还令李弥第十三兵团迅速缩回徐州，置黄百韬第七兵团于不顾。

9日，第七兵团在后有追兵、前有阻拦的情况下，拼力奋战。但强中还有强中手，人民解放军攻势愈来愈猛烈，包围圈愈缩愈小，第七兵团被迫据

---

① 陈士章：《第七兵团的毁灭》，《淮海战役亲历记》，第192页。

守碾庄。碾庄本是一个不到200户人家的小村庄，第七兵团四个军10万人，加上马匹、车辆、辎重，一下子涌到这里，拥挤异常，混乱不堪。黄百韬匆忙布置防御配备如下：兵团部位于碾庄，第二十五军占领碾庄以北小牙庄、尤家湖，向北防御；第六十四军占领碾庄以东大院上、吴庄，向东防御；第四十四军占领碾庄车站以南村庄，向南防御；第一〇〇军占领碾庄以西彭庄、贺台子，向西防御。

黄百韬兵团之第六十三军在新安镇掩护兵团主力西撤后，即从西南方向撤退，但途中遭北上的华东野战军苏北兵团袭击，并被包围在窑湾镇。两军激战至11日夜，第六十三军全军覆没，军长陈章被击毙。

10日，蒋介石在南京黄埔路官邸召开作战会议，商量如何抽调兵力，以解黄百韬兵团之围，并于当晚发"戌灰防挥督电"给徐州"剿总"，令："邱清泉兵团应以主力转用于徐州以东"，"李弥兵团应抽出一个军参加攻击"，"协同黄兵团作战"，"夹击运河以西、徐州以东之共军"[1]。并催杜聿明立即飞往徐州贯彻其意图。刘峙唯恐徐州有失，复电蒋介石称："徐州以西之共军，尚有强大力量，企图为牵制邱兵团，策应其东兵团之作战。我军作战基本方针，应采取攻势防御，先巩固徐州，以有力部队行有限目标之机动攻击，策应黄百韬兵团作战，俾争取时间，然后集结兵力，击破一面之共军。"[2]蒋介石又电刘峙予以批驳："所呈之作战方针过于消极，务宜遵照'戌灰防挥督电'所示方针，集中全力迅速击破运河以西之共军，以免第七兵团先被击破。"[3]国民党军事当局之所以重视第七兵团，固然是从战役全局出发，但也因为原任第二十五军军长黄百韬是参谋总长顾祝同的心腹爱将。顾指挥该军多年，其在与共产党军队的战斗中肯出死力。因此，蒋介

---

① 郭汝瑰：《淮海战役期间国民党军统帅部的争吵和决策》，《淮海战役亲历记》，第57页。

② 郭汝瑰：《淮海战役期间国民党军统帅部的争吵和决策》，《淮海战役亲历记》，第57页。

③ 郭汝瑰：《淮海战役期间国民党军统帅部的争吵和决策》，《淮海战役亲历记》，第57页。

石再三叮嘱杜聿明："一定要解黄百韬之围。"[1]

杜聿明到徐州后，征得刘峙的同意，集结邱清泉兵团和李弥兵团。13日，邱清泉率第二兵团沿陇海铁路以南，李弥率第十三兵团沿陇海铁路以北，东进增援，并在空军的配合下，实行正面强攻。发起攻击的第一天，曾有所进展，从第二天起即遭人民解放军打援部队顽强阻击，有的村庄白天被国民党军攻占，夜里复被人民解放军夺回。15日，参谋总长顾祝同及国防部作战厅厅长郭汝瑰前来督战，埋怨邱、李两兵团增援不力。16日，杜聿明决定使用邱兵团之第七十四军从徐州东南潘塘镇出人民解放军阻击防线之侧背，进行迂回攻击。但该军一经出动，即遭强烈之反击，不仅无法实施迂回企图，而且第一线部队反被击溃。这使杜聿明束手无策。

17日，碾庄圩形势更趋危急，黄兵团外围据点已大部被突破，先是第一○○军丢掉碾庄西北阵地，接着第四十四军又失去西南阵地。就在此时，徐州"剿总"利用人民解放军阻击防线稍向后撤的机会，集中了空军、炮兵、战车等部队，企图一举攻下仅隔碾庄30里的大许家，实行中间突破；但经剧烈战斗，只是迫近，迄未攻下大许家。19日，碾庄圩遭到人民解放军猛烈进攻。20日晨，碾庄南寨墙被人民解放军一部突入，两军发生激烈巷战，旋碾庄失守，黄百韬等狼狈逃到第六十四军刘镇湘据守的大院上。22日晚，黄百韬率少数残部由西北方向突围，被阻击歼灭，黄本人自戕而死。国民党军以第七兵团12万人被全歼，输了淮海决战中的第一个回合。

黄维兵团被歼

在黄百韬所部第七兵团被华东野战军围歼的同时，中原野战军主力及华东野战军一部已转入津浦路徐（州）蚌（埠）段之间作战，11月10日以后，先后围灵璧，克固镇，渡浍河、澥河，15日夜，又攻占津浦路上重镇宿县，

---

[1] 杜聿明：《淮海战役始末》，《淮海战役亲历记》，第16页。

国民党守军第二十五军第一四八师及交警第二、第十六总队遭全歼，徐州和蚌埠间的铁路为之寸断。国民党军事当局急于打通此段交通，但因徐州以东正在激战，无兵可调。22日，黄百韬兵团覆灭。23日，蒋介石匆忙召集刘峙、杜聿明至南京开作战会议，紧急磋商，决定徐州方面以主力向符离集进攻，而在蚌埠及其周围的李延年第六兵团、刘汝明第八兵团和刚抵达蒙城的黄维第十二兵团则向宿县进攻，企图南北夹击，一举击破人民解放军，以打通徐蚌间交通。徐州地区的决战又随之转至宿县附近激烈地展开。

人民解放军淮海战役总前委根据战场错综复杂的情况和已经变化了的战局，征得中央军委同意，决定以求歼前进态势突出、而又远道前来的黄维兵团，作为淮海战役第二阶段的作战重心。为此，总前委集中中原野战军全部围歼第十二兵团，同时集结华东野战军各部组成北、南两个作战集团，分别阻击来自徐州和蚌埠的国民党军。

25日，北线的国民党军正式开始进攻。杜聿明指挥邱清泉兵团沿津浦路东、孙元良兵团沿津浦路西，在炮兵和战车部队的配合下，向南发动猛攻，一时炮声隆隆，硝烟弥漫，跟着步兵向人民解放军阵地冲去。人民解放军则进行了坚决的阻击。双方火力及肉搏战，都发挥到最高点，逐村争夺，经过一天激战，国民党军稍稍向前推进了几华里。第二天，国民党军继续攻击前进，但遭到了人民解放军更加顽强的阻击，屡攻屡挫，始终无法前进一步，一连三日，毫无进展。

南线的国民党军，则由徐州"剿总"副司令兼蚌埠指挥所主任李延年指挥第六兵团之第九十六、第九十九军等部和第八兵团之第五十五、第六十八军沿津浦路北上。恰在此时，灵璧为中原野战军等一部所攻陷，国民党守军第十二军第二三八师及赵子立部大部被歼，这使刚刚出动的南线兵团心惊胆战，在占领固镇、进击任桥以后，就不敢再继续北上。但唯有11月18日由平汉路进抵蒙城的黄维第十二兵团，自恃战斗力强，又在国防部"不得以任何借口迟延行动"的严令下[1]，渡涡河、北淝河，沿蒙宿公路继续北上，攻

---

① 黄维：《第十二兵团被歼纪要》，《淮海战役亲历记》，第486页。

占浍河上的南坪集，并一度渡过浍河，前进到宿县西南地区。该部在渡浍河时，遭到中原野战军奋勇反击，旋被驱回浍河西岸。这时中原野战军主力铺天盖地从西向东横扫过来，迅速占领蒙城。黄维发现后路已断，同时东、西、北三面都有人民解放军大部队在运动，整个兵团所处的战略态势十分不利，自己已经钻进中原野战军所布下的袋形阵地之内，即将陷入包围，眼下只有东南一角尚没有完全合围。于是黄令全军向东南面固镇方向转移，以与李延年兵团会合，一齐沿津浦路北上，进攻宿县，赶赴徐州。可是为时已晚！中原野战军一部陆续追上，立即对第十二兵团展开猛烈攻击，使其陷入混乱状态，并于25日迅速堵住东南缺口。27日，黄维兵团企图乘中原野战军包围阵地尚未巩固之时，继续向东南方向突围，遂令：第十军覃道善部、第八十五军吴绍周部拼力向东南冲击，第十四军熊绶春部在浍河南岸掩护，第十八军杨伯涛部在双堆集附近向西、向南掩护①。第十军、第八十五军随即从正面发起猛烈进击。这时，中原野战军另一部则渡过浍河，一举击溃第十四军的掩护阵地，向南直冲攻击前进的第十军左翼侧。第十军遭此突然打击，损失颇大。就在这个紧急时刻，廖运周又率第八十五军第一一〇师举行战场起义，打乱了黄维的突围计划。至此，突围无望，黄维兵团在双堆集地区陷入中原野战军重围之中。第十二兵团由"增援"机动兵团一下子变为"固守待援"的被困之师。

黄维兵团是国民党中央嫡系部队，一向承担国民党战场的重要战略任务，为蒋介石所倚重。其中第十八军是陈诚起家的部队，在装备、训练和作战经验上，均堪称国民党军中之一流部队，是五大主力之一②。除第八十五军属汤恩伯人事系统外，其余两个军均是以第十八军为基干而扩编的。兵团司令黄维，兵团副司令胡琏俱是陈诚军事集团中的重要人物。黄维兵团被围困，这使国民党军事当局颇为焦急。28日，杜聿明应召从徐州赶赴南京，商

---

① 黄维：《第十二兵团被歼纪要》，《淮海战役亲历记》，第487页。

② 国民党军五大主力为整编第七十四师、新编第一军、新编第六军、第五军、第十八军。整编第七十四师被歼灭于孟良崮，新编第一、第六军被歼灭于辽沈战役，第十八军、第五军则覆没于淮海战役。

讨挽救国民党这一王牌兵团危机的办法。旋决定放弃徐州，并令从徐州退却的国民党军协同李延年兵团，共解黄维之围。

杜聿明返回徐州后，即着手"剿总"的撤离工作。徐州"剿总"总司令刘峙和总部人员于28日、29日，南撤蚌埠；杜则指挥邱清泉第二兵团、李弥第十三兵团、孙元良第十六兵团于30日开始向西南方向撤退，拟绕道永城南下，解黄维兵团之围。12月1日，徐州为华东野战军所解放。2日，杜聿明率领的三个兵团进抵豫东永城东北之青龙集、陈官庄地区。4日，遭华东野战军主力合围。

刘峙南撤蚌埠后，根据国民党军事当局所拟战略方针，令李延年兵团收复浍河、漰河以南地区，然后向西北挺进，援救黄维兵团。在此前后，人民解放军一部已沿津浦路南下，先后占领新马桥、曹老集等地，切断了蚌埠和固镇之间的铁路交通，并近迫淮河北岸。第六兵团尚自顾不暇，岂有余力北进！为此，李延年几次向国民党军事当局苦求扩大兵团力量。蒋介石为挽救黄维兵团，决定把从东北溃退下来的第三十九军、第五十四军以及颇费周折，好不容易才从华中"剿总"白崇禧那儿争夺过来的第二十军、第二十八军调抵蚌埠和蚌（埠）滁（县）地区，以支援李延年兵团北上，同时，刘峙又临时调拨刘汝明兵团的第六十六军暂归李延年指挥。一时李延年兵团集结了第三十九、第五十四、第九十六、第九十九、第六十六五个军。12月1日，刘峙命令刘汝明派第五十五军掩护右侧背，第六兵团从浍河以南发动攻势，蒋介石次子蒋纬国率战车第二团加以配合。4日，第六兵团攻占曹老集、新马桥，继续向西北方向进击。该部经连续四天的攻击，以付出官兵千余人伤亡的代价，始进到火星庙一线，离开黄维兵团被围的双堆集尚有70余华里。由于遭到人民解放军愈来愈强大的阻击，李延年兵团的进展愈来愈困难，而黄维兵团则更加危急。

这时，淮海战场上，人民解放军中原、华东野战军同时包围了国民党军两个集团，淮海战役总前委决定了先打黄维兵团、暂困杜聿明集团的作战方针，为了尽快歼灭第十二兵团，又调华东野战军一部参加对黄维兵团的围困。

11月28日，参谋总长顾祝同飞临双堆集上空，命令黄维：站稳脚跟，就地固守①。12月1日，兵团副司令胡琏从南京飞来，传达蒋介石的口信："要固守下去，死斗必生，已叫联勤总部尽量空投补给"②。斯时，黄维兵团粮弹俱缺，又值冬令，秋收已毕，双堆集老百姓早已出走，抢不到颗粒粮食，就连燃料、吃水乃至骡马饲料都很困难。加上地形亦不利，双堆集方圆不过十几华里，比碾庄圩还小，一片平地，只在地区中心有一个十几公尺高的小土岗，算是阵地的唯一制高点。再有，国民党军士气本不高，闻悉杜聿明集团在青龙集、陈官庄被围，斗志愈趋瓦解。黄维兵团四个军被困在这一狭小地区，不得天时，不得地利，不得军心。人民解放军鉴于此，采取"紧缩饿困"的方针③，使用"壕沟战术"，"整个战场上，无数蛇形的交通沟纵横交错，一条条伸进围歼圈里"④。这使国民党军机械化部队无用武之地。人民解放军首先突破了防守脆弱的第十四军和第十军防守阵地。胡琏在情况十分危急时，二到南京，请示办法。蒋介石不得不决定："你们可以突围，不要管杜聿明，也不要指望李延年。"⑤并决定必要时使用毒瓦斯弹。12月1日，黄子华率第八十五军第二十三师等部，约10000人，向人民解放军投诚，第八十五军崩溃，紧接着第十四军被全歼，军长熊绶春被击毙。人民解放军乘势继续发动更加凌厉的攻势，国民党军事当局承认，在这一攻势的打击下，该军"牺牲甚大"⑥。国民党军在挣扎中竟施放毒瓦斯炸弹，但也挽救不了全兵团覆没的命运。15日黄昏，兵团残部突围，兵团司令黄维、第八十五军军长吴绍周、第十军军长覃道善、

---

① 黄维：《第十二兵团被歼纪要》，《淮海战役亲历记》，第438页。

② 黄维：《第十二兵团被歼纪要》，《淮海战役亲历记》，第490页。

③ 贺光华：《在淮海南线》，《解放战争回忆录》，中国青年出版社1961年版，第265页。

④ 陈土榘：《淮海战役的胜利是毛泽东战略战术思想的胜利》，《解放战争回忆录》，第247页。

⑤ 黄维：《第十二兵团被歼纪要》，《淮海战役亲历记》，第491页。

⑥ 《"戡乱"简史》，第185页。

第十八军军长杨伯涛等高级将领均被俘，兵团副司令胡琏乘战车侥幸逃脱，其余悉数被歼。

南线第六兵团获悉黄维兵团被歼，李延年立即下令，各军交叉掩护，迅速退守淮河南岸。这样，国民党军在徐蚌战场上，又以12万人被歼的败绩，输了决战中的第二个回合。

杜聿明兵败陈官庄

蒋介石与杜聿明决定放弃徐州南下，但其所抱目的各异。蒋介石急于调动徐州国民党军力量与北进之李延年兵团解除黄维兵团之围，然后诸兵团协同南撤以拱卫京畿。而杜聿明则另有主意：让黄维兵团在原地困守，牵制人民解放军力量，使徐州的国民党军能够安然撤出，经永城到达蒙城、涡阳、阜阳间地区，然后以淮河作依托，再向人民解放军进击，能解黄维兵团之围则解，如果打不动，只有牺牲黄维兵团。为此，他向参谋总长顾祝同明确表示："要放弃徐州，就不能恋战，要恋战，就不能放弃徐州"①。11月30日晚，杜聿明按既定方针和路线，指挥邱清泉第二兵团，李弥第十三兵团、孙元良第十六兵团等部，沿肖（县）永（城）公路往豫东之永城开拨。12月2日，全军进抵永城东北之青龙集地区。3日上午10时，忽接空军投送蒋介石亲笔信，要杜聿明"迅速令各兵团停止向永城前进，转向濉溪口攻击前进，协同由蚌埠北进之李延年兵团南北夹攻，以解黄维兵团之围"②。杜聿明召集各兵团司令共同商定：令第十三、十六兵团在西北、东北方向掩护，第二兵团则展开于青龙集东西，向濉溪口人民解放军进击。

中共中央军委对徐州国民党军可能突围已有预料，指示华东野战军做好充分准备。所以，当杜聿明集团刚开始撤向西南方向时，华东野战军11个纵

---

① 杜聿明：《淮海战役始末》，《淮海战役亲历记》，第28页。

② 杜聿明：《淮海战役始末》，《淮海战役亲历记》，第34页。

队立即全力追击，从肖县、永城、砀山三角地带迅速包抄过来，4日，已逐渐形成合围之势。

杜聿明对全军所处不利态势已有觉察，但仍遵照南京政府指示，严令第二兵团向濉溪口人民解放军发起攻击。4、5两日，虽然邱清泉兵团进至青龙集，陈官庄以西、以南地区，可是担任西北方向掩护任务的孙元良兵团和东北方向李弥兵团的防守阵地，均受到华东野战军强有力的攻击。6日，孙元良、邱清泉提出突围，杜聿明无法制止。结果孙元良兵团在突围中，悉遭歼灭，其第四十一军军长胡临聪、第四十七军军长汪匣锋均被生俘。孙元良化装成农民，只身逃到信阳。

孙元良兵团突围失败后，杜聿明重新调整了防御部署，以攻为守，集中炮兵、战车掩护步兵奋力反扑；但毫无进展，反而被越围越紧。杜聿明感到，不仅解黄维兵团之围无望，而且自己指挥的兵团亦行将覆没，故一再请求蒋介石："应即从西安、武汉等地抽调大军，集中一切可集中的力量与共军决战。"[①]杜聿明、邱清泉、李弥均出身于黄埔军校，是蒋介石的嫡系将领，邱清泉所部新编第五军又是国民党军的五大主力之一，蒋介石岂有不急之理；但蒋此时苦于手中无兵可调，想调华中"剿总"的张淦第三兵团和宋希濂第十四兵团支援，但白崇禧公开抗命，调不动。蒋介石遂复电杜聿明："现无兵可增，望弟不要再幻想增兵"[②]。第二兵团、第十三兵团只有在方圆不到20华里的框子内，作困兽之斗。

斯时，由于平津会战爆发，"为着不使蒋介石迅速决策海运平津诸敌南下"，11日，中共中央军委指示刘伯承、邓小平、陈毅、粟裕："于歼灭黄维兵团之后，留下杜聿明指挥之邱清泉、李弥、孙元良诸兵团（已歼约一半左右）之余部，两星期内不作最后歼灭之部署。"[③]14日，淮海战役总前委命令华东野战军围歼部队只作防御，不作攻击。17日，毛泽东为中原华东野

---

① 杜聿明：《淮海战役始末》，《淮海战役亲历记》，第40页。

② 杜聿明：《淮海战役始末》，《淮海战役亲历记》，第40页。

③ 《毛泽东军事文选》，第617页。

战军写了《敦促杜聿明等投降书》，发动了强大的政治攻势。

杜聿明指挥下的邱清泉，李弥等部20万人，当被困守在青龙集、陈官庄地区时，已粮弹俱缺，"官兵饥寒交迫，已极困顿"[①]。杜聿明要求空中补给的电报如雪片飞向南京。二三十万大军，按要求每日须空投食物240吨，弹药、物品及其他物资160吨，合计400吨，要出动飞机120架次[②]。起初，空投粮弹等虽不足数，但最多时仍可达300吨左右。以后逐日下降至百余吨、几十吨、十几吨，甚至几吨，有的空投物资还散落在人民解放军的阵地上。国民党官兵相互抢夺，彼此厮打，以致开枪击倒对方，尽管如此，仍不得一饱。各部先宰杀骡马，继以麦苗、野草、树皮充饥，饿死人的事不断发生。在此期间，人民解放军加强了政治宣传攻势，并把食物送到国民党军阵地。国民党军在共产党宽大政策的感召下，军心动摇、士气瓦解，经常整排整连地向人民解放军投降。

1949年1月3日，蒋介石电令全军突围，并决定派出飞机100架次进行轰炸，同时投掷毒气弹，以掩护其行动[③]。6日，东北、华北野战军已完成对傅作义集团各部的围歼部署，华东野战军抢先发动总攻，和围歼黄维兵团时一样，把壕沟一直挖到国民党军的核心阵地。许多官兵一个月来已饿得瘦骨嶙峋，且在共产党政策的感召下，毫无斗志，一旦遇到人民解放军的凌厉攻势，便顷刻崩溃。第十三兵团防守之青龙集阵地首先瓦解，接着第二兵团在陈官庄的阵地也被突破。10日，全歼杜聿明集团20万人，杜聿明被生俘，邱清泉被击毙，李弥只身逃脱。国民党军打输了决战中的最后一个回合。

至此，历时66天的淮海决战以国民党军的完全失败而告终。整个战役，国民党军光是从南京、徐州、上海、北平出动的轰炸机群就有852架次，但仍无法逃脱其嫡系精锐部队五个兵团、22个军、56个师（内有四个半师起

①　《"戡乱"简史》，第186页。

②　程藩斌：《陈官庄地区空投记》，《淮海战役亲历记》，第107页。

③　张干樵：《关于国民党军使用毒气弹的情况》，《淮海战役亲历记》，第101页。

义）共50余万人被歼的命运。

淮海决战大败，使"长江下游全部失去了屏障"，解放军只要"稍加调整，即可随时进攻"[1]。作为国民党政权政治、经济中心的京沪地区已完全暴露在中国人民解放军的兵锋之下。

---

① 董显光：《蒋"总统"传》（三），第501页。

十二　平津会战失败

三十五军覆没新保安

卫立煌集团在东北覆灭，刘峙集团于徐海地区陷入重围，使华北傅作义集团处于孤立无援的不利态势。

如何拟定华北"剿总"的作战方针，美、蒋、傅各有打算。美国政府不愿轻易放弃它在华北的经济、政治、军事权益，力劝傅作义坚守平津。司徒雷登大使两次致书马歇尔国务卿说：虽然"傅作义不能抵挡共产党在华北所能集中的力量对他的进攻……我们还是必得设法使之从恶劣局势中得到最好的，并且能保留多少是多少"。①又说"我原来的希望是借着对于蒋政府的军事援助（特别是以顾问的形式，其他一切都依之而定）可能使长江以南地区保持完整，并使南京以北之沿海地区肃清敌对的共产主义，这是你所

---

① 　《中美关系资料汇编》第1辑，第906—907页。

深知的"。①美国为了达到保持华北的目的，决以援助作诱饵，准备由美国联合参谋部提供价值1600万美元之物资，直接运往天津，以装备傅作义的部队②，蒋介石则主张放弃平津，免蹈辽沈覆辙，并企图利用华北"剿总"所辖部队，挽救淮海危局，如果办不到这一点，至少"以一部兵力守备北平，以主力确保津沽"③，以便随时从海上南逃，加强国民党军的江南防线，而傅作义原属察绥系的地方实力中，其起家和势力都在绥远、察哈尔一带，因此，倾向西去，但又顾虑自己带不走中央嫡系部队，且和西北的马鸿逵又合作不来。在矛盾重重之下，傅作义采取了既守平津，保持海口，又不放弃张家口，扩充实力，以观时局变化的方针。依据这一方针，华北"剿总"将所属的蒋、傅两系军队共4个兵团14个军近60万人，收缩在东起唐山，西至张家口长达1000里的铁路线上，摆成一字长蛇阵，并以北平、天津、张家口为基点，设立三个防区：北平地区，驻扎李文第四（原三十四集团军）、石觉第九两个兵团，第十六、第十三、第三十一、第三十三、第三十五、第一〇四、第一〇一共七个军；天津地区，驻扎侯镜如第十七兵团，第六十二、第九十四、第九十二、第八十六、第八十七以及独立第九十五师共6个军；张家口地区，驻扎孙兰峰第十一兵团、第一〇五军以及两个骑兵旅等部。傅系部队配置在平绥线，蒋系部队配置在北宁线，危急时，傅作义可丢下蒋系部队自行西逃，实践"灵活机动，集中优势"的"依城决战"的战略④。

1948年11月，傅作义应召赴南京，经蒋介石再三劝说，并允诺若干条件，如傅可直接接受美援，委傅以华北党政军及经济一切大权等，傅作义勉强答应可把战略重心从察、绥东移津、塘，但他的基本实力第三十五、第一〇四、第一〇五军却仍旧配置于平绥路一线。

中共中央军委乘傅作义举棋不定之时，决定附刚结束辽沈战役的东

---

① 《中美关系资料汇编》第1辑，第910页。

② 董显光：《蒋"总统"传》（三），第500页。

③ 《"戡乱"简史》，第168页。

④ 陈长捷：《天津抗拒人民解放战争的回忆》，《文史资料选辑》第13辑，第21页。

北野战军主力暂停休整，星夜兼程开赴平津战场，与华北野战军及地方武装力量相配合，以绝对优势兵力打好这一决战。11月初，中央军委即令东北野战军一部首先组成先遣兵团（程子华、黄克诚兵团）秘密向北平附近疾进，协同华北军区第二兵团（杨得志、罗瑞卿兵团）、第三兵团（杨成武、李井泉兵团）向平绥路上各个战略要点袭击，切断傅作义嫡系部队的西窜之路，于是作为平津战役的第一阶段，国共两军的交火就在平绥线激烈展开。

11月底，张家口西北和西南的孔家庄、万全县、怀安县以及柴沟堡等地相继为华北野战军第三兵团所攻取，张家口顷刻紧张起来。国民党军第十一兵团司令孙兰峰急电华北"剿总"，要求派兵增援。12月初，平张全线遭到人民解放军的袭击，张家口西南姚家庄机场被攻克。傅作义为保持西撤绥（远）包（头）唯一要道，决定派遣第三十五军驰援张家口，增强平张线的兵力。傅作义西援之举系因其估计，刚刚经过辽沈大战的东北野战军，亟须增补和休息，斯时又值隆冬严寒季节，难作远程行军，至少三个月后，平津地区才会进行一场大会战。

第三十五军是傅作义的王牌部队，全套美式装备。11月29日，除留下第十七师仍驻防北平丰台外，第一〇一和第二六七师分乘400多辆汽车自东向西驰援张家口，次日抵达目的地，即向万全等县进击。正在此时，东北野战军先遣兵团已前进到北平附近，北平东北郊告急，密云、怀柔于12月4日被攻占，守军被歼，华北军区第二兵团亦前进至北平西北的涿鹿以南地区，构成对北平的严重威胁。傅作义恐北平有失，遂急令第三十五军回援，并从天津地区抽调第九十二、第九十四军和第六十二军一部向北平集结，增强北平防守力量。12月5日，第三十五军于返回北平的道路上，先后在下花园、东人岭、鸡鸣驿受到华北军区第二兵团的伏击，边打边走，进抵新保安城时复遭合围。中共中央军委为了达到就地全歼华北傅作义集团的目的，对西线国民党军暂时采取"围而不打"的方针，以待东线东北野战军对平、津、塘地区国民党军的分割、围歼部署完成之后，从容歼敌。

第三十五军在新保安被围后，急电华北"剿总"派兵营救。傅作义令驻防北平附近的第一〇四军军长安春山率该部两个师和第十六军一个师等自东向西,驻防张家口的袁庆荣第一〇五军自西向东驰援,又令第三十五军突破当面之敌。西路援军遭华北野战军顽强阻击,迅速退回张家口;东路援军拼力向前,进抵与新保安仅隔10余里之沙城时,发生激战,被阻于该地,无法前进;第三十五军东突又不成。此时,东北野战军先遣兵团进逼北平西北郊,康庄、怀来告急,第一〇四军撤回北平的后路已断。军长安春山在率部从横岭关绕道前进时,遭伏击、包围,除一部逃脱外,悉被全歼,安本人被俘。在援军无望的情况下,第三十五军只得困守危城。军长郭景云令第一〇一师防守城之西,第二六七师防守城之东,并积极构筑工事,加强防务,准备顽抗。华北军区第二兵团一边进行政治攻势,一边对外围阵地进行攻击,紧缩包围圈。该部自20日起,向国民党第三十五军发起猛攻,并用大炮摧毁了新保安城垣工事,首先突破第二六七师防守的东南城角,随即攻入城内,锐不可当;22日,攻克新保安。军长郭景云自戕,所率两师16000余人悉被歼灭。这样,平张路便只剩下国民党军的最后一个据点张家口。

张家口从12月7日起,基本上陷于华北军区第三兵团的包围之中。14日,城之西北要点张北被华北野战军攻克,22日,第三十五军又在新保安全军覆没。张家口国民党守军倍感危急。傅作义遂密令第十一兵团司令孙兰峰、第一〇四军军长袁庆荣:“相机突围,向绥远撤退”①。23日晚,孙、袁率第一〇四军及骑兵部队出大境门企图向西北方向的商都逃跑。该部出逃不久,即被华北野战军一部所阻,进入张家口的人民解放军立即跟踪追击。孙、袁所部被合围于张家口以北乌拉哈达、朝天洼、西甸子之间的狭小地区。经挣扎抵抗,至24日,除孙兰峰率少数骑兵狼狈逃脱外,其余54000多人悉被歼灭。至此,傅作义系统部队损失殆尽,张家口失守,西线平绥路战斗彻底失败。国民党军事当局严责傅作义:“误于匪情判断”,“于作战初期,将有力部队第三十五、第一〇四、第一〇五军使用于察南……不幸该军

---

① 靳书科:《一九四八年张家口解放亲历记》,《文史资料选辑》第68辑,第162页。

等于张垣、新保安一带为匪分别包围击破，而东北林匪复不待整顿，即加速入关。使察南部队不及转用"，"华北局势已陷于危境。"①

陈长捷拒降被擒

正当傅作义嫡系部队与人民解放军华北军区两个兵团及东北野战军一部鏖战在平绥路时，东北野战军主力以迅雷不及掩耳之势从冷口、喜峰口、山海关三处翻越长城，出其不意地进抵冀东蓟县、兴隆店一线。

在此之前，由于关外战局骤变，卫立煌集团遭歼，东北失守，华北"剿总"预感到一场大战必将降临于平津地区，已将兵力向平津塘一带收缩。首先从承德撤离第十三军，经古北口，而至北平东郊通县，承德遂于11月12日为东北野战军所攻克，24日，又从秦皇岛撤退第八十六军，船运塘沽，复调天津；12月12日，驻守唐山的第八十七军及交警第十、第十一总队，沿北宁路向塘沽方面撤退。国民党军事当局认为：东北野战军主力入关后，若"乘势逼攻平、津，图夺华北"，必先"断我天津对外交通"之要港塘沽、大沽口，为确保"出海交通枢纽"之安全，并"策应守卫平、津"两地，必须加强海口的防御力量②。为此，傅作义从天津地区防区中，特分出塘（沽）、大（沽）防守区，由第十七兵团侯镜如任防守司令，第八十七军军长段沄任副司令，为便于相互支援，又将天津、塘大合为津塘防守区，仍以侯镜如担任司令，天津警备司令陈长捷为副。塘、大防区兵力主要有段沄第八十七军和朱致一独立第九十五师以及第九十二军三一八师等部。国民党军事部门还特别增强海面上的战斗力量，塘大港外原驻有"海康""海丰""海宁""炮六"号等艇，现又由海军第一舰队司令马纪壮率"永宁""永兴""成安""美珍""美宏"5舰及"海澄""二〇一"号两艇驰援，一

---

① 《"戡乱"简史》，第169页。
② 《"戡乱"简史》，第260页。

时海军舰艇10多艘云集渤海湾中①。

入关后的东北野战军主力分兵两路：中路大军即萧劲光兵团直趋廊坊、安定，以切断北平、天津之间的联系。左路大军在邓华指挥下迅速撤入北宁路，并迅速攻克唐山，沿铁路南下，占芦台、汉沽，12月14日，渡金钟河，下北塘，20日，续克新河，旋渡海河，走海河以南、南关以西地区，从北、西、南三面（东濒渤海湾）对塘沽、大沽口进行包围；同时，还于19日，占领军粮城和张贵庄机场，切断了天津、塘沽间的陆、空联络，从而封闭了国民党军从海上南逃之路。邓华部本拟乘势一举攻下塘沽，但是由于该地区河流交错，又是一片盐田，冬季不封冻，既不便于构筑工事，更不便于大兵团作战，经中共中央军委批准，改为夺取天津。

中共中央军委为打好天津攻坚战，集中了东北野战军5个纵队22个师，同时又令已完成平张路战斗任务的华北野战军及东北野战军一部，迅速移师北平附近，以防北平国民党军出援或突围。中共中央军委决定：由东北野战军参谋长刘亚楼指挥天津攻坚战，并于1949年1月10日，以林彪、罗荣桓和聂荣臻组成平津战役总前委，林彪为书记，统一指挥战役的进行。

天津是著名的大都市，其经济地位之重要，在全国仅次于上海，名列第二。天津城南北长25华里，东西宽10华里，永定河、大清河、于牙河、运河、白河等在这里汇集，入海河而流向渤海湾，地势低洼，是一个复杂的水网地带，只北面地形略高，平坦开阔些，易守而难攻。从1947年夏季开始，天津国民党军事当局开始大力构筑城防工事，环绕全市建有一道高4米、宽2米的土墙。土墙上，每隔30米设一座大碉堡，计380多个，周围又配有纵深的小碉堡群，大小碉堡总数达1000多个。环城绕一道铁丝网和一道电网。墙外且挖有一道宽10米、深3米、长84华里的护城河。网、河之间并布有万枚地雷，其中有美制最新式的抛射空炸地雷。1948年6月，陈长捷由兰州第八补给区调来充当天津警备司令，又增修了一些较为隐蔽的钢筋水泥碉堡群。

担任天津防守的国民党军共有两个军10个师，加上非正规部队共有13

---

① 《"戡乱"简史》第260页。

万人。其兵力部署如下：林伟俦第六十二军（欠一师）防守城北，刘云翰第八十六军防守城东，郑挺锋第九十四军之第四十三师及第三〇五师防守城东南海河两侧地区，第一八四、第三二六、第三三三师和交警第十总队防守城南及西南地区。

天津城防工事虽坚固，但西北与北平、东南与塘沽联系均告中断，已成"气息奄奄的孤岛"，处于"绝望的境地"[①]。12月18日，南京政府国防部参谋次长李及兰等乘飞机携带蒋介石亲笔信到天津，拟将天津守军撤至塘沽，从海上南逃[②]。这意见为华北"剿总"所不取，也为陈长捷所拒绝。陈长捷认为：在东向塘沽之路已被人民解放军切断的情况下，天津之军勉强突围，侧贴河边一条路走，将会重蹈东北大凌河廖耀湘兵团全部被歼之覆辙；同时天津一撤，更置北平于死地，为避免部队在转移中被歼，遂决定坚守天津[③]。陈长捷自信，天津粮弹相当充足，又配有防御工事，坚守三四个月，是可以的[④]。

12月20日，天津的外围争夺战开始。国民党空军从青岛前来助战，猛炸东北野战军的郊外阵地，但灰堆、杨柳青、北仓、静海、宜兴埠、东局子、丁字沽等据点仍先后丢失。

东北野战军根据天津南北长、东西窄的地形特征与北部"兵力强"、南部"工事强"、中部"皆平常"的守备特点，确定实施"东西对进，拦腰斩断，先南后北。先分割后围歼，先吃肉后啃骨头"的攻坚作战方针[⑤]。在小西门和东局子各集中两个纵队的兵力，做好发动总攻前的部署准备，并派

---

① 杜建时：《从接收天津到垮台》，《天津文史资料选辑》第5辑，第74页。

② 杜建时：《从接收天津到垮台》，《天津文史资料选辑》第5辑，第74页。

③ 陈长捷：《天津抗拒人民解放战争的回忆》，《文史资料选辑》第30辑，第28页。

④ 陈长捷：《天津抗拒人民解放战争的回忆》，《文史资料选辑》第30辑，第30页。

⑤ 刘亚楼：《回忆天津战役，更好地学习毛泽东军事思想》，《解放战争回忆录》，第288页。

出部分兵力由南向北助攻，由北向南佯攻，以迷惑敌人，使之作出错误的判断，从而减弱主攻方向国民党军的抵抗能力。

人民解放军总部于发动总攻击前，曾向天津国民党军送去以"放下武器"为条件的劝降信，但陈长捷等加以拒绝。

1949年2月14日上午10时，东北野战军对天津国民党守军发动总攻，一时炮声隆隆，硝烟弥漫。经激战，西门监狱附近防线首先被突破，第六十二军出动战车部队紧急增援，也被击退。接着，东门碉堡被突破，第八十六军派去1个团进行反扑，以堵上缺口，但遭失败。旋经激烈之巷战，国民党军逐渐不支。15日拂晓，金汤桥被东北野战军东西突击集团所夺取；不久，国民党军核心阵地海光寺、市政府、警备司令部等处亦纷纷被占。天津遂于当日下午解放。坚固设防的天津城，在东北野战军凌厉攻击下，仅支撑了29个小时，13万守军崩溃于一旦，城防司令陈长捷、市长杜建时、军长林伟俦、刘云瀚皆束手被擒。

16日，塘大防区司令侯镜如奉命率第八十七军、独立第九十五师在炮火掩护下仓皇登舰，狼狈南撤，而撤慢一步的四十四号铁驳船则被人民解放军截住，与岸上掩护撤逃的国民党军一部、交警一部，俱遭歼。

天津一战的失败，造成了国民党军在整个平津战场上的败局。

傅作义北平起义

在天津被攻克、塘沽守军仓皇南逃后，北平国民党守军根本失去了战役上的呼应，城市遂成孤岛。

早在1948年12月初旬，当东北野战军左右两路分向北平东、西两面疾进时，中路大军即萧劲光兵团和华北野战军一部则已向北平地区迫近。

华北"剿总"为抵御东北野战军的进攻，不得不放弃北平周围顺义、涿县等郊县，而把兵力向北平城及市郊收缩，以作固守。北平市兵力部署为：袁扑第十六军所属第二十二、第九十四、第一〇九师和廖康第三十一军之第二〇五师防守城北从德胜门到安定门之间；黄翔第九十二军所属第二十一、第五十六、第一四二师防守城南从右安门经永定门到左安门之间，含南苑机场；第九兵团石觉部之第十三军所属第四、第八十九、第二九七、第一五五师和李士林第一〇一军一部防守城东从东直门经朝阳门到广渠门之间；郑挺锋第九十四军所属第五、第一二一师以及原第六十二军的第一五〇师防守城西从西直门到广安门之间；北平城防司令由第四兵团司令李文兼。李文又隶属于华北"剿总"总司令傅作义指挥。

12月12日开始，国共两军在北平城郊展开了一系列争夺战。

13日，北苑、清河镇首遭东北野战军一部猛攻，第十六军虽在同民党空军支援下进行反击，但逐渐不支，被迫后退。

14日，平西、香山及石景山区又遭东北野战军一部攻击，第九十四军等部拼力抵挡，可是石景山发电厂仍为东北野战军所攻占，直接影响城郊用电，使守军更为紧张、惊恐。

15日，通县和丰台在东北野战军一部凌厉攻势下，均告失守，丰台储存之大量战略物资亦尽丧失。

16日，第九十四军和第一〇一军分别与东北野战军激战于万寿寺、八里庄与沙窝、大井一线，皆失利。

17日，防守南苑机场的第九十二军之第二十一师被东北野战军一部击退，机场被占，北平和南京之间的空中通道，遂被切断。华北"剿总"不得不在城内另辟东单机场及天坛机场，以备紧急起降之用。

由于国民党军在12月中旬的战斗中，连遭失利，节节败退，以致城郊阵地尽失，北平城处于东北野战军和华北野战军的包围之中。

27日，天坛机场修竣。29日，国民党空军从北平、青岛两地起飞大批飞机，支援地面部队向丰台和南苑反扑，遭到正面东北野战军的顽强还击。国民党军的反攻企图又告失败。随着张家口和天津先后为人民解放军所攻占，北平的国民党军已陷于东北、华北两支野战军的重重包围之下，欲战不能，欲守无力，欲逃无路。他们只有在就地被歼或和平解决两途中择其一。华北"剿总"总司令傅作义几经犹豫、动摇，终于走上了与共产党讲和的道路。

早在北平城被围之初，傅作义即派《平明日报》社社长崔载之、记者李炳泉出城与人民解放军联系，准备和平解决北平问题。当时傅既想和平又想保有自己的军事力量，提出了组织华北联合政府的主张。共产党方面不予同意，认为此条件缺乏诚意。由于双方距离颇大，第一次接触未获成果。傅作义遂令"剿总"参谋长李世杰："你好好准备打仗吧！"[①]

第二次接触是在傅作义刚刚打输平绥路战斗之际，其嫡系部队在是役中损失殆尽，于是派遣"剿总"的少将处长周北峰，并邀请北平市民盟负责人张东荪同往蓟县，与东北、华北野战军负责人洽谈。共产党方面提出华北"剿总"所辖部队一律解放军化，所有地区一律解放区化的条件，傅作义感到一时难以接受，因而采取了拖延的策略，迟迟不予答复。

第三次谈判是在天津被攻克、陈长捷所辖13万人瓦解于一旦以后，由周北峰偕同从绥远接来的华北"剿总"副总司令邓宝珊到通县。此次傅作义大致已准备签署协议，同时由谈判代表又带回人民解放军总部准备攻城的最后通牒。在这关键时刻，傅作义毅然接受共产党提出的军队放下武器和离城改编的条件，决定走和平解决北平问题之路。

傅作义在与共产党谈判过程中，还受到了两个方面的压力。

第一，来自人民群众方面的压力。围城期间，北平的广大学生和各界人士在中共北平地下组织的领导和发动下，于市政府面前进行请愿游行，强烈要求：和平解决北平问题，以避免百万生灵涂炭和文物古迹的毁灭。同时，大学教授和文化界知名人士也呼吁和平解决。这些行动和舆论，对傅作义和平解决北平问题起了推动作用。

第二，美蒋对傅作义和平解决北平问题施加的压力。当蒋介石觉察到傅作义与共产党方面接触时，即派国防部军令部部长徐永昌携函飞平，企图利用徐、傅过去均为阎锡山旧部的老关系，对傅进行劝说。徐并出示蒋介石的亲笔信，信中云："余虽下野，政治情势与中央并无甚变易，希嘱各将

---

① 李世杰：《北平和平解放前我的经历与见闻》，《文史资料选辑》第68辑，第81页。

领照常工作，勿变初衷"①。徐以此劝勉傅作义顽抗到底。以后蒋介石感到无法阻止傅作义与中共的和谈，又致电傅作义，要求五点：1.中央各军分途突围，作九死一生之恶斗；2.如不可能，则把中央各军空运青岛；3.仍不可能，则将中央军各级长官空运南撤；4.再不可能，可将中央军师长以上高级将领空运南归；5.最低要求，不能将军队交共方整编，宁可全军归傅作义统领②。蒋于此竭尽威胁利诱之手段。但此时傅作义和平解决北平意志已坚，对蒋的无理要求予以拒绝，并令"剿总"政工处处长王克俊将此情况告知人民解放军。人民解放军炮击天坛机场，使蒋介石所派接运飞机无法着陆，国民党军事当局"空运部队离平计划"，遂"成泡影"③。

斯时，美国人也寻找机会来拉拢傅作义。美太平洋舰队司令白及尔亲自来北平，对傅表示：今后美国要抛开蒋介石，可以完全支持他，同时，美海军将在沿海援助其军队南撤④。此议当即遭傅作义严词拒绝，白及尔只好悻悻而去。

傅作义决心走和平解决北平的道路，殊属不易。他曾说："我准备冒着三个死来做这件事的，第一，几年来，我不断对部属讲'戡乱、剿共'的话，而今天秘密地来个一百八十度的转弯，他们的思想若不通，定会打死我；第二，这件事如果做得不好，泄露出去，蒋介石会以叛变罪处死我；第三，共产党也可以按战犯罪处死我。"⑤但是，为保全北平200万市民生命财产的安全和古都珍贵的古迹文物，傅作义以民族与人民的利益为重，选择了一条正确的道路。

1949年1月21日，傅作义召集高级将领会议，宣布《北平和平解放实施办法》的条文。绝大多数将领均表赞同，唯有中央嫡系将领兵团司令石觉和李文要求离开北平，继续追随蒋介石。傅作义同意石、李走，但必须保证其

---

①　蒋经国：《风雨中的宁静》，台北黎明文化事业公司1974年12月再版，第135页。

②　蒋经国：《风雨中的宁静》，台北黎明文化事业公司1974年12月再版，第140页。

③　蒋经国：《风雨中的宁静》，台北黎明文化事业公司1974年12月再版，第413页。

④　王克俊：《北平和平解放回忆》，《文史资料选辑》第68辑，第39页。

⑤　王克俊：《北平和平解放回忆》，《文史资料选辑》第68辑，第32页。

部队不出事。李文、石觉等遂乘飞机离北平，赴青岛，转南京，以后李去胡宗南部，石则去汤恩伯部。傅作义作出榜样，首先将自己的嫡系部队骑四师、第一〇四军余部等开出北平城，到达整编地点，随后华北"剿总"所属部队都跟着出城，接受改编。1月31日，人民解放军入城接收防务。至此，历时64天的平津会战以国民党军的彻底失败而结束。是役，除塘沽国民党守军36000余人从海上南逃外①，国民党军50个师52万人或被歼，或投降，或接受改编。国民党军事当局称："华北半壁从兹失守，诚可惜也。"②

国民党军在辽沈、淮海、平津三大主力决战中的溃败，标志了重点防御阶段的结束。

---

① 塘沽方面的逃亡人数，以往历史著述中每称为50000余人；《"戡乱"简史》第260页载为36000余人，现从此说。

② 《"戡乱"简史》，第169页。

十三　经济崩溃

金圆券和银圆券的破产

国民党行宪国大的召开，既不能挽救政治的危机，也无法阻止经济的最后崩溃。

生产凋零和军费浩繁，造成了巨额的财政赤字。南京国民政府1947年度财政赤字达27.08亿余元，仅军费开支就占财政总支出的52%[①]。1948年上半年财政赤字为2240000亿元；下半年的财政预算，7、8两月即已花光。

为了弥补巨额的财政赤字，南京国民政府除猛增税收和大量借债外，乃大量印发钞票。法币的发行额，从1945—1948年增加了643倍，达6636946亿元；东北流通券的发行量也迅速增长，1946年为275亿元，1947年增至2773亿元，1948年7月再增至31918亿元。

通货的恶性膨胀，带来了物价的飞涨和币值的猛跌。上海大米价，1948年1月每市担为1550000元，至8月则已达65000000元，上涨了43倍多，其批

[①]　《国民政府行政院1947年度重大行政措施检讨报告财政金融部分》，藏中国第二历史档案馆。

发物价，在同期也分别上涨了50—100倍。以法币与黄金、美钞相比，其贬值的速度，更为惊人。1948年2月，每两黄金合22000000元，7月即合1.1亿元，8月更超过了6亿元。法币与美钞的比价，1948年1月为178000∶1元，至8月已猛增为11088000∶1元，上涨60余倍。据不完全统计，上海工人的生活指数，1947年11月比抗战前提高了53100倍，1948年5月为337000倍，7月下半月为1860000倍。物价已成为"天文数字"。至此，法币已失去了价值尺度、流通手段、支付手段和贮藏手段的机能，已达绝境。正如美国政府所称："中国政府不愿追随物价而印发大面额的纸币，但小面额的纸币由于需求浩大，交易时动辄以箩担计，其充分印发殊不可能。"[1]

为挽救濒于崩溃的财政经济，1948年8月19日，蒋介石行使《动员"戡乱"时期临时条款》中关于总统在"戡乱"时期可紧急处分的特权，发布《财政经济紧急处分令》，其要旨为："（一）自即日起，以金圆为本位币，十足准备发行金圆券，限期收兑已发行之法币及东北流通券；（二）限期收兑人民所有黄金、白银、银币及外国币券，逾期任何人不得持有；（三）限期登记管理本国人民存放国外之外汇资产，违者予以制裁；（四）整理财政并加强管理经济，以稳定物价，平衡国家总预算及国际收支。"[2]同时并公布了《金圆券发行办法》《人民所有金银外币处理办法》《中华民国人民存放国外外汇资产登记管理办法》和《整理财政及加强管制经济办法》。上述办法规定：金圆券总发行额为20亿元，每元法定含金量为纯金0.22217公分，分兑法币3000000元和东北流通券300000元，限于1948年11月20日前兑换，兑换期内，法币和东北流通券可按规定折合率流通使用，黄金、白银每市两分兑金圆券200元和3元，银币每元兑2元，美元每元兑4元，一切金银、外币只中央银行有权收兑、保管，兑换期限截至9月30日，过期未兑、未存者，一经查出，即予没收，所有中国人（华侨除外）的外汇资产数量，均需于12月31日前向中央银行申报登记，并交其保管，实施"限价政策"，各地物价一律冻结于8月19日之水准，并不再按生活指数发放薪资，

---

① 《中美关系资料汇编》第1辑，第437页。

② 《中国现代史资料选编》（5），第372—373页。

禁止工厂罢工、怠工。

南京政府宣称，此次发行金圆券，有黄金、白银及外汇2亿美元作准备金，还有国营企事业及敌伪产业的股票、资产3亿美元作保证，即总共有5亿美元，合金圆券20亿元作其物质后盾。其实当时社会上流通的法币和东北流通券，总共只折合金圆券2.3亿元。美驻华大使司徒雷登向其政府报告说，20亿元金圆券的发行额，"约等于目前通货的10倍"，他还预言，"有一个真正的危险存在着，即这些通货膨胀的力量可能达到无法控制的地步"[①]。

金圆券的发行情况，不幸为司徒雷登所言中。

首先是金银、外币政策的失败。自《财政经济紧急处分令》和《人民所有金银外币处理办法》公布后，用金银、外币前往兑换金圆券者，多为平民百姓、公务人员，而以孔、宋为代表的富豪，尽管拥有大量金银、外币，却对此无动无衷。广州中央银行在8月23日、24日、25日三天中，一共只收兑了90两黄金[②]。经近2个月的强制兑换，共收兑黄金约值两亿美元。由于人民大众的不满和富豪的顽强抵制，收兑金银、外币的措施，终致破产。11月11日，行政院政务会议通过《修正人民所有金银外币处理办法》（以下简称《处理办法》）；13日，由蒋介石明令公布。《处理办法》规定："黄金、白银、外币准许人民持有"，银币可以自由流通和买卖，并把金银、外币的兑换率一律提高5倍，黄金1两、白银1两、银圆1元、美元1元分别可兑金圆券1000元、15元、10元和20元[③]。于是，旋即在社会上掀起了一股新的以金圆券兑换金银、外币的热潮。负责承办的上海中央银行、中国银行、交通银行和农业银行分成七个单位承办，每日每单位以200人为限，每人限兑10两黄金。"各行铁窗门多被挤毁，"根本无法依次排行"；甚至连维持秩序之

---

① 《中美关系资料汇编》第1辑，第891页。

② 南京政府立法委员董微在立法院第二会期第三次秘密会议上提出的质询，藏中国第二历史档案馆。

③ 梁寒冰、魏宏运：《中国现代史大事记》，黑龙江人民出版社1984年版，第387页。

警员，亦"有请求格外通融之事，不予融通，则维持秩序不力"[①]。11月26日，南京政府行政院又下令对金圆券存兑办法作进一步的限制，规定每人三个月只能兑换一次，每次以黄金1两、银元24元为限。12月底，复颁行新的兑换措施，即根据外国的汇率决定自由兑换的价格。先按国际市场每两黄金合多少美元，再对照当时美元对金圆券的汇率。这实际承认了黑市的金价。经过这样的折腾，金圆券币值一落千丈。1949年2月底，1美元与金圆券的比价已由原定之4元增为2660元，4月25日达205000元，5月更高达5000000—10000000元。据成都《中兴日报》载，至6月22日，每两黄金和每元银元的单价，已分别为900亿元和10亿元，比币制改革之初，分别提高了4.5亿倍和5亿倍[②]。

其次是通货再行膨胀。《金圆券发行办法》原规定，其发行总额为20亿元，按此限额，通货本已膨胀了10倍。但由于南京政府军费支出浩繁，加上生产萎缩，遂不得不一再追加其发行额。11月8日，即由行政院政务会议通过了《修正金圆券发行办法》，13日由蒋介石明令公布。该项办法，撤销了20亿元的发行限额，改为"另以命令，处之"。在此期间，其发行额已于11日，达原规定20亿元之极限；此后，则更如脱缰之马，不可收拾。20日，达24.7亿元；12月29日，为75.8亿元；1949年1月24日，为159.3亿元；2月底，为592.6元；3月26日，为1612.3亿元；4月30日，一次即增发8000亿元[③]。5月，发行额达679458亿元，超出原定发行量33900余倍，相当于币制改革前货币流通量的330000倍。

更为严重的是物价飞涨。在"币制改革"和"限价政策"实行之初，由于政府当局的高压，物价曾保持了一个很短的平稳局面，不久，这种表面的"平稳"，即为市民的抢购物资风潮所打破。北平在9、10月间，"市场之变化，几有不可复识之概"，"所有粮食店，油盐店均室空如洗，不

---

① 上海金融管理局局长毕德林的报告，1948年12月12日，南京政府财政部档案，藏中国第二历史档案馆。

② 米庆云：《金圆券银圆券给四川造成的灾祸》，《四川文史资料选辑》第1辑。

③ 据南京政府财政部档案，藏中国第二历史档案馆。

特按照官价购不到一切食品，即按黑价亦无觅处"①。于是，南京政府行政院于10月31日被迫公布《改善经济管制补充办法》，决定物价解冻，从11月1日起，取消"限价"政策。自此，物价更如洪水决堤，腾飞猛涨。上海的物价，11月即比"八·一九""限价"时高出25倍，12月为35倍，到1949年1月，已达128倍。大米价格的上涨尤为惊人。上海大米每市担价，1949年4月10日已冲破400000元大关，15日为70万元，16日为960000万元，17日更涨至1200000万元，几为"限价"时的60000倍②。由于金圆券的迅速贬值，一些国民党地方政府公开拒用。台湾、广东、四川、云南等地，明令限制金圆券入境和限制汇兑，国民党军队发饷则直接使用黄金或外币。广西、福建等处，已实行以1斤大米为交易单位的原始办法。在物价上涨的风暴中，四川《工商导报》上曾刊载一首《虞美人·寄调金圆券》的词，"法币金圆贬值了，物价涨多少！小民日夜忧涨风，币制不堪回首改革中。金圆标准应尤在，只是价格改。问君能有几多愁，恰似一簇乱箭钻心头"③。

在"币制改革"之初，南京政府曾设立上海、天津、广州三大经济管制区，俞鸿钧、张厉生、宋子文分为该三地区之经济督导员，蒋经国、王抚洲、霍宝树分为3地协助督导。督导员除全权控制、监督各项经济措施的实施外，并具有行政及指挥警察之权力。国民党宣传机构声称"刑乱世，用重典"，要以"一二颗人头祭刀"。蒋经国到上海后，扬言"只打老虎，不拍苍蝇"，"一路哭不如一家哭"。他于8月23日、27日两天，指挥上海市金管局，警备部稽查处，京沪、沪杭两路警察局等六个军警单位，全部出动，到各市场、库房、交通场所进行搜查，凡违背《财政经济紧急处分令》等法令者，商店吊销执照，负责人追究刑事责任。接着，将上海警备部科长张亚尼、第六稽查大队队长戚再玉等处死，一时间，因犯经济罪入狱的巨商大户达64名。可是，当打击的矛头触及四大家族本身时，便遇到了麻烦。在赫赫

---

① 南京政府行政院新闻局北平办事处朱新民给新闻局的报告，1948年10月4日，藏中国第二历史档案馆。

② 《中国现代史资料选编》（5），第377—378页。

③ 赵星洲：《四川币制混乱的贻害》，《四川文史资料选辑》第29辑。

有名的孔记扬子公司被查封后，紧急电话直通蒋介石官邸。在蒋介石和宋美龄的直接干预下，孔祥熙的大儿子孔令侃安全脱险。上海市民讥笑蒋经国，"只拍苍蝇，不打老虎"。三个月前，神气十足的蒋经国，曾几何时，只好败下阵来，"几乎天天喝酒，喝得大醉，以致狂哭狂笑"①。他在11月1日发表的声明中称，在70天的工作中，"不但没有完成计划和任务，而在若干地方，反促进了上海市民在工作过程中所感受的痛苦"②；6日，便悄然离沪，返回他杭州的寓所去了。上海《大公报》发表的《打虎赞》云："万目睽睽看打虎，狼奔豕突沸黄浦"，"雷声过后无大雨，商场虎势尚依然"，"世间到处狼与虎，孤掌难鸣力岂禁？"③

金圆券的彻底失败，加速了国统区经济的全面崩溃。翁文灏内阁不得不于11月下旬辞职。代总统李宗仁和继任的行政院院长孙科，为挽经济危局，又鉴于国库黄金储备被蒋介石悉数运台，遂于2月24日公布《财政金融改革方案》，将国库所存白银的50%，拨作金圆券的准备金，改金本位为银本位，以白银作为物价标准，允许银元自由流通。不久孙科下台，何应钦上台复下台，阎锡山于6月12日在广州组阁。阎内阁旋规定"以金圆券5亿元兑换银元1元"，"照此比值缴纳各项税款"④。这使银元的币值比10个月前开始实行金圆券时，升高了2.5亿倍。7月2日，国民党当局公布《改革币制令》，宣布发行"银元兑换券"，简称"银元券"，允许银元与银元券同时流通。规定"中华民国国币以银元为单位，银元1元总重为26.6971公分，成色为880‰，合纯银23.49344公分"⑤。人民可以持有黄金、外币，但不得流通买卖，只可向中央银行存款，或照牌价兑换银元券。4日，银元券开始发行，广州中央银行公布银元券兑换外币、黄金的牌价：1美元合1.55银元，1

---

① 曹聚仁：《蒋经国论》，转引自江南著《蒋经国传》，中国友谊出版公司1984年版，第180页。

② 《中美关系资料汇编》第1辑，第893页。

③ 上海《大公报》1948年9月25日。

④ 国民党政府行政院1949年6月25日代电，藏中国第二历史档案馆。

⑤ 吴冈：《旧中国通货膨胀史料》，上海人民出版社1958年版，第123页。

市两黄金合75银元。财政部部长徐堪在5日举行的中外记者招待会上声称："今后政府发行银元券，中央须负法律责任，必须有1元银元始可发行1张兑换券"，"在收支未达到平衡之前，每月之差额可由国库现存之金银外币补充之，绝不滥发纸币"，"届时如收支仍不平衡而准备金用完时，本人决先辞职，不愿以印刷机办财政，祸国殃民"[1]。可是，逃亡中的国民党政府每月须支出军费30000000银元、行政费15000000银元，合计45000000银元，而国库收入仅10000000银元，蒋介石又只同意每月自台湾库存中支取12000000银元，其大量的亏空又只好以不兑现的银元券来填充。这种局面注定了银元券必然失败的命运。银元券发行以后，四川各银行、钱庄存放资金，一律以银元为主，并实行"存啥取啥"，存券只能取券。广州"中央银行每日仅开一小门，允许市民兑现"，"市民挤兑的百不得一"[2]。国民党四川省主席王陵基为了稳定人心，在一次金融座谈会上说："政府一共发了20000000多的银元券，四川70000000人，每人名下才摊0.35元，即使作废，这点损失也担当得起，算不了什么。"[3]成都解放前夕，残存的国民党政府军政机关均已拒领银元券。蒋介石不得已批准成都市商会，于12月11—15日，在市内设点，代中央银行用黄金收兑银元券，并将收回的银元券，送中山公园，付之一炬。短命的银元券在发行了25000000元之后，即随着大陆的全部解放而失去使用价值。

百业萧条

南京政府财政金融的崩溃，加速了工农业的全面破产。

1948年上半年，当法币急速贬值之时，工业生产也受到了猛烈的冲击。这一期间，北平、天津两地的民营工厂倒闭了70%—80%，广东省400余家工

---

① 广东《复兴报》1949年7月6日。

② 《李宗仁回忆录》（下），第1003页。

③ 米庆云：《金圆券银元券给四川造成的灾祸》。

厂中，有300余家歇业，四川省参加产联的1200家工厂，关闭了80%。

"八·一九""币制改革"及其"限价"政策，更给各类工厂带来了厄运。由于美元在发行金圆券后，实际增值1/3，这使一些使用外国原料的工厂，深受其苦。南京政府立法委员刘友琛曾就此向工商部提出质询。他指出：在8月19日之前，各工厂购买1美元的原料，只合9000000万元法币；现在由于1美元合4元金圆券，相当于旧法币12000000元，因此购买1美元原料，实际支出增加了30%以上，而售价却要冻结于8月19日的水平，其结果是造成工厂的亏本①。上海纱厂在"限价"期间，共出售棉纱50000件、棉布100000匹，损失计达12500000美元。因此，在实施"限价"以后，有更多的民族工商业停产或倒闭。1948年内，上海3000余家大工厂，开工率只有1/5；天津63家橡胶企业，上半年还能发挥20%—40%的生产能力，下半年则绝大部分停工。

11月初"限价"取消后，由于金圆券的迅速贬值，又使各工厂蒙受了新的损失。据上海市工业会统计，从1949年1月26日至3月16日，向国外购买原料所用之"外汇转移证"上涨了40倍，而生产品的售价上涨仅及25倍左右，"致各厂成品售出之后，于开销工缴之外，无力补进其所需之原料"。该会声言："日亏一日，旧有原料终有耗尽之时，设无补救之方，势将坐以待毙。"②

不仅原料取自国外的工厂，亏本日甚，无法维持，其他各类工厂，在通货恶性膨胀、美货大量倾销、捐税益加繁重和官僚资本的侵吞盘剥下，也纷纷破产。

轻工业工厂，面广量大，首当其冲，遭到破产的命运。据《经济周报》报道：1948年12月，福州市织布业的织机数为1500部，不及抗战前的半数，且目下又有50%的织机停工③。江苏无锡著名的缫丝业，也一落千丈。按

---

① 南京政府行政院档案，藏中国第二历史档案馆。

② 上海市工业会致行政院院长何应钦代电，1949年3月23日，南京政府经济部档案，藏中国第二历史档案馆。

③ 《经济周报》第7卷第25期，第467页。

1948年12月的行情，厂丝每担售价15000元，最低时跌到7800元，但成本、捐税合计，每担工缴需20200元。因此，无锡80余家丝厂，合计2000多部丝车，在1948年12月中旬，只有1/4开动，至1949年2月初，则已全部停工、关门①。1949年4月解放大军渡江前夕，武汉三镇的针织工业已倒闭4/5，仅存的一家棉纺织厂武昌第一纺织股份有限公司也已停顿，汉口的百余家纸烟厂停了90多家，就连一日不可缺少的碾米厂也在210家中停了58家②。

重工业受原料、销路等影响更大，其生产的凋零、破坏，尤为明显。1949年4月，上海1000余家机器工厂，有90停工或关闭。在抗日战争中曾发挥了巨大作用的重庆机器制造工业，至该地解放前夕，各厂"所有流动资金，全部冰消，以致不能继续生产"，"内受工人工资、伙食之胁迫，外受政府法令之限制，欲生不能，欲死不得"。该业同业公会理事长声称，中央银行若不继续收购其产品、资产或给予工贷，该业各厂"必崩溃无疑"③。国统区水泥业公会亦向国民党政府呼吁，"本业务厂挣扎于成本激增，原料短缺，资金枯竭，销路濒绝各种困难之下，已有无法苟延之势"，"展望前路，惶急万状"④。四川省綦江区在抗战胜利后，有冶铁厂14家，至该地解放前夕，大多申报歇业，在未申报歇业的六家中，职工亦都遣散或停薪留职，一般只留二三人看守工厂⑤。

散布于乡镇的大量手工业行业，因经济实力脆弱，顶不住通货膨胀的冲击，也大批破产。四川自贡地区本以盛产井盐著称，并多为手工业生产。"八·一九"限价后，盐产盐运的资金立见短缺，致使大批盐井停产。自

---

① 《中国近代手工业史资料》第4卷，三联书店1957年版，第482—483页。

② 《风雨飘摇"金圆券"》，《中国现代史资料选编》（5），第379页。

③ 重庆区机械工业同业公会理事长周苍柏致国民党政府经济部的呈文，南京政府经济部档案，藏中国第二历史档案馆。

④ 《全国水泥公会请求举行本业危机挽救会议意见书》，国民党政府经济部档案，藏中国第二历史档案馆。

⑤ 綦江区金属品冶制工业同业公会理事长刘剑空致经济部的呈文，南京政府经济部档案，藏中国第二历史档案馆。

流井盐场抗战前原有盐井4000余眼，1948年10月只存15眼，贡井盐场原有炭花、炭巴井579口，1948年9、10月间停了347口，另有20余口处于风雨飘摇之中，只有1/3勉强维持生产①。湖北省鄂城城关镇，在抗战前从事各项手工业者共478户、1122人，至1949年该地解放前，仅剩248户、529人，约及抗战前的50%②。

各类工厂的大量倒闭，以及国民党政权在撤离大陆前的破坏，造成了解放前夕，工业品产量的急剧下降。1949年，全国生铁产量只有246000吨，钢产量只有158000多吨，原煤产量为32430000吨，发电量为43.1亿度。轻工业生产量比抗战前减少了30%，重工业生产量减少了70%。一些主要产品1949年的产量与解放前的最高产量相比，所占的百分比如下。③

电力	72%	棉纱	72%
煤	45%	棉布	73%
石油	38%	纸	90%
生铁	11%	卷烟	83%
钢锭	16%	火柴	85%
钢材	18%	面粉	78%
水泥	31%		

交通状况，更加岌岌可危。据国民党政府交通部1949年5月的报告，铁路因领取拨款过迟，受贬值影响，实际所得极微，无补于事，故"各路情形，已临绝境"，公路"车辆燃料之补充、储存"，以及"整修、增辟，均

① 《中国近代手工业史资料》第4卷，第511页。

② 《中国近代手工业史资料》第4卷，第549页。

③ 李富春：《三年来我国工业的恢复与发展》，《中共党史参考资料》（七），人民出版社1980年版，第235页。

以无款而致停顿"。该报告惊呼："交通事业已濒绝境"①。至各地解放前夕，铁路、公路运输，均已呈瘫痪、半瘫痪状态。

农业生产的破产，触目惊心。广大农民为避免被国民党当局抽丁抓夫，大批逃亡，造成了土地的大面积抛荒。河南、湖南、广东等省1948年即有20%—40%的耕地抛荒。南京政府立法委员刘世英等于1948年11月吁称，甘肃农村已"十室九空，灾民百万"②。农民手中的生产资料大幅度减少。1948年各地耕畜减少了15%—20%，主要农具减少了30%，主要农作物产量急剧下降。1949年全国粮食总产量只有2263.6亿斤，比解放前的最高年产量减少了24%以上；棉花产量为8.9亿斤，减少了47%以上。这使原可自给的面粉、棉花、烟草等，均需进口；原可出口的大豆、桐油、猪鬃、生丝、茶叶等产品，亦无法输出。国统区广大农村哀鸿遍野，农业经济山穷水尽。

---

① 南京政府交通部档案，藏中国第二历史档案馆。

② 南京政府行政院档案，藏中国第二历史档案馆。

十四　国民党求和

蒋介石下野

蒋介石的"动员戡乱"方针迄1948年底，已遭到彻底失败。徐蚌决战接近尾声，杜聿明集团被围困于青龙集、陈官庄，全军覆没无可避免，华北傅作义集团则被人民解放军分割包围，平、津两城处于欲战无力、欲守不能之危急境地，军事的全面溃败势成定局。国统区经济随着金圆券的急速贬值，引起物价飞涨，抢购、囤积物资的现象比比皆是，以致发展到京、沪一带抢米风潮日必数十起，使业已崩溃的经济愈发不可收拾。翁文灏内阁因币制改革失败而倒台，蒋介石初属意于胡适，胡适以缺乏政治才力和心脏病，不愿就任行政院院长职；蒋又邀张群组阁，张也以婉言力辞。最后蒋介石只好逼令刚动过手术的孙科就任行政院院长。孙科在邀请核心人物入阁时，亦一再遭到拒绝。

在这种形势下，蒋介石不得不求救于美国。1948年11月9日，蒋介石亲自致书杜鲁门总统，要求他"迅速给予并增加军事援助，并发表关于美国政策之坚定的声明。"蒋介石认为，"当此在华北、华中正展开重要战斗之际，此一声明足以鼓舞军民士气，并巩固政府之地位"。[①]但这一请求竟遭杜鲁门的拒绝。美国此举对南京政府有如冬天用"冷水浇背"一般，寒彻心肺[②]。蒋介石仍不死心，又要宋美龄于11月28日飞渡重洋，亲叩华盛顿大门，寻求援助，希望：（一）美国发表支持中国反共目标的正式宣言；（二）派一美国高级军官来中国主持反共战争之战略的与供应的计划；（三）核准一个给中国以军援与经援的3年计划，每年约需美元10亿元[③]。宋美龄此次赴美受到的接待十分冷淡，带去的3点计划，当然也没有获得美国政府的同意。

正当蒋介石一愁莫展之时，坐镇在汉口的桂系实力人物白崇禧，突于12月24日向蒋介石发出通电，表示民心军心都不能再战，要求："（一）相机将真正谋和诚意转知美国，请美、英、苏出面调处，共同斡旋和平；（二）由民意机关向双方呼吁和平，恢复和平谈判；（三）双方军队应在原地停止军事行动，听候和平谈判解决[④]"。白崇禧当时是国民党华中"剿匪"总司令，他手中握有300000能战之兵，驻守在长江中游南北两岸。自从东北、华北、华中会战以来，国民党军嫡系主力损失殆尽，唯有这支力量尚保持完整，因此，白崇禧成为举足轻重的人物。白崇禧抢先打出"和谈"旗号，实为借机向蒋介石施加压力，逼蒋下野，好由桂系取而代之。25日，代总统李宗仁、长沙绥靖公署主任兼湖南省政府主席程潜发出通电，倡仪与中共谈和，并要求蒋介石下野。30日，河南省政府主席张轸和湖南、湖北、河南、广西四省参议会议长亦发出请蒋下野的通电。同日，白崇禧再次发出通电主和，并警告说："无论和战，必须速谋决定，时不我与，恳请趁早英断。"[⑤]

---

① 《中美关系资料汇编》第1辑，第902页。

② 董显光：《蒋"总统"传》（三），第505页。

③ 董显光：《蒋"总统"传》（三），第506页，蒋介石最先希望马歇尔将军担任中国政府战略顾问，后属意麦克阿瑟将军任此职。

④ 程思远：《蒋介石发表求和声明的经过》，《文史资料选辑》第66辑，第78页。

⑤ 程思远：《蒋介石发表求和声明的经过》，《文史资料选辑》第66辑，第79页。

■ 南京政府的覆亡

美国驻华大使馆其时已转移其立场，和白崇禧等人主张一致，认为蒋介石退职为必要之举。实际上，早在10月23日，当南京政府形势恶化，司徒雷登大使在向华盛顿请示对华方针时，即已提出："可以劝告蒋委员长退休，让位给李宗仁或者国民党内的其他较有前途的政治领袖，以便组成一个没有共产党参加的共和政府"，"更有效地进行反共战争。"①当时，由于美国政府还没有把握预见将来事态的发展变化，因此，暂时未采纳司徒雷登大使的意见。到孙科就任行政院院长后，司徒雷登的中国顾问傅泾波往访行政院时，便明确告诉孙科：蒋下野为进行和议所必需。次日，孙科特为此事复访司徒大使，司徒雷登的答复是："以美国大使的地位，他不能发表正式意见，但以私人资格言，确实衷诚赞助和议运动。"②

蒋介石在内外交困的情况下，不得不被迫作出下野的决定。此时他亲笔写下了"冬天饮寒水，雪夜渡断桥"这样两句话⑰，以作万般无奈之长叹！

12月31日下午，蒋介石邀国民党中央执监委约40人，在黄埔路官邸聚餐，由张群代为宣读次日他将发表的新年文告，以征求意见。当争论到是否要公开表示下野时，蒋介石终于按捺不住愤怒地喊道："我并不要离开，只是你们党员要我退职，我之愿下野，不是因为'共党'，而是因为本党中的某一派系。"③随后，便拂袖而去！显然蒋所指某一派系，即以李宗仁、白崇禧为首领的桂系。

1949年元旦，蒋介石发表了新年文告，表示："只要共产党一有和平的诚意，能作确切的表示，政府必开诚相见，愿与商讨停止战事，恢复和平的具体方法。"接着蒋介石强调，和议必须"无害于国家的独立完整，而有助于人民的休养生息"，"神圣的宪法不由我而违反，民主宪政不因此而破坏，中华民国的国体能够确保，中华民国的法统不致中断，军队有确实的保障，人民能够维持其自由生活方式与最低生活水准"。最后蒋介石写道："和平果能实现，则个人的进退出处，绝不萦怀，而一唯国民的公意是

---

① 《中美关系资料汇编》第1辑，第327页。
② 董显光：《蒋"总统"传》（三），第509页。
③ 董显光：《蒋"总统"传》（三），第509—510页。

202

从。"①可见，蒋介石所作出的要"和谈"和"引退"的表示，其核心仍为维持南京政府的统治。

蒋介石在发表新年文告后，担心白崇禧等就此和中共达成局部和平协议，于是，在1月2日复电白崇禧、张轸，既作拉拢又行威胁。电文说："今大针虽已昭明，而前途演变尚极微妙。望兄激励华中军民，持以宁静，借期齐一步趋，巩固基础，然后可战可和，乃可运用自如，而不为共匪所算，则幸矣！"②蒋介石还不放心，又于8日派张群亲飞武汉，以摸清白崇禧的真实意图，并代为传达他的两点重要意见："（一）余如果'引退'，对于和平，究竟有无确实把握；（二）余欲'引退'，必由自我主动。"③

蒋介石为了在下野后，仍能以国民党总裁的身份在幕后操纵政府，进行了一系列紧张的活动，特别是把心腹安排于关键岗位上。1948年12月29日，由行政院通过任命陈诚为台湾省政府主席，而由国民党中常会通过蒋经国为台湾省党部主任委员，以便日后大陆撤守，该省可成为国民党军的最后一块坚守地。1949年1月10日，蒋介石派蒋经国赶上海访中央银行原总裁俞鸿钧，洽谈将中央银行现金转移存至台湾，以保安全，为以后国民党在经济上留一线生机。12日，蒋介石又派蒋经国及总统府第三局局长俞济时等秘密前往溪口，部署、装修通信网路，以便而后退至溪口，仍如往日在南京一样，直接指挥各方。14日，蒋介石召集陆、海、空将领会议，为继续贯彻"戡乱"方针，确定目前"以战求和"之对策，要求三军务必要提高警惕，免为共军所乘。18日，国防部又任命陈诚兼任台湾省警备总司令；撤销衢州绥靖公署，改设福州绥靖公署，以朱绍良为主任，以张群为重庆绥靖主任。20日，蒋介石任命朱绍良为福建省政府主席，方天为江西省政府主席。21日，蒋介石任薛岳为广东省政府主席以接替宋子文，汤恩伯为京沪杭警备总司令。与此同时，还展开了外交攻势，令行政院副院长兼外交部部长吴铁城，于1月8日照会美、英、苏、法四国，说明政府对"剿共"战争力主结束，决

---

① 《中央日报》1949年1月1日。

② 蒋经国：《风雨中的宁静》，第126页。

③ 蒋经国：《风雨中的宁静》，第128页。

心恢复和平，希望这些国家从旁帮助。20日，此四国答复是："甚愿中国早日恢复和平，但在目前情况下，碍难出任媒介。"①这样，蒋介石企图借助外力以压服中共言和的阴谋，亦告失败。

在作了以上各项部署后，蒋介石遂发表文告，称："依据《中华民国宪法》第四十九条'总统因故不能视事时，由副总统代行其职权'之规定，于本月二十一日起，由李副总统代行总统职权。"他在宣布暂时引退后，即于当日下午4时乘"美龄"号专机，离京飞杭州，在筧桥空军学校停留一夜，次日又乘原机离杭，飞抵奉化溪口老家。

李宗仁上台

1949年1月21日，李宗仁接替蒋介石就任代总统。他上台后，为了向退居幕后的蒋介石进一步施加压力，阻止人民解放军的进攻，达到"隔江而治"的目的，立即作出种种"诺言"，把向中国共产党人的"求和"推向了高潮。

22日，李宗仁在就任文告中表示，要"本和平建国之方针，为民主自由而努力"②。24日，李宗仁在总理纪念周的就职宣誓典礼上强调："决促进和平实现"，并令行政院院长孙科采取七大和平措施：（一）将各地"剿总"改为"军政长官公署"；（二）取消全国戒严令；（三）裁撤"戡乱建国总队"；（四）释放政治犯；（五）解除报章杂志禁令；（六）撤销特种刑事法庭；（七）通令停止特务活动，对人民非依法不能逮捕③。27日，李宗仁致电中共中央主席毛泽东，公开表示："贵方所提八项条件，政府方面已承认可以此作为基础，进行和谈"④。这八项条件的内容是：（一）惩办

---

① 蒋经国：《风雨中的宁静》，第134页。

② 《李宗仁回忆录》下册，第926页。

③ 蒋经国：《风雨中的宁静》，第139页。

④ 《李宗仁回忆录》下册，第932页。

战争罪犯；（二）废除伪宪法；（三）废除伪法统；（四）依据民主原则改编一切反动军队；（五）没收官僚资本；（六）改革土地制度；（七）废除卖国条约；（八）召开没有反动分子参加的政治协商会议，成立民主联合政府，接收南京国民党反动政府及其所属各级政府的一切权力[①]。

与此同时，李宗仁召开行政院会议，决定派邵力子、张治中、黄绍竑、彭昭贤、钟天心为和谈代表，并委邵力子为首席代表，等候中共代表，于双方同意之地点进行和平谈判。旋李宗仁又亲赴上海，召集各党派联席会议，邀请颜惠庆、江庸、章士钊、陈光甫、冷御秋五人组成上海人民和平代表团，为其私人代表，赴北平试探中共和平之意向，并"帮助政府和共产党人之间搭桥"[②]。代表团最后落实的人选为颜惠庆、章士钊、江庸，以及以私人资格访问者邵力子，共四人，于2月13日从上海起飞。上海人民和平代表团一行在北平受到中国共产党人的热情接待，毛泽东特地在石家庄接见了他们，广泛地交换了和谈意见。27日，代表团返回南京，谓和谈可望下月在北平举行；同时又向李宗仁转达了中共的原则立场，希望他割断和美帝国主义的联系，划清和蒋介石顽固势力的界限。可是李宗仁却忠言逆耳，反认为共产党人蓄意挑起他们之间的不和。

3月1日，李宗仁在其官邸召集何应钦、童冠贤、吴铁城、顾祝同、徐永昌、张治中、黄绍竑等开会，决定了将来谈判的三条指导思想：（一）和谈必须建筑在平等的基础上，绝对不能让共产党以胜利者自居，强迫我方接受不体面的条件；（二）不能同意建立以共产党为统治的联合政府，应建议停火，在两党控制区之间划一条临时分界线；（三）不能全部接受所谓八条，而只同意在两政府共存的条件下讨论八条[③]。会后，张治中携李宗仁亲笔信去溪口见蒋介石，征求他对"和平的条件和限度的意见"。张治中讲了南京方面对和谈的保留看法，特别强调李宗仁"希望能够确保长江以南若干省分的完整，由国民党领导，如东北、华北各地由中共领导一样。必要时让步到

---

① 《毛泽东选集》第4卷，竖排本，第1394页。

② 《李宗仁回忆录》下册，第933—934页。

③ 《李宗仁回忆录》下册，第942页。

湖北、江西、安徽、江苏四省和汉口、南京、上海三市联合管理"。①对李宗仁"隔长江而分治"的主张，蒋介石没有表示什么异议。

3月24日，以何应钦为院长的行政院会议最后派定邵力子、张治中、黄绍竑、章士钊、李蒸五人为南京政府的和谈代表。25日，李宗仁又加派了刘斐为代表，以张治中任首席代表。26日，中共派周恩来、林伯渠、林彪、叶剑英、李维汉为和谈代表，周恩来为首席代表，以后又增派聂荣臻为代表，决定4月1日谈判在北平举行。

谈判在即，在何应钦主持下，南京政府又预拟了9点与中共会谈的腹稿，中心内容已变为如何对中共的八项和平条件加以修改，还特别要求"关于战争责任问题，不应再提"，"双方应于正式商谈开始之前，就地停战"②，以取得"平等""体面"的和平。29日，张治中再飞溪口，最后征得蒋介石对和谈腹稿之同意。李宗仁在代表团起程前夕，又成立了一个指导委员会，对即将来到的谈判进行监督，其人选除李本人外，还有何应钦、于右任、居正、张群、吴铁城、孙科、吴忠信、朱家骅、徐永昌及董显光。

当南京政府和谈代表团于4月1日飞赴北平与中共和谈代表团举行会谈之时，蒋介石又令蒋经国向国民党中央党部转达他的两点补充指示：（一）和谈必须先订停战协定；（二）"共匪"何日渡江，则和谈何日停止，其破坏责任应由共方负之③。7日，国民党在广州召开中央常务委员会会议，会议在蒋介石的遥控下，决定和谈原则五项。（一）为表示谋和诚意，取信国人，在和谈开始时，双方下令停战，部队各守原防。共军在和谈期间，如实行渡江，即表示无谋和诚意，政府应即召回代表，并宣布和谈破裂之责任属于共党。（二）为保持国家独立自主之精神，以践履联合国宪章所赋予之责任，对于向以国际合作，维护世界和平为目的之外交政策，应予维持。（三）为切实维护人民之自由方式，应停止所用施用暴力之政策，对于人民之自由权

---

① 张治中：《北平和谈前的几个片断》，《文史资料选辑》第13辑，第4页。

② 张治中：《北平和谈前的几个片断》，《文史资料选辑》第13辑，第8—9页。

③ 蒋经国：《风雨中的宁静》，第172—173页。

利及其生命财产，应依法予以保障。（四）双方军队应在平等条件之下，各就防区，自行整编，其整编方案，必须互相尊重，同时实行之保证。（五）政府之组织形式其构成分子，以确能保证上列第二、第三、第四各项原则之实施为条件①。同时，蒋介石还在溪口和张群商谈，准备对李宗仁坦直示以利害，只要"彼能站稳本党立场，认清国家民族利益，共同对共，则无论和、战，必全力予以支持"②。

在此期间，李宗仁还积极进行外交活动，以寻求美苏支持，从而帮助其实现与中共"隔长江而分治"的企图。首先，他访问苏联驻华使馆，但是，苏联大使罗申回答说："现在已经太晚了，我亲爱的总统先生，中国永远也不会断绝同美国的联系，苏联能为它做些什么呢？"③美国政府对李向苏联传送秋波颇感不快，因此当李宗仁碰壁后，转向司徒雷登求援时，立遭拒绝。李还想再由美国总统或国务卿发表一项声明，表示共产党一旦渡江，即被认为是对美国的威胁，但同样亦遭回绝④。

尽管国民党方面对毛泽东所提出的八项和平条件是如此的缺乏诚意，设置了重重的障碍，可是中国共产党人还是认真地、耐心地接待了南京政府的和谈代表团。毛泽东特地逐个找南京方面的代表谈，在充分交换看法的基础上，一共举行了两次正式会议：第一次正式会议由中共首席代表周恩来面交《国内和平协定》八条二十四款；第二次正式会议中共方面接受了南京政府代表二十多条修改意见，作了许多重大让步，例如，八项条件中的第一条惩办战争罪犯，经过多次讨论，决定一切战犯如能认清是非，确有事实表现，有利于和平解决国内问题的，都准予取消战犯罪名，得到宽大处理，又如关于改编军队，商定由双方派出人员组成全国性的整编委员会，分两个阶段进行整编军队，而且没有时间限制，再如组织民主联合政府，中国共产党保证南京政府得派代表参加新的政治协商会议，并保证在民主联合政府中，包括

---

① 蒋经国：《风雨中的宁静》，第174—175页。

② 蒋经国：《风雨中的宁静》，第175页。

③ 《李宗仁回忆录》下册，第945页。

④ 《中美关系资料汇编》第1辑，第345页。

南京政府方面的若干人士，等等。

16日，由黄绍竑携带《国内和平协定》（最后修正案）返南京，请求政府批准。李宗仁不敢贸然决定，一面派人亲至溪口请示，一面在南京召集党国要人紧急会商。17日，当蒋介石阅毕黄绍竑所携回之《国内和平协定》时，即表示："'共匪'对政府代表所提修正条件二十四条款，真是无条件的投降处分之条件。其前文叙战争责任问题数条，更不堪言状矣。黄绍竑、邵力子等居然接受转达，是诚无耻之极者之所为，可痛。欲主张一方面速提对案交'共匪'，一方面拒绝其条件，同时全文宣布，以明是非与战争责任之所在。"①李宗仁、何应钦等在得悉蒋介石的态度后，本来他们诸人就不同意，于是决定由李何联合签署发一长电对《国内和平协定》八条二十四款予以全面拒绝，国共谈判最终破裂。蒋介石为使李宗仁安心主政，不致动摇和逃避责任，决定约其定期晤面，切实商定办法，规定今后必须：（一）彻底坚持"剿共"政策，不能再有和谈；（二）应使政府不能再与"共匪"中途谋和，否则等于自杀②。22日，蒋介石邀约李宗仁、何应钦、张群、白崇禧等人至杭州，决定在国民党中央常务委员会下设"非常委员会"，并做出以下决议：（一）关于共党问题，政府今后唯有坚决作战，为人民自由与国家独立奋斗到底；（二）在政治方面，联合全国民主自由人士，共同奋斗；（三）在军事方面，何敬之（应钦）将军兼任国防部部长，统一陆海空军之指挥；（四）采取紧急有效步骤，以加强本党之团结及党与政府之联系③。

政府和谈代表张治中、邵力子等，由于中国共产党人一再恳切挽留，决定暂留北平。和谈代表一时不返京沪，本出自自愿，可是国民党中央社造谣说中共扣押了和谈代表，为此，张治中特于6月26日发表了《对时局的声明》以正视听。他指出：中共在和谈中作了最大让步，"平情而论，这八条原则早为南京政府李代总统所承认的和谈基础，24款就是实行这八条原则的具体办法"。国民党不可一味"昧于人心与大势所趋，继续作毫无

---

① 蒋经国：《风雨中的宁静》，第181页。
② 蒋经国：《风雨中的宁静》，第182页。
③ 蒋经国：《风雨中的宁静》，第184页。

希望的战争"。他说他在居留北平的80多天中，"觉得处处显露出一种新的转变、新的趋向，象征着我们国家民族的前途已显露出新的希望"。他奉劝国民党"把眼光放远些，心胸放大些，一切为国家民族利益着想，一切为子孙万代幸福着想"[①]。张治中的声明表明他决心留在人民一边，与国民党彻底决裂。

陈诚接掌台湾

蒋介石、国民党当局在施放"求和"烟幕的同时，将目光放到了远离大陆的台湾岛。他们企图将台湾作为在大陆失败后的最后一根救命稻草。于是，便将一枚重要的棋子放到了那里。这枚棋子便是两个月前刚刚凄然离开大陆、去到台湾静养的蒋介石爱将陈诚。

1948年秋冬，陈诚在台北草山静养之时，正是大陆国共两军在东北、平津和淮海三地进行战略决战的关键时刻。南京政府的政局险象环生，翁文灏内阁倒台，孙科匆匆组阁。经济上，发行不久的金圆券已呈崩溃之势，通货膨胀，物价腾飞。这种种迹象表明，南京政府的垮台，已是在劫难逃。

12月29日，在国民党中央常务委员会通过以蒋经国为台湾省党部主任委员的同时，行政院决定任命陈诚为台湾省政府主席。这一天，台湾省主席魏道明在毫无思想准备的情况下，突然接到蒋介石关于任命陈诚为台湾省主席的电令。魏不敢怠慢，立即将此电令转送正在休养的陈诚。陈诚自己说，在接到这个电令后，非常诧异，非常惶恐。魏对陈曰："如此重大人事调动，总统事前未征询你我二人的意见，显因政局已有重大变化。"[②]次日，蒋介石再次电令陈诚"克日接事"。陈诚迅于1949年1月5日就职视事。他在记者招待会上宣称："今日台湾所最需要的，就是政府与人民共患难同生死的精

---

① 《张治中回忆录》（下），文史资料出版社1985年2月出版，第849—851页。

② 陈诚在国民党"七全"大会上的报告，1952年10月12日，载何定藩主编《陈诚先生传》辑录资料，台北"反共"出版社1965年版，第244页。

神，使台湾成为一个复兴中华民族的堡垒，来担负复兴中华民族的使命。"

1949年1月18日，原台湾警备司令部扩大为警备总司令部，陈诚以省主席身份兼任警备总司令，原警备司令彭孟缉任副总司令。

陈诚于1月21日奉召飞南京。当座机飞至定海上空时，他在机上又接南京来电，嘱其改飞杭州。这一不寻常的改变，使陈诚惶恐不安。他不知道，这时国民党中央社已经播发了蒋介石宣布引退的文告；蒋已决定于当日抵杭州，再去奉化溪口"隐居"。陈诚座机在杭州笕桥机场着陆不久，载有蒋介石的"美龄"号专机于下午5时20分亦降落于此。蒋、陈进行了简单的谈话。

蒋介石："我已将总统职务交李副总统代理了。"

陈诚："总统此次引退，在个人是很好的，但国家怎么办呢？"

蒋介石："只要大家努力，革命是不会失败的，纵然一时失败，亦可从头做起，最后一定成功。"[1]

陈诚在见蒋之后，复遵蒋嘱，飞赴南京，谒见代总统李宗仁。因李当时正忙于政府改组，不及详谈，而陈之见李，亦仅为例行公事，故旋即匆返台湾。

3月，陈诚奉李宗仁电邀去南京商谈关于与中共和平谈判事。陈诚对此抱坚决反对的态度。他对李宗仁说：看不出中共方面有要和的理由；中共方面的和谈，"其作用不外动摇军心民心，加速我们内部的瓦解崩溃，并争取渡江的准备时间而已"。24日，陈赴奉化溪口，向蒋介石报告了在南京的见闻、活动和感想。蒋曰："在台湾要做最坏的打算与万一的准备，使台湾成为复兴民族基地。"[2]

陈诚深知，要巩固国民党在台湾的统治，必须加强在思想意识方面的工作。他十分强调，要"恢复革命精神"。他认为当前有三大思想潮流，即资本主义思潮、共产主义思潮和三民主义思潮。他说："资本主义提倡自由放任的经济制度，专门造就大地主与大资本家，不足为我们取

---

① 陈诚在国民党"七全"大会上的报告，1952年10月12日，载何定藩主编《陈诚先生传》，第244页。

② 吴相湘：《陈辞修生平大事》，《民国政治人物》第2集，台北传记文学出版社1982年版，第189页。

法。""共产主义主张实行暴力革命，鼓励阶级斗争……我们必须誓死反对。"他的结论是，在三大思潮中，"只有三民主义所指示的道路，才为中国所最需需"①。

陈诚于接任台湾省主席约两个月之后，在1949年3月1日至7日，假台北介寿馆介寿堂召开了主持省政后的第一次全省行政会议。出席者有省府各厅、处、局长及主管人员，各县市长，各县市参议会正副议长，各县市省立中等以上学校校长等，另中央驻台各机关负责人，省级各银行、各公营公司负责人均列席，与会人员共210人。会议讨论议案计240案。会议围绕确立"人民至上，民生第一"的施政原则、抓住施政重点，以及力争完成1949年度施政计划这三项中心议题，进行讨论。陈诚特别强调在施政中，要采取"重点主义"。他说："今天固然是百废待举，但如果百废俱举，必因之分散人财物力，而至一事无成，反致成为浪费。如果我们能够集中力量，选择最重要最迫切的工作去做，则必然可以收到一点成就，而不至于想兼筹并顾，反而弄成顾此失彼的情形。"②

这次行政会议，着重从政治、经济、文化、财政四个方面，提出了要求，明确了努力的目标。政治方面，要推行地方自治、健全组织，提高行政效率、确立人事制度、推行土地改革政策。陈诚对于台湾省各级行政组织中的流弊，深有感触。他指出："在我国一般通病，在因人设事，结果，组织流于庞大复杂，大部分经费用于养冗员，真正生产事业反而无法举办。因此由省、县、市到乡镇的各级机构都应该力求紧凑，并且以适应实际的需要为限。"③经济方面，重要的是增加工农业生产，满足民生的需要。会议特别重视粮食的增产，因为台湾正面临着人口的急速增长，但粮食产量仅相当于日本统治时期的70%。陈诚于会议期间提出："粮食的增产，除发展水利、

---

① 《陈主席在中等学校毕业典礼中致词》，载何定藩主编《陈诚先生传》，第176页。

② 陈诚口述，吴锡译笔记《陈诚主台政一年的回忆》，台湾《传记文学》第36卷第6期。

③ 陈诚口述，吴锡译笔记《陈诚主台政一年的回忆》，台湾《传记文学》第36卷第6期。

增加肥料、改良种子、防止病虫害，以及集中一切人力物力，配合推行外，尤需着重三七五减租与土地政策的推行。"①陈诚设想，使粮食、蔗糖、渔获量、煤炭、铁路货运、港口进出船舶等项，在本年度内均增长10%—15%。文化方面，会议要求奠定实施"计划教育"的基础和建设"三民主义的新文化"。陈诚解释："所谓计划教育，就是由政府统筹教育经费，并按照青年的智能与兴趣，分别指导升学或就业的教育制度。"他还进一步在会上提出，统筹教育的经费，小学由乡镇统筹，高初中由县市统筹，师范与专科以上学校则由省负担。②财政方面，则要求财政金融与国民经济、生产事业相配合，财政支出量入为出，同时奖励出口，争取外汇。

后来，陈诚又于12月召开了台湾省第二次行政会议。他在这次会议上强调，明年施政的总目标是，配合军事，确保台湾，并进一步积极准备，向大陆发展。他号召全体与会者："在中央领导下，团结一致，集中力量，共同努力，来负起我们应负的责任，执行此次大会所决定的议案，使能一一见之于实际行动"③。

陈诚就任台湾省主席，自1949年1月5日接于魏道明，至12月21日交于吴国桢，一年中，他忠实地执行了蒋介石的指示，努力增加生产，稳定台湾局势，初步改变了台湾混乱的局面，为国民党政权撤离大陆，栖息孤岛，奠定了基础。

---

① 陈诚口述，吴锡译笔记《陈诚主台政一年的回忆》，台湾《传记文学》第36卷第6期。

② 陈诚口述，吴锡译笔记《陈诚主台政一年的回忆》，台湾《传记文学》第36卷第6期。

③ 何定藩主编《陈诚先生传》，第307页。

十五 众叛亲离

陈布雷之死

当蒋桂矛盾发展和尖锐之时，随着战局的逆转，国民党统治集团内部也分崩离折，一些文武高官自寻出路纷纷离蒋介石而去。前国府委员、总统府国策顾问、代理中央政治委员会秘书长陈布雷，则于1948年11月13日服过量安眠药自杀于南京湖南路陈公馆中。

他手头留下一沓遗书。其中，两封是致总统蒋介石的，一封是给夫人王允默女士的，再一封是给自己的儿女的，又有一封是给自己三个弟弟的，此外，还有分别致同僚中政会副秘书长洪兰友，中央文化运动委员会主任委员张道藩以及秘书蒋君章、金省吾和副官陶永标等诸人的，同时身边还留有去世前两天，即11日所写下的日记。

他在致夫人的信中写道："我鉴于自身体力精力脑力之衰弱，实觉已不能再对国家非常时期作丝毫之贡献，偷生人世，已无意义，因此数年来所萦绕于心之'决绝'观念，而复屡明而不能自制……竟蹈吟兄之覆辙，自私自了。"①在给儿女的信中写道:"父素体荏弱……常患严重之脑病,夏秋以来,病体益复不支。"②陈布雷在11日的日记中写道;"某日曾与立夫(又常为芷町或惟果)言,要使我能安心工作,必须:(一)使我有好身体……但是,看样子我的身体是无法好起来的,我此心永远在痛苦悬念之中。"③

健康情况的恶化是陈布雷产生自杀念头的一个原因,但还有更重要的原因。他在与诸弟永别的遗书中写道:"……今年春夏之间,虽工作积极,而所接触之多可悲愤之事实,我不欲责人,只有责己,七月下旬以后,神经已陷于极度衰弱。今时局艰危,而兄无能,近日心绪之疲散不实,为力不能集中,精神之痛苦非言语所能形容……"④在给夫人及儿女的信中写道:"国家遭难至斯,社会浮动已极"⑤,"来日大难……后事如何,不忍预嘱"。⑥在致蒋介石的两封遗书中写道:"今春以来,目睹耳闻,饱受刺激。"⑦"七、八月之间,常诵'瓶之倾兮惟垒之耻'之句,抑抑不可终日。党国艰危至此,贱体久久不能自振,年迫衰暮,无补危时"云云⑧。他在11日所记日记中写得更加详细,曰:"四弟告我,百事要看得'浑'些,我知其意而做不到。八弟告我:'一切一切自有主管,又不是你一个人着急所能济事的。'又说:'你何必把你责任范围以外的事,也要分心思虑着

---

① 徐咏平:《陈布雷先生传》,台北正中书局1977年出版,第291页。按:吟兄,系陈之连襟何吟颐,自杀于陈在上海的寓所。

② 徐咏平:《陈布雷先生传》,第292页。

③ 徐咏平:《陈布雷先生传》,第255页。按:立夫系陈立夫,国民党组织部部长。芷町系陈芷町,时任总统府第二局局长;惟果系李惟果,原任国民党中央宣传部部长,后调行政院秘书长。

④ 徐咏平:《陈布雷先生传》,第293页。

⑤ 徐咏平:《陈布雷先生传》,第293页。

⑥ 徐咏平:《陈布雷先生传》,第291页。

⑦ 徐咏平:《陈布雷先生传》,第289页。

⑧ 徐咏平:《陈布雷先生传》,第221页,垒即畏垒,陈布雷原名训恩,字彦及,别署畏垒。

急'，这话有至理，然我不能控制我的脑筋。"①陈布雷就这样终日为"国事"忧心如焚，无法解脱。

长期来，陈布雷"深为本党前途忧之……益视政治生活为畏途"②。抗战胜利后，当人们沉浸在欢乐之中的时候，陈的侄女陈约见其苦笑着沉郁地说："有什么可快乐？艰苦的日子还在后面哩！"③特别是1948年春天国大选举时，陈布雷见到国民党内为争权夺利大吵大闹，实在忍无可忍，忽然站了起来，抓住麦克风，挥着拳头，力竭声嘶地大声疾呼，但是这又顶什么用呢？当他看到国民党的种种腐败现象和一连串的失败，毕生为之奋斗的事业将付之东流，而自己又绝无回天之术，挽救政府于覆亡时，便感到心灰意冷和绝望。他"怕见统帅，甚且怕开会"，曾云："我的脑筋已油尽灯枯了"，"想到国家已进入非常时期，像我这样，虚生人间何用？由此一念而萌自弃之心"④。终于，他选择了自杀的道路。这既是与蒋介石"死别"，又是报蒋介石的知遇之恩。

蒋介石需要像陈布雷这样对他"愚忠"的人，因此，陈布雷自杀的消息传来，蒋介石十分伤心，痛感：在此"国难未纾"之时，"天夺良辅"，你的眼睛一闭，离我而去，可是丢下了我，叫我又怎么办呢？⑤

戴传贤绝望

一切"历史事变和人物，可以说都出现两次"："第一次是作为悲剧

---

① 徐咏平：《陈布雷先生传》，第255页。

② 《陈布雷回忆录》，台北传记文学出版社1981年5月再版，第83页。

③ 徐咏平：《陈布雷先生传》，第285页。

④ 徐咏平：《陈布雷先生传》，第254页。

⑤ 蒋介石悼陈布雷词："云何一瞑，逝者如斯。"见《陈布雷先生传》，第275页。

出现，第二次是作为笑剧出现"①。如果说，陈布雷之死还带有一点悲剧色彩，那么，戴传贤之死就略带喜剧色彩了。

对陈布雷如此死法，戴传贤是不赞成的，可是仅仅3个月后，即1949年2月11日，亦步其后尘，以相同的方式，服过量安眠药自杀于广州国民党省政府东园招待所。1948年9月上旬和12月中旬，戴传贤曾两次服安眠药过量，皆昏迷不醒，幸亏挽救及时，幸免于死②。第三次则由于服药后心脏过度衰弱，虽经大力抢救，但医生终无起死回生之术，戴竟一命呜呼哉！戴在临死前4天，曾对中央党部秘书长郑彦棻讲了与陈布雷临终日记上同样的话，称自己"已经是油尽灯枯了。"

戴传贤生前曾对人言："你不要看我对于许多事不闻不问，就会糊涂，我可是大事不糊涂！"③这倒也是真话，他在国民党统治集团中算是头脑较为清醒的一个。1947年11月，他在致侄儿家书中写道："余40年间，于进退出处，十分谨慎，以期无负祖父长兄之教，无愧延次两祖之传，与乎国父10余年之训。"④所以选择"死"这条路，是他对国民党完全绝望的结果。

早在1945年8月，当抗战取得了胜利，日本投降的消息传到陪都时，爆竹声、狂欢声响彻重庆的各个角落，戴传贤的亲朋故旧纷纷到其寓所向他祝贺，他和陈布雷一样不仅不乐，反而斥责他们："你们喜欢什么？哭还在后面呢，将有千百倍艰苦，都得去忍受，你们必须提高警惕，何贺之有！"⑤戴传贤何以对友人的道贺感到恼火呢？原来，他看到了中国共产党经过八年

---

① 马克思：《路易·波拿巴的雾月十八日》，《马克思恩格斯选集》第1卷，人民出版社1972年版，第603页。

② 陈天锡：《戴季陶先生编年传记》，台北中华丛书委员会1958年5月出版，第164页。

③ 丁文渊：《我所认识的戴季陶先生》，载《戴季陶先生文存三续编》，台北国民党中央党史史料编纂委员会1971年10月编纂出版，第288页。

④ 《戴季陶先生文存三续编》，第411页。

⑤ 韩树声：《考试院故院长戴公语录一斑》，载《戴季陶先生文存三续编》，第250页。

抗战，深获人民之拥护，力量得到了迅猛的发展，已成燎原之势①。同时，他从国统区物价飞涨的局势，预感到问题之严重，他在致家人书中说："儿今来书言及生活艰难，购物不易，不知老父五七年前既忧且病，人人以为精神病之故，然非也，世之所谓强健者，或真为精神病耳！"②

历史是这样的无情，抗日战争胜利后仅仅两年时间，戴传贤所担心的一切竟然成为严酷的现实。他目睹了国民党在各个方面的失败，不胜之忧愁和失望。

戴传贤积参政40年之经验，痛感"自教育宣传以至执政"，从来没有危险到这样的地步，"民国今日之存亡"，已成问题了③。而自己又无回天之术，阻止其覆亡之命运，于是只好从1948年春季以来，"闭门谢客"，希图暂作逃避，可是对于图民党内召集的重要会议，又不敢不出席，因为"不可使人误会也"，在会上，又不愿发言，因为讲话"无用也"。每逢此时，戴传贤说自己犹如伍子胥过昭关，一夜愁白了头发④。戴在南京时，已萌自杀之念头。国府所在地搬迁广州，有人劝戴传贤去台湾，戴不同意，跟着政府逃到了广州，先居于迎宾馆，后移至东园。他认为广州非久居之地，吵着要回出身地成都，以了却终身⑤。其子安国已备好专机，不料连日风雨大作，飞机无法起飞，戴传贤只好匆匆在他乡结束了自己的生命。

对于这样一个"反共最早，决心最大，办法最彻底"的人物突然死去，蒋介石"闻耗悲痛，故人零落，中夜唏嘘！"⑥

---

① 同②原文为："公已看到'共匪'坐大，潢池弄兵，四方扰乱，人心不转，危机已极。"

② 《覆家祥儿书》，《戴季陶先生文存》续编，第420页。

③ 《致束云章先生书》，《戴季陶先生文存》续编，第323—324页。

④ 《覆家祥儿书》，《戴季陶先生文存》续编，第420页。

⑤ 戴传贤祖籍安徽徽州，后迁浙江吴兴，他本人出生于四川省广汉县。

⑥ 蒋经国：《风雨中的宁静》，第152页。

陈仪罹难

在中华民国"危急存亡"之严重关头，与陈布雷、戴季陶的"死别"方式不同，浙江省政府主席、政学系重要人物陈仪则决心离开国民党营垒，投向中共一边，以致最后惨遭杀害。

陈仪字公侠，浙江绍兴人。早年留学日本，先后毕业于陆军士官学校和陆军大学。回国后先后任北洋政府浙江都督府军政司司长、陆军小学校长、海陆军大元帅统率办事处厅长、浙江陆军第一师师长、徐州总司令、浙江省省长等职。1927年春，陈仪顺应潮流对军阀孙传芳反戈一击，投向国民革命，历任国民政府军政部常务次长、政务次长兼兵工署署长等职。抗战初期出任福建省政府主席，抗战胜利后调任台湾省行政长官。1947年2月，台湾人民因不堪国民党残酷的政治压迫和经济剥削，发动了"二·二八"武装起义，陈仪被轰下台，这对他教育颇深，因此，当1948年6月，他再次主持浙江省政务时，对省政府委员兼民政厅厅长杜伟说："在政治上想效法东欧民主国家作风。"[1]

其时，国民党在军事、经济和政治各个方面形势都很不妙，陈仪清醒地看出大局的这一深刻变化，所以他向报界透露了如下看法："……物极必反，穷则变，变则通，通则久。这些道理，是颠扑不破的。如今实在是非变不可的时候了。……我们绍兴人惯说'且看'，等着瞧，好吗？"[2]浙江省是蒋介石控制较严密的省份之一，军统特务头目毛森充当省保安司令部第二处处长，疯狂地捉拿他心目中的共产党嫌疑犯，一经拿获即遭杀害。陈仪口头上有时也不免跟着叫喊要加紧"清剿"，"肃清匪患"，"巩固治安"，但实际上他不在浙江筑防御工事，更不许特务在杭州任意捕人，一次他就

---

① 杜伟：《浙江解放前夜的陈仪》，《浙江文史料选辑》第16辑，第181页。

② 杜伟：《浙江解放前夜的陈仪》，《浙江文史料选辑》第16辑，第182页。

从监狱中释放了20余名浙大学生和10位农工民主党人士。经济上，他想方设法减少全省人民的苛捐杂税，不到处乱抓壮丁和强征民夫。淮海战役后，国民党军主力大部被歼，陈仪曾上书蒋介石，认为当前之势已是敌强我弱，只可言和，不可言战矣[①]。在浙江省召开的一次党政联席会上，陈仪表示他要"采取以人民利益为重，适应时局变化的方针"[②]。这种对形势的主张，发展到1949年1月19日，他在上海版的《东南日报》上公开著文，指出："八年抗战之后，继以3年'戡乱'，人民遭受战争之影响，生活已苦不堪言。现时人民一致要求和平，要知民为邦本，此种和平呼声，殊不容忽视，应能为各方所接受，"接着指责当局，"争取胜利固需要勇气，承认失败亦需要勇气"。他还抨击蒋介石所发动的"戡乱"战争说：这个问题，"今后史学家自有重要之评价"。这时，陈仪已决心与国民党分道扬镳了。

1月31日，北平和平解放。不久，李济深由香港派人持亲笔函来杭州联系，希望公侠先生能仿效傅作义将军起义，陈仪也表示自己愿做傅作义第二。

但是陈仪和傅作义将军情况不同，他手中几无可调之兵与可遣之将，于是他想到了汤恩伯。是他在陆军小学时收留了走投无路的汤恩伯，然后送汤到日本陆军士官学校深造。回国后又是他介绍汤在国民党军队中做军官，后来默默无闻的汤能够青云直上，也多赖于他这位恩师的帮助。1947年5月，汤在山东与人民解放军作战，他的第一兵团中强悍的整编七十四师全军覆没于孟良崮，汤也被撤职，遭到冷淡，又是陈仪等从中周旋，大力保举，汤始能于1948年8月出任衢州绥署主任；1949年初衢州绥署撤销，汤又升京沪杭警备总司令，执掌江浙两省的统兵大权。陈仪之于汤，可谓"恩重如山"，汤对于陈仪亦"感恩不尽"，一口一个老师。陈仪与汤的私人情谊，真是"亲如父子"[③]。此时，陈仪劝汤要认清当前形势，悬崖勒马，当机立断，

---

① 陈达：《陈仪被扣内幕》，《文史资料选辑》第66辑，第91页。

② 贡沛诚：《忆陈仪》，《杭州文史资料》第5辑，第43页。

③ 谷正纲：《痛悼汤恩伯将军》，《汤恩伯先生纪念集》，台北1964年6月出版，丁第5页。

共举大义，并派自己的外甥去上海与汤联系，建议汤"释放政治犯"，"停止修筑工事"，"保护上海一切属公物资不遭破坏"，"开放长江若干渡口"等，以实际行动立功赎罪，取消自己的"战犯"名义①。汤表示愿意接受这些条件，至于起义时机，因左右蒋介石的耳目甚多，恐尚未成熟，需宽限几日，并答应日内亲赴杭州面商。暗地里，汤却出卖了陈仪，1月29日向在溪口的蒋介石告密②。此日下午，蒋介石谓："突接报告，陈仪与'匪'方勾结，准备叛变。"③2月16日，行政院在广州举行第四十四次会议，根据蒋介石从溪口发去的密电，决定对浙江省政府进行彻底改组，免去陈仪的省政府主席的职务，由周曲接替。三天后陈仪移交了省府工作，回到了上海自己家里即遭毛森率领的特务逮捕。代总统李宗仁对蒋介石和汤恩伯不经法律任意拘禁封疆大吏十分愤慨④，但也无可奈何。杭州解放前夕，国民党又把陈仪押解到台湾看管。1950年6月18日，台湾国民党当局国防部高级军法合议庭以"勾结共匪"的罪名判决陈仪死刑⑤。临刑这一天，陈仪十分镇静，神色自若，穿着整洁的西服，从容不迫地走向刑场，慷慨就义。

总之，在南京国民政府覆亡前夕，政坛上的众叛亲离，形形色色，与战场上的"军心涣散，损兵折将"，经济上的"物质匮乏，金融紊乱"交织在一起，构成了一幅"败象亡征，江河溃决"的惨淡图画⑥。

① 杜伟：《浙江解放前夜的陈仪》，《浙江文史资料选辑》第16辑，第188页（注二）。

② 谷正纲：《痛悼汤恩伯将军》；孙元良：《汤恩伯将军二三事》；李远成：《师门风义永难忘》，分别见《汤恩伯先生纪念集》，丁第5页、丁第21页、己第39页。

③ 蒋经国：《风雨中的宁静》，第144页。

④ 《李宗仁回忆录》下册，第958页。

⑤ 刘绍唐：《民国大事日志》第2册，第854页。

⑥ 蒋经国：《风雨中的宁静》，第118页。

十六　军事溃败

汤恩伯兵败长江

经过辽沈、淮海和平津三次大规模主力决战，国民党军有生力量大量被歼，按照国民党军事当局统计，国共兵力消长的情况是：1945年为7∶1，1946年为4∶1，1947年为3∶1，1948年为2∶1，1949年"'匪'之总兵力已较优于我"①。不仅如此，国民党军的精锐部队也损丧殆尽，其时尚能保持一定数量军事实力的，只剩下三个较大的军事集团，即据守长江中下游的汤恩伯集团、占据长江中上游的白崇禧集团、盘踞黄河上游的胡宗南集团。此外，还有若干统兵不多的将领，计：太原绥靖公署主任阎锡山，西北军政长官公署长官张治中，长沙绥靖公署主任程潜，重庆绥靖公署主任张群，广州绥靖公署主任余汉谋，福州绥靖公署主任朱绍良，桂林绥靖公署主任李品仙，台湾警备总司令陈诚，青岛第十一绥靖区司令官刘安祺、海军总司令桂永清、空军总司令周至柔等。

---

① 《"戡乱"简史》，第189页。

■ 南京政府的覆亡

中共中央军委为适应全国进军之需要，于1949年春对人民解放军实行统一编制，将原西北、中原、华东、东北野战军分别编为第一、第二、第三、第四野战军，将华北野战军编为第十八、第十九、第二十共三个兵团直属中央军委；取消纵队番号，改为军。在统编工作完成后，中共中央军委决定集中第二、第三野战军全部和第四野战军一部约100万人，在以刘伯承、陈毅、邓小平、粟裕、谭震林所组成的渡江战役总前委领导下，挺进长江北岸，并积极做好准备，突破国民党军长江下游防线，以夺取国民党政治、经济中心京沪杭地区。担任长江下游江防任务的国民党军，为京沪杭警备总司令汤恩伯所部，共辖首都卫戍总司令张耀明部、淞沪警备司令陈大庆部、浙江警备司令周喦部、第六兵团李延年部、第八兵团刘汝明部、第一绥靖区丁治磐部、第七绥靖区张世希部[①]，共计25个军，约45万人。

如何集中兵力，部署江防，国民党统帅部在决策上发生了争执。国防部作战厅厅长蔡文治提出：江防的重点应在南京以上而不在南京以下的江岸，因为南京以西江面较狭，支流又多，而江阴以下则江面开阔，又无支河，共军不易偷渡[②]。因此，蔡主张：应重点设防在皖南之荻港附近，并把主力控制于芜湖、宣城、郎溪三角地带，这样既可防止人民解放军向纵深发展，又可配合华中国民党军与之决战[③]。这个意见得到代总统李宗仁与参谋总长顾祝同等人的支持。李并令汤恩伯速"将其最精锐之部队由上海撤往江西及皖南"[④]。但具有军事实权的汤恩伯却秉承蒋介石的意志，坚决反对。因为，多年来上海是国民党政治、经济统治中心，四大家族掠夺全国人民的财富亦多集中于此地，特别在南京政府发行金圆券期间，曾收兑了一批数量颇巨的黄金白银尚需从这里紧急运往台湾，运完之前，务须集中兵力，死守上海，以保证其不落入人民解放军之手。负责转移这批财富的蒋经国，后来在忆及

---

① 《"戡乱"简史》，《国军战斗序列表》，插表第12.190—191页。

② 《李宗仁回忆录》下册，第962页。

③ 唐文：《国民党统帅部关于京沪杭作战的决策和争吵》，《文史资料选辑》第32辑，第58页。

④ 董显光：《蒋"总统"传》（三），第524页。

这一情节时，写道："当上海快要撤退的时候，父亲就派我们几个人到上海去，劝中央银行把库存的黄金全部搬运到台湾来。临行的时候，父亲又再三嘱咐我们，'千万要守秘密'！"①这种启运工作直到5月22日，上海已处于防守最后阶段时，蒋经国乃奉父命，于该日"晨8时……飞往上海，处理物资之疏散事宜"②。鉴于此，汤恩伯确定了以京沪杭地区为重点，以淞沪为其核心的布防方针。他在东起上海，亘镇江、南京、芜湖，以西迄江西湖口间1200公里之江岸上，动用了第三十七、第五十二、第七十五、第一二三、第二十一、第五十一、第四十五、第四、第九十九、第二十八、第五十四、第六十六等12个军分布于京沪较短的江岸线上，而将第二十、第八十八、第五十五、第九十六、第六十八、第一〇六等六个战斗力不强的军置于较长的皖南长江防线，造成了防御上东重西轻、纵深空虚的不利态势。

国民党军事当局为支援京沪杭警备总部扼守江岸之计划，又调集了巨大的海空力量；海军以第二舰队全部及第一舰队一部共军舰26艘，以及第一、第二、第三、第五巡防艇队所属炮艇56只，分驻于安庆、芜湖、南京、镇江、上海，沿江往返巡视，空军出动第四军区所属第一、第三、第五、第八大队各种型号飞机58架，分驻南京、上海两基地进行轮番侦察、轰炸。国民党军事当局企图以陆海空立体防御，拒人民解放军于大江之北。

从1949年2月下旬开始，国共两军在长江以北地区展开了争夺战；至4月中旬，从安徽枞阳至江苏靖江之间的桥阳、土桥、刘家渡、江浦、大河口、仪征、十二圩、三叉河、施家桥、三江营、龙稍港等桥头堡均为人民解放军所攻占，这使国民党军"以有力之一部、广领长江以北地区，依机动作战，迟滞消耗匪军"的战略意图遭致失败③。这样，长江南岸的江防阵地，已在人民解放军炮兵的射程之内。

4月20日，南京政府拒签国内和平协定，毛泽东主席、朱德总司令即向人民解放军发布《向全国进军的命令》。当晚，人民解放军渡江作战中集团

① 蒋经国：《风雨中的宁静》，第52页。

② 蒋经国：《风雨中的宁静》，第202页。

③ 《"戡乱"简史》，第191页。

（第三野战军第七、第九兵团），在大炮猛烈轰击掩护下，由荻港对江之太阳洲、黑沙洲、白马洲强渡长江。一时万舟齐发，急驶对岸，据国民党军事机关称："满江尽为匪船，首尾相接，络绎不绝。"[1]国民党海军舰只"太原""安东""楚同""美亨"等赶往该处阻击，激战竟夜，但"'匪'船过多，顾此失彼，而两岸'匪'炮更集中射击我舰队，致均负伤，弹痕累累……乃被迫驶向芜湖下游"[2]。人民解放军于21日拂晓登上对岸，一举突破当面之敌第八十八军阵地，将国民党军长江防线拦腰斩断，占繁昌、南陵、太通、铜陵，向东南方向疾进。是夜，人民解放军渡江作战东集团（第三野战军第八、第十兵团），在江阴以西之申港、天生港一带强行渡江，国民党军所倚仗的江阴要塞，其守备部队起义，逮捕要塞司令戴戎光，迎接解放大军过江。英国"紫石英"号等舰从上海驶来，协同国民党海军舰只企图阻止人民解放军东集团渡江，经反击，被击伤搁浅于镇江附近江面。过江的人民解放军占镇江、常州，速向西南疾进。与此同时，人民解放军渡江作战西集团（第二野战军第三、第四、第五兵团），也于枞阳、官洲、华阳等处，向第八兵团守备兵力薄弱之贵池、彭泽间强渡，迅速占领青阳、高坦、至德一线并向东疾进。"至是沿江防线已被突破"，"长江天堑，从此不保"[3]。

至22日，人民解放军由各渡江点过江的部队已多达30万人，并且迅速向纵深地带猛进，"几有所向无敌之概"[4]，国民党军不战而溃。人民解放军渡江部队对芜湖，南京、镇江地区的国民党军构成了钳形夹击之势。汤恩伯仓皇失措，匆忙决定全线撤退，令镇江以东之第五十一、第五十四、第二十一、第一二三等军向上海方向撤退。4月23日夜，首都南京被人民解放军所解放。镇江以西之第四、第二十、第四十五、第五十五、第六十六、第九十九、第二十八等军向浙赣线撤退。该路沿途不断遭人民解

---

[1] 《"戡乱"简史》，第262页。

[2] 《"戡乱"简史》，第262页。

[3] 《"戡乱"简史》，第192页。

[4] 董显光：《蒋"总统"传》（三），第520页。

放军袭击，"损失颇重"，以致溃不成军。5月3日，杭州为人民解放军所解放，警备司令周嵒狼狈经宁波逃往定海。

国民党江防海军在人民解放军渡江胜利的影响下，于22日深夜，在南京东北之笆斗山江面，由第二舰队司令林遵率"惠安""永绥""江犀""美盛""吉安""楚同""太原""安东""联光"九舰拒绝执行突围驶向上海的命令，宣布起义，其他舰只遭沿岸人民解放军重炮或战船击毁、击成重伤无法启动者不下30艘，仅有舰13艘、艇3只侥幸脱险而至上海。经此激烈战斗，国民党海军江防舰艇损失3/4。

撤退到上海的国民党4个军和10数艘海军舰只以及30架空军飞机，连同原驻守淞沪的陆海空力量，共有8个军24个师计20万人。汤恩伯拟用这支兵力在上海与人民解放军进行最后的较量。

国民党军为"保卫大上海"，在市郊建有大量的碉堡群，在碉堡周围筑有河沟，拉上电网，埋有地雷。汤恩伯将原驻上海的第五十二、第七十五、第三十七军，分守沪西北、沪西南、浦东区；而以江防后撤之部队，分别加入其内。说来笑话，当时指挥上海作战的机构有三个：以陈大庆为司令的淞沪警备司令部、以石觉为司令的淞沪防守司令部、以汤恩伯为总司令的京沪杭警备总司令部。互相之间混淆不清，有时行文须三份。陈、石是汤的部下，服从汤，但汤也做不了主，要听命于蒋介石。蒋介石下野后，蛰居于溪口老家，仍在幕后操纵，4月26日乘"太康"舰驶抵上海，先住复兴岛，旋移居市内励志社，直接筹划守卫上海计划，忙得不亦乐乎，"几无一刻休息"。他对黄埔军校出身的将官训话说："成败在此一举，我们必须用全力来应付危难。"[1]

中共中央军委及总前委为了取得渡江作战最后一役的胜利，决定由第三野战军第九、第十兵团作主攻，一路沿京沪线，一路沿沪杭线，以钳形攻势夹击上海，第二野战军则集结浙赣路，随时准备协助第三野战军击退美帝国主义可能的干涉。

---

① 蒋经国：《风雨中的宁静》，第188页。

5月12日，争夺上海外围的战斗激烈展开，第三野战军第十兵团由太仓、昆山向上海西北方向进击。驻守在这里的国民党第一二三军一触即溃，退至南翔和上海市郊。人民解放军乘胜于14日向月浦、杨行、刘行猛攻，第五十二军凭借工事在海空军支援下拼力抵抗，战至20日，渐渐不支，汤恩伯从沪西南抽调第七十五军等部前往增援。在浦东、沪西南方面，第三野战军九兵团于13日占奉贤、淞江，14日克南汇，15日又夺川沙、周浦，18日突破国民党第三十七军、第五十一军防线，沪西南，自国民党第七十五军东调，交警部队接替防务后，战斗力削弱，迄23日，虹桥、徐家汇、龙华机场尽失。至此，国民党军所守外围阵地悉被人民解放军拔除，被迫退据市区至吴淞口狭长地带。24日下午，人民解放军对市区由南而北发起总攻，为了保护上海城，一律禁止用火炮，这给攻击带来了困难。虽然如此，人民解放军仍迅速攻占国际电台；25日，突破苏州河防线，当晚又克浦东、高桥；26日晨，复夺狮子林炮台、宝山、吴淞；27日，全部解放上海。上海守敌被歼15万人，仅有5万人从上海撤逃至定海和台湾。总计在渡江战役中，防守长江下游的汤恩伯集团45万人，被歼40万人。苏南、皖南、浙江、闽北、赣中等广大地区被解放。李宗仁称长江下游防线的溃败为"不堪回首的江南战役"[1]。蒋经国则无限悲伤地写道：自此一役以后"江南半壁……风声鹤唳，草木皆兵"！[2]

白崇禧军溃粤桂

华中军政长官公署长官白崇禧负责防守从江西湖口迄湖北宜昌的长江中上游沿线及中南大部地区。其所辖部队有：鄂西绥靖司令宋希濂属下之第十三兵团王凌云部、第一兵团陈明仁部、第三兵团张淦部、第五绥靖区张轸

---

① 《李宗仁回忆录》下册，第952页。

② 蒋经国：《风雨中的宁静》，第201页。

部、第六绥靖区张光玮部、第八绥靖区夏威部、第十六绥靖区霍揆彰部[①]，共15个军250000多人，并有国民党海军浅水炮舰10艘、炮艇30余只和空军一部协助江防。

中共中央军委为解放广大中南地区，歼灭白崇禧集团兼及广东省余汉谋所部，决定第四野战军主力迅速由平津南下，第二野战军第四兵团沿浙赣线向西，折向南，与第四野战军第十五兵团配合，远距离奔袭，进入广东，拊白崇禧集团右侧背，然后与进入桂（林）、柳（州）地区之第四野战军配合，形成对白崇禧集团的大包围。在组织上，以林彪任华中局（后改称中南局）第一书记兼军区司令员、罗荣桓为第二书记兼军区政治委员、邓子恢为第三书记兼军区第二政治委员，统一指挥中南地区的战事。6月上旬，第四野战军行程2400里，到达长江以北，而其先遣兵团则于5月14日在武汉以东团风至武穴间100余千米的地段上，强渡长江，并进陷九江。第二野战军于同日，突破浙赣线，攻克南昌。人民解放军从三个方面直指武汉。

白崇禧鉴于武汉已处突出的不利态势，被迫作出弃守的决定。正当国民党守军撤出武汉之际，5月14日晚，华中军政长官公署副长官兼第十九兵团（原第五绥靖区）司令张轸率25000人在武汉之贺胜桥、金口一带举行起义。张轸兵团为华中国民党军中较有战斗力的兵团之一，该兵团的起义无疑对开始撤退的白崇禧集团是当头一击。白崇禧将所部撤向湖南，迁总部至长沙。此时，长沙绥靖公署主任程潜、第一兵团司令兼湖南省政府主席陈明仁，正在酝酿起义。白崇禧又不得不再迁总部于衡阳。8月4日，长沙和平解决。这对后撤的白崇禧又是一次严重打击。

长沙解放后，华中军政长官公署将所属各部队退集于以衡阳为中心的衡（阳）宝（庆）、衡耒（阳）一线，企图依托九岭山脉、洞庭湖和汨罗江等有利地形，与人民解放军在湘中衡宝地区进行决战，以阻其南进。白崇禧亲自指挥张淦第三兵团、黄杰第一兵团之第七、第四十八、第十四、第七十一军等部为中路，由湘江西岸采取攻势；令鲁道源第十一兵团为右翼，守湘东

---

① 《戡乱简史》，《国军战斗序列表》，插表第12.190—191页。

■ 南京政府的覆亡

衡山至茶陵一线，又令宋希濂率王凌云第十三兵团为左翼，由鄂西向湘北慈（利）、常（德）、桃（源）、沅（陵）方面，进出第四野战军侧背。国民党军事当局为支持白崇禧的衡宝战斗，调动川鄂绥靖公署孙震指挥两个军向鄂西宜昌进击，又要江西省政府主席方天指挥沈发藻、胡琏两兵团由赣江西岸向南昌方向进击，以牵制第二野战军。8月中旬，白崇禧发动攻势，第三兵团在邵阳西北青树坪小获胜利，但正如桂系将领李品仙所称："不过昙花一现而已"①。继之攻势顿挫，接着全线溃退，原因是两翼被人民解放军所突破。左翼宋希濂部不听调遣，擅自将全军撤至鄂川边境的恩施地区。为此，何应钦打电话催促其速速统兵南下，并说："我是行政院院长兼国防部部长，负责指挥全国部队，你必须服从我的命令！"宋说："我就不知道什么是行政院院长、国防部部长"，"我管不了许多，老总（蒋介石）要我怎么办，就怎么办！"何应钦在黄埔系中之地位仅次于蒋介石，可是却指挥不了一个兵团级的将领，一时羞愧难当，却又无可奈何！②由于"宋希濂部始终未遵令南移，阻匪进犯，使全盘计划不克实现"③，左翼常德、芷江一线遂门户洞开。10月二三日间，洞口、邵阳、芷江、乾城，先后被第四野战军攻克。与此同时，国民党华中部队的右翼又遭第二野战军第四兵团和第四野战军第十五兵团的奔袭。人民解放军下赣中吉安、赣南赣州，跨越大庾岭，击溃正面之敌沈发藻兵团（辖第二十三、第七十两军），进入广东；10月4日又陷曲江，截断粤汉路交通。于是国民党军"据守衡（阳）至宝（庆）之华中部队陷于两翼包围的形势中，不得不再向西撤入广西"④。10月13日，国民党第七军和第四十八军第一七五师在奉命向湘桂边境撤退途中，于祁阳以北地区被人民解放军包围，虽拼力冲杀，仍无法突出包围圈，激战至10月16日，全军已"损失殆尽"。第七军和第四十八军是桂系手中的两张王牌，

---

① 《李品仙回忆录》，台北中外图书出版社1975年6月初版，第251页。
② 《李宗仁回忆录》下册，第988页。
③ 《"戡乱"简史》，第202页。
④ 《李品仙回忆录》，第251页。

228

当白崇禧获悉这4个精锐师被人民解放军吃掉时，不由为之"大惊失色"①。

退往广西的白崇禧集团，经过增补，又凑成五个兵团：张淦第三兵团辖第七、第四十八、第一二六三个军，黄杰第一兵团辖第十四、第七十一、第九十七三个军，徐启明第十兵团辖第四十六、第五十六两个军，刘嘉树第十七兵团辖第一〇〇、第一〇三两个军，鲁道源第十一兵团辖第五十八、第一二五两个军。5个兵团共有12个军，人数虽号称200000，但逃兵甚多，据李品仙回忆当时第七、第四十八等军的情况："士气衰落，人无斗志"，"回到家乡不过一月，未经大战，人员已减损过半。"②在这种情况下，国民党军事当局还要求其达到"确保左、右两江，增援黔省，屏障昆明，及支援雷琼"的战略企图③。其时，人民解放军东路大军已沿粤汉线南下，向广州外围进迫。蒋介石为保存实力，令胡琏兵团迅速撤往潮（州）、汕（头），以退向金门、台湾。在广东境内只剩下沈发藻第四兵团和刘安祺第二十一兵团共4个军，归广州绥靖公署余汉谋指挥。从南京撤到广州的国民党政府已陷惊慌万状之中。西江地区拥满了撤退的人员和物资，江流几为之塞。人民解放军强渡滃江，击溃国民党军的抵抗，于10月13日攻克广州。接着，人民解放军溯西江而上，向桂南方向挺进，迂回白崇禧军之右侧背。第四野战军主力分中、西两路，分别沿湘桂铁路及湘黔公路疾进，指向桂林及柳州方向。国民党华中部队各兵团处于正面连续不断受到解放军攻击，援黔与固守均不可能的危境。柳州与桂林旋先后失守。于是，华中军政长官公署就撤退方案展开了讨论：一种意见主张退往滇桂边境，然后逃到越南；另一种意见则主张撤往海南岛。白崇禧和夏威力主后一种意见。为此，李品仙两次飞往海口，白本人也亲至海口与广东及海南岛国民党军政当局薛岳、陈济棠三次洽谈。薛、陈两人一面在口头上勉强同意，但又表示根本无法解决渡船问题。实质上他们只答应华中部队暂撤雷州半岛，以拱卫海南岛。为打通去雷州半岛之路，11月22日，白崇禧将张淦第三兵团、鲁道源第十一兵团集

①　凌云上：《桂系主力在衡宝被歼经过》，《文史资料选辑》第55辑，第125页。

②　《李品仙回忆录》，第255页。

③　《"戡乱"简史》，第204页。

结于桂南郁林、容县、岑溪地区，令其他三个兵团掩护，分向粤南廉江、花县、茂名、信义地区进击，以作生死之斗。在进攻前，白崇禧电张淦曰："此役是影响大局和取得'美援'的关键，希转饬全军将士全力以赴，务必攻克茂名，完成任务，重振声威为要。"[1]进攻开始后，国共两军发生激战，国民党军第十一兵团第五十八军在人民解放军猛烈反击下，损失重大，首先向后败退，致使第三兵团左翼暴露，被人民解放军一举突入，损失惨重，一部侥幸逃向博白，第十一兵团也急撤北流。在人民解放军紧跟追击下，第三兵团司令张淦被俘，少数散兵游勇退入十万大山及大容山等地，很快又被歼灭。"这支久经战阵，素称彪悍的部队"，"转瞬之间化为乌有"[2]。其他三个兵团不久也被消灭，其中黄杰曾率第一兵团少数残部逃入越南，但为法国殖民军所缴械。

桂系在国民党政府覆亡时期是仅次于中央嫡系的一个有强大实力的派别，其军事力量经张轸及程潜、陈明仁两次起义和衡宝及粤桂边境两次战斗，完全瓦解，广大中南地区遂告解放。

胡宗南败走西南

西安绥靖公署主任胡宗南，长期盘踞在以西安为中心的西北地区，所辖部队有第十八绥靖区董钊部、第十九绥靖区谢辅三部、第五兵团斐昌会部、第十八兵团李振部，连同绥靖公署直属部队，共450000人[3]。

为解决胡宗南集团，人民解放军必先拔除国民党军在华北残剩的最大据点太原，方能集中全力向西北进军。固守太原孤城的是太原绥靖公署主任阎锡山所属第十兵团王靖国部和第十五兵团郭宗汾部。早在1948年7月，华

---

① 张文鸿：《桂系部队在粤桂边境的覆灭》，《文史资料选辑》第50辑，第133页。

② 《李品仙回忆录》，第255页。

③ 《"戡乱"简史》，《国军序列表》，插表第12.190—191页。

北野战军第一兵团和晋绥第七纵队等部已开始围攻太原，尔后为配合平津战役，中共中央军委决定缓攻太原。平津战役结束后，军委3个直属兵团和第四野战军炮兵一部继续对太原围攻。1949年4月14日，人民解放军对该城外围全线发动猛攻，"越点钻隙，将国军阵地分别隔离包围，逐段突进"①。战至22日，已兵临城下，此时人民解放军集中所有重炮、山炮、野炮、迫击炮轰击城垣，24日城破，人民解放军冲入城内，两军展开激烈巷战。太原守军120000旋遭全歼，省政府代主席梁敦厚在绝望中自杀，太原绥靖公署副主任孙楚、太原守备司令王靖国等则被活捉，山西省会太原遂告解放。跟着，大同国民党守军万余人于29日自动投诚。

太原战役后，第一野战军全力向陇东地区挺进。胡宗南集团自5月9日至17日，将兵力从耀县、富平、三原向泾渭河谷退缩，并被迫放弃西安。人民解放军于20日攻占西安，强渡泾河，进逼关中，迫使胡宗南部再退至凤翔、宝鸡、秦岭一线。由于胡部主力一再后撤，造成陇东和陕甘公路暴露，威胁到马家地盘。于是，由马鸿逵出面电蒋介石，要求和胡宗南部联合向西安反攻，获准。胡、马协作，于6月向人民解放军发动了关中会战。胡部参加战斗的部队有第十七、第三十六、第三十八、第六十五、第九十共5个军；青海马步芳部参加战斗的部队有陇东兵团（辖第八十二、第一二九军及骑兵第八旅）、陇南兵团（辖第一一九军及第一九一师），宁夏马鸿逵部参加战斗的部队有宁夏兵团（辖第十一、第一八八军及保安九个团）。胡部沿渭河南北向东攻击前进，马部则分由平凉、天水直扑咸阳。第一野战军一部先向泾河北岸撤退，以诱其深入，另一部则于郿县地区南渡鄂河，拦腰截断胡宗南之第三十六军，同时还在咸阳城郭狠狠打击马家军。马部先溃败，向北逃跑，于是第一野战军"全力进袭"胡部，在扶（风）郿（县）地区，一举歼其4个军9个师约40000人。胡宗南集团损失惨重，而关中之地亦尽失。

第一野战军于7月14日攻占宝鸡后，留主力一部据守，以牵制胡宗南部，其余主力悉沿西（宁）兰（州）、天（水）宝（鸡）两公路疾进，直

---

① 《"戡乱"简史》，第207页。

薄兰州。马步芳把所部6个军约9000人集结兰州，企图与人民解放军背城一战。21日至24日，两军在兰州外围九条路口、狗头岭等地区发生激战。此时，第一野战军另一部则向马步芳老巢西宁奔袭，以分其心。果然，马急抽骑兵一部向西增援，致防守兰州兵力益成劣势。8月25日，城破，兰州遂告解放，马家军大部被歼，少数残部溃散。9月5日，西宁也为第一野战军所攻克。第一野战军第十九兵团乘胜北攻，占同心、中宁，复克清远、中卫，除马鸿宾一部投诚外，马鸿逵集团则被歼于银川以南金积、青铜峡地区。23日，第一野战军进驻银川。在这之前，绥远董其武部于9月19日起义。不久，新疆省主席鲍尔汉、新疆警备总司令陶峙岳等，于9月26日通电起义。"至此整个大西北军政局面，全部顿告瓦解。"[①]蒋介石闻之痛心疾首，感叹不已[②]。

胡宗南自退据汉中后，由于第一野战军主力已转向甘肃、宁夏、青海一带，因此稍得喘息，遂将全军整编为三个兵团，并略作调整，以李文充第五兵团司令，守备秦岭正面一线，第十八兵团司令仍为李振，守备陇南一线，以裴昌会任第七兵团司令，沿川陕边界大巴山一带布防。胡宗南本人即被国防部委为川陕甘边区绥靖主任。

此时，重庆绥靖公署已撤销，改组为西南军政长官公署，仍以张群执掌之，负责整个西南地区的作战。8月29日，蒋介石亲自在西南军政长官公署召集重要军事会议，出席者有西南各省主席与川陕甘及川鄂湘各边区将领，只有云南卢汉缺席。会议着重研讨人民解放军的下一步行动和如何保卫四川、大西南。会上比较一致的看法是，人民解放军不一定会立即进军西南，如欲入川，必从北面而至，因鄂西、湘西、川东一带地形险阻，交通不便，行动艰难，而川北则有川陕公路可通，兼接陇海铁路，交通便捷。据此，蒋介石作出了拒解放军"于川境之外，即以陇南与陕南为决战地带"的决策[③]。同时调第七编练司令部（后改第十五兵团）罗广文部"增防陇南，加

---

① 《"戡乱"简史》，第212页。
② 蒋经国：《风雨中的宁静》，第241页。
③ 蒋经国：《风雨中的宁静》，第233页、234页。

强胡宗南实力，以巩固陕南防务"。①接着再调杨森第二十军，开赴川北，以增加该方面的防务②。

与国民党当局的估计恰恰相反，中共中央军委作出了从川南、川东进军的大胆战略构想，令人民解放军对胡宗南集团及国民党在川康的其他军事力量，实行大迂回动作，突然插至敌后，断其退路，先完成包围，然后再回打。以第二野战军主力从湘黔边境直出贵州，进占川东、川南，并切断敌往云南之退路，同时，第一野战军第十八兵团则在北面滞留胡宗南集团于秦岭地区，待第二野战军主力完成战略部署后，即迅速入川，攻占川北，然后南北两路将胡宗南等部夹击于成都地区，一举聚歼之。中共中央任命邓小平、刘伯承、贺龙为西南局第一、第二、第三书记，统一指挥西南战事的进行。

当时，担任贵州和川东、川东南方面防务的国民党兵力有贵州绥靖公署主任谷正伦所属何绍周第十九兵团的第四十九军和第八十九军，将原属华中军政长官公署的宋希濂部所辖钟彬第十四兵团和陈克非第二十兵团划归西南军政长官公署建制，改称川黔鄂湘边区绥靖公署，宋希濂为主任，公署驻鄂西恩施，负责防守长江（含）以南，包括四川的酉（阳）秀（山）黔（江）彭（水）和贵州的沿河、松桃一带，将原川东绥靖公署改为川陕鄂边区绥靖公署，主任仍为孙震，驻万县，辖孙元良第十六兵团，防守长江以北至大巴山一线。

1949年11月1日，第二野战军第三兵团会同第四野战军一部沿川鄂、川湘公路向当面的宋希濂部进击。宋部本是国民党中央嫡系，为蒋介石保卫大西南除胡宗南集团以外的又一支王牌军，不料一经接战，其第七十九、一二四军"即向西溃退"，第二军一部和第十五、第一一八军亦"节节后撤"，且第十四兵团"损失甚众"，"各部队多失连络掌握，战力全失"③。兵团司令钟彬被俘。致巴东、建始、恩施、宜恩、酉阳、秀山、黔

---

① 蒋经国：《风雨中的宁静》，第233页、234页。

② 刘绍唐：《民国大事日志》第2册，第838页。

③ 《"戡乱"简史》，第214页。

江、彭水诸要关尽丢。与此同时，集结在湘西芷江的第二野战军第五兵团等部则沿湘黔公路向西疾进。国民党军"戍守黔东兵力至为单薄"[①]。人民解放军势如破竹，速占黔东之天桂、三穗、玉屏、镇远，又夺湘黔公路上之黄坪、马场坪、贵定、龙里，11月14日复克贵阳，击溃国民党军第十九兵团的抵抗。接着，人民解放军又转向西北方面进击，陷黔西、大定、毕节，切断川康国民党军向云南撤退的后路。当川东告急、贵阳失守之际，蒋介石匆忙由台北飞往重庆。这时的重庆，"已充满了恐慌、惊怖和死寂的空气"[②]。蒋介石速命胡宗南部南撤，并将其第一军急运重庆；又调罗广文第十五兵团由綦江到南川段布防；令宋希濂部第二十兵团残部向涪陵转进，孙元良第十六兵团由万县西撤，以拱卫重庆孙围，同时改重庆警备司令部为重庆卫戍总司令部，特任杨森为总司令，把他的第二十军也调来重庆，决心在重庆地区与人民解放军决一死战。23日，罗广文部与进击之人民解放军激战于冷水场、水江石地区。蒋介石为之打气，电罗广文："望严责所部，有进无退，死中求生。"[③]不料罗广文部却节节后退，于25日失南川，28日又失惠民场、綦江，整个兵团几被全歼，仅罗广文只身逃至重庆。29日，人民解放军已击破胡宗南部第一军的抵抗，迅速攻抵南温泉、渔洞溪等市郊地区。蒋介石只好夜宿"中美"号专机，次晨飞往成都。30日中午，第二野战军攻克重庆，西南地区最大的都市遂告解放。蒋介石到成都后，几次找胡宗南商量作战方案。胡怕被歼，主张从速解决西康刘文辉部，进占雅安、西昌，然后撤至云南，再向越南、缅甸逃窜，以待国际形势的变化。蒋介石不同意该方针，决在此作"孤注一掷"，要胡宗南死守成都，以与台湾相呼应，任参谋总长顾祝同为西南军政长官，胡宗南做西南军政副长官兼参谋长，代行长官职权，并在成都设防卫总司令部，以胡部第三军军长盛文统率之。蒋要求胡部派出有力一部，进驻自流井和内江，以阻人民解放军从东南方向进击，又令退到三台地区的孙元良第十六兵团及杨森第二十军协助胡部，首先向南攻

---

① 《"戡乱"简史》，第213页。

② 蒋经国：《风雨中的宁静》，第258页。

③ 蒋经国：《风雨中的宁静》，第262页。

略遂宁，而由万县退到大竹、渠县之湖北省政府主席朱鼎卿第十四兵团为侧翼掩护，与人民解放军在成都地区进行最后决战。

但是蒋介石所作的一切努力，均由于人民解放军的迅速进军和共产党政策的感召，而告失败。第二野战军第三兵团和第四野战军部自攻克重庆后，分沿成（都）渝（重庆）、绵（阳）璧（山）公路向西、向北进攻，占璧山、铜梁、永川、荣昌、隆昌、内江、资中、资阳、遂宁等地，第二野战军第五兵团，由贵州毕节，北渡赤水，克合江、泸州、宜宾、自贡、荣县，第一野战军第十八兵团，亦由秦岭方面分三路跨越大巴山，进入川北，直驱川西。胡宗南集团和川康其他国民党军事力量处在人民解放军南北钳形攻势之中，乱作一团，大部起义，一部溃散。在胡宗南的3个兵团中，裴昌会第七兵团于25日在德阳起义，李振第十八兵团于27日在成都起义，唯李文第五兵团由新津向邛峡、大邑一线猛攻，企图突围南逃雅安，遭人民解放军痛击，俘李文以下50000余人。偌大的一个胡宗南集团崩溃于一旦。胡宗南只身离开部队，乘飞机逃到海南岛榆林港，遭蒋介石严责，令其复回西昌收集残部。胡到西昌后，仅得数千残兵败将，不久人民解放军进逼西昌，胡只好和西昌警备总司令兼西康省政府主席贺国光逃到台湾。后来，胡宗南于1950年5月18日以"丧师失地，贻误军国"的罪名，遭监察院弹劾[①]。

云南的卢汉，川、康的刘文辉、邓锡侯、潘文华等，于12月9日分别在昆明、雅安起义，云南、西康两省遂告和平解放。这时，李弥第八军、余程万第二十六军，在陆军总部参谋长汤尧指挥下，进攻昆明，欲破坏云南的和平解放。人民解放军第四兵团等部在云南人民配合下，于1950年1月1日至2月7日，在滇南地区，将该敌大部歼灭，汤尧被俘，残敌一部入越南莱州，被法方缴械；另一部西窜澜沧江入缅，暂得苟延残喘。蒋介石坚守大西南，以为大陆最后反共基地的企图，"遂成绝望"。

---

① 刘绍唐：《民国大事日志》第2册，第853页。

陈诚溃离东南沿海

当人民解放军第一、第二、第四野战军分向中南、西北、西南进军之时，第三野战军第十兵团稍事休整，即由沪杭一带南下福建，7月下旬，前锋已推进至南平、古田、霞浦一线。

东南沿海是台湾的屏障，具有重要的战略地位。1948年5月初，当蒋介石乘"江静"轮驶离上海，预料该城不久即将陷落时，他认为，"中国最佳之希望在沿海的抵抗，借此可与自由世界维持其联系"[①]。7月上旬，当长沙失守，关中不保，大局日趋严重之际，国民党军事当局特成立东南军政长官公署，统一指挥苏、浙、闽、台四省之作战。8月15日，由台湾警备总司令陈诚出任东南军政长官，蒋介石这颗焦急不已的心，才算放了下来[②]。其时江苏全境早被解放，浙江仅剩舟山群岛一隅之地。防守舟山群岛和福建的国民党兵力，除李以劻独立第五十师外，全系江防战斗和淞沪战役失败溃退下来的汤恩伯部，不是缺枪少弹，就是无衣无粮。这些残兵败将经过暂时整编，在福建共得3个兵团7个军，为李延午第六兵团辖李天霞第七十三军、劳冠英第七十四军、于兆龙第九十六军，该兵团负责防守闽江以北地区，李良荣第二十二兵团辖沈向奎第五军、陈士章第二十五军，该兵团防守闽南泉州到厦门地区；刘汝明第八兵团辖曹福林第五十五军、刘汝珍第六十八军，该兵团防守闽西南龙岩到漳州地区。此外，还有以侯镜如、方先觉为正、副团长的公署军官团。福建省总兵力不到150000人，统归福州绥靖公署主任朱绍良指挥。在舟山群岛，经整顿仅得3个军不到60000人，由舟山群岛防卫司令石觉指挥。

之前，由蒋介石亲自决定，于6月21日在台北召开东南区军事会议，借

---

① 董显光：《蒋"总统"传》（三），第526页。

② 蒋经国：《风雨中的宁静》，第229页。

以检讨前一段军事、政治、经济等方面失败的经验教训，策划下一步有效的攻守方略及充实军事力量。出席会议者包括了东南地区陆、海、空三军将领及各党政要员，以及总裁办公室的各高级成员。会议由陈诚任主席，林蔚为大会秘书长，联勤副总司令张秉钧为副秘书长。议程历时七天，共提出检讨军事失败与各种腐败现象之总因，今后对共军战术与战略以及防卫台湾之研究，政治经济工作与联勤制度之革新，国军编制装备、军费预算、军需生产之改进等10余类、计55件提案。会议作出了成立非常委员会东南分会、改变财经政策、设立革命实践研究院、实施各兵种联合教育、成立东南区补给部、确立防卫台湾计划之原则、完成各项攻防准备，以及设立军队各级政治部门等多项重要决议，而在其诸项决议中，居于首要地位的决策，则为设立东南军事长官署，以统一指挥辖区内之军事政治。

该设置东南军事长官公署案于7月18日，经由广州政府行政院政务会议通过，后又经非常委员会追认，任命陈诚为东南军政长官，长官公署设台北，辖苏、浙、闽、台四省。8月15日，陈诚正式就职东南军政长官，先后被任命为副长官者为林蔚、汤恩伯、郭寄峤、罗卓英、郭忏、孙立人六人。其中林蔚主管行政、人事，郭寄峤主管作战，罗卓英主管后勤，郭忏、孙立人、汤恩伯则分别主管舟山指挥部、台湾省防卫司令部及福州绥靖公署。张秉钧任参谋长；副参谋长陆军为杨业礼，海军为杨元忠，空军为赵国标。

东南军事长官公署下设政务委员会与陆、海、空军联席会议，分负政治与军事方面的决策与执行，同由陈诚分别兼任委员会与联席会议主席。政务委员会职责为：监督、指挥辖区内政治经济之措施，考核、奖惩辖区之行政官吏，监督、指导行政院各部会驻辖区内之附属机关，筹划、制定辖区内政治、经济、文化、土地之改革方案等。委员会下设政务、经济、文教、土地四处，分由徐萧、尹仲容、刘业明、连震东任处长。陆、海、空军联席会议主要任务为：审议陆、海、空军之联合作战及其重要军事措施，任免陆、海、空军主要人事，以及对三军共同有关的生产、补充、通信、补给、人事、经理、训练等项问题提出建议与进行检讨。联席会议每周三举行例会，另于每周三、六、日召开记者会，分析战局，解答询问。长官公署的直属机关有办公室，第一（人事）、第二（情报）、第三（作战）、第四（后勤）、第五（训练）处，军法处，总务处，预算财务处，陆、海、空军联合作战指挥办公室，政治部，情报通信指挥部，东南海航务委员会，敌后军政指导委员会，东南区点编委员会等。

东南军政长官公署名义辖苏、浙、闽、台四省，实际至当年10月厦门解放后，其所辖地区仅为台湾一省及苏、浙、闽、粤沿海部分岛屿。该公署下辖由汤恩伯任主任的厦门分署、由石觉为司令的舟山防守司令部，及各直属兵团。由陈诚直接指挥的部队，先后计有：

第二十二兵团李良荣部，下辖第五军、第二十五军及独立第五十师；

第八兵团刘汝明部，下辖第九十六军、第六十八军、第五十五军；

第十二兵团胡琏部，下辖第十八军、第十九军、第十三军；

舟山防守司令部石觉所部，下辖第八十七军、第五十二军、暂编第一军，以及由金门调来之第十九军。

这时与东南军政长官公署同时存在的军政长官公署尚有：

西北军政长官公署，军政长官马步芳；

华中军政长官公署，军政长官白崇禧；

西南军政长官公署，军政长官张群；

华南军政长官公署，军政长官余汉谋（1949年8月31日始由广州"绥靖"公署改建）。

与陈诚于8月15日就任东南军政长官的同时，由他兼任总司令的台湾警备总司令部同时宣告结束。

由于陈诚活动主要是在台湾岛，所以蒋介石又安排心腹爱将汤恩伯为东南前进指挥所主任，并有逐步取代朱绍良的意思。8月中旬，蒋介石终于通过国防部提议由汤恩伯担任福建省主席兼福州绥靖公署主任一职。这引起了李宗仁的强烈不满。李宗仁认为："蒋先生今日在宪法之前只是一个平民，以一个平民身份随便撤换封疆大吏，成何体统？"[①]况且汤恩伯只是得到他的宠

---

① 《李宗仁回忆录》（下），第1004页。

信，而实际却是"最脓包"不过的①。因此，李宗仁拒绝颁布此项任命。蒋介石则认为，以他为首的"非常委员会"有权对军事局势进行干预，以填补因李宗仁迟疑失措所造成的真空，并进一步在"非常委员会"之下设立军事、财政与外交3个小组，由他自任军事小组召集人，以谋一旦李代总统动摇的政权崩溃后，这个班子上台继续执行政务②。汤恩伯又乘此大吵大闹。结果，桂系斗不过蒋系，隔了一礼拜后，李宗仁只有忍气吞声地副署任命。

正当蒋李权力之争闹得不可开交之时，人民解放军已攻占福州外围的重要据点罗源湾、白沙洞口和莆田、福清，对福州形成了三面包围之势。8月15日，人民解放军一部又猛攻连江，击破国民党第七十四军的抵抗，连下馆头、闽安镇，歼灭国民党第二○一师一个团，夺马尾，直插闽江口，切断了国民党军海上的逃路。福州国民党守军仓皇向平潭岛和厦门逃窜，沿途迭遭人民解放军伏击，损失重大，溃不成军。独立第五十师亦宣告起义，17日，福州解放。

人民解放军攻占福州后，即向闽海沿岸推进，在松山、高山一带集中船只数百艘，于9月1日向平潭岛以西各小岛进击，经三日战斗各小岛均被攻陷，继之又集中兵力，向平潭主岛强行登陆，击溃国民党第七十三军和第七十四军残部的抵抗，16日完全占领平潭岛，守军大部遭歼，一部撤逃台湾。

在向平潭岛进攻的同时，另一路人民解放军则沿漳（州）厦（门）公路疾进，至9月底，占领厦门岛、金门岛外围的惠安、泉州、同安、漳州等地，并续占嵩屿、集美、澳头。国民党第八兵团、第二十二兵团在抵抗中，损失惨重，且战且退，一部退至厦门，一部退至金门。10月15日，人民解放军不顾国民党空军狂轰滥炸，在炮兵的掩护下，先后攻占了鼓浪屿及厦门岛。

人民解放军于胜利结束福州、厦门战斗后，集中兵力一部，准备对金门岛发起攻击。此时，国民党军对该岛的防御大大加强，除李良荣第二十二兵

---

①　《李宗仁回忆录》（下），第962页。

②　董显光：《蒋"总统"传》（三），第538—539页。

团外，10月19日又把从汕头撤退的胡琏兵团悉数运往岛上，同时出动大批飞机侦察、轰炸厦门海岸的渡船。24日晚，人民解放军第一梯队3个先行团，在莲河、澳头登船，至大嶝海面集结，驶向金门岛东北部强行登陆，突破国民党军第二○一师两处阵地，攻占了垅口、林厝、北山等处。25日拂晓，国民党军地面部队在海、空军和战车部队掩护下，实施反击，将人民解放军渡船破坏，使其后续部队无船可渡。解放军登陆部队在无后援情况下，孤军苦战3昼夜，终因寡不敌众，大部英勇牺牲。此后，出于战略上的考虑，没有继续对金门岛发起进攻。第三野战军第十兵团经过两个半月的连续行军作战，在地方党和游击队的配合下，共歼灭国民党军100000余人，解放了福建及其沿海部分岛屿。

与进攻金门岛的同时，人民解放军第三野战军第七兵团在浙江沿海宁波、镇海一带集结，并征集了大批船只，炮兵也推进至海岸，以掩护对定海外围的各卫星岛进击。到10月底，人民解放军先后攻占了大榭、梅花、六横、金塘、桃花诸岛，岛上的国民党守军"伤亡殆尽"[1]。11月4日，人民解放军一部在向同步岛进攻时，由于缺乏"足够应用之船只"，更没有"海、空军之支援"，遭到挫折[2]。对于舟山岛，则因为国民党军一时在该岛集结了150000人之众，同时定海又修建了庞大的空军基地，因此，人民解放军没有立即进行攻击战斗。国民党军补给区为维持这支驻军须消耗台湾资源的一半，而且蒋介石深知"无法阻止"共军对此岛的夺取，遂作出决定，于1950年5月13日开始秘密地、尽快地将这支部队撤往台湾。5月19日，人民解放军进驻舟山群岛。

在人民解放军解放舟山群岛一个月之前，第四野战军一部在海南游击队的配合下，强行登陆海南岛，击退国民党华中军政长官公署所属海南防卫司令薛岳部80000人的抵抗，解放了海南岛。

至此，陈诚等部被逐出了东南沿海地区，国民党军事当局想依赖这些海岛对大陆执行一项关闭（封锁）政策的企图也随之失败！

---

① 《"戡乱"简史》，第199页。

② 董显光：《蒋"总统"传》（三），第558页。

十七　南京政府覆亡

南京"四一"惨案

1949年3月下旬，南京中央大学等100所高等学校，为提高师生员工待遇，要求南京政府实行"七项诺言"等，决定于4月1日举行游行示威，并向代总统李宗仁请愿。南京政府方面负责维持南京城治安的首都卫戍总司令部得悉这一消息后，立即紧锣密鼓，拟订了气势汹汹的镇压计划。据首都卫戍总司令部政工处长罗春波叙述：

3月28日，宪兵司令部第二处、警察厅刑警总队、教育部督学室，先后打电话给我，说十个大学学生，将在四月一日大游行。我即请示张耀明、覃异之（按：张、覃分别为首都卫戍总司令、副总司令）。他们商量的结果，决定制止游行。由政工处派员先到各校分别劝阻，最好能无形打消，结果学生坚持原议，那么，四月一日黎明就在各学校附近临时戒严，将电话一律剪断，使各校相互不能联系；一面三层包围，第一层是民众自卫队，第二层警察（带水龙皮带），第三层武装部队（但严令不准开枪，违者当场枪毙）。无论如何，不让学生出校门。每一学校，派一临时总指挥，以警察分局长或宪兵团长担任；同时，政工处派校级职员两人担任说服任务。全市由覃异之临时设立指挥所负责指挥。这样的计划，由张耀明报顾祝同、何应钦（按：顾、何时分任参谋总长、行政院长），都同意，教育部长杭立武也完全赞同。①

这一计划，虽有"严令不准开枪，违者当场枪毙"的内容，但又是携带水龙皮带，又是调动武装部队，三层包围，还设立了指挥部，显然是一个镇压的计划和部署。据档案记载，其首都卫戍总司令部曾于3月31日晚，"召集各警备区指挥官紧急会议，商议防止办法，作劝阻游行之必要措施"，首都警察厅也曾"令饬保警总队派遣徙（徒）手长警两中队，归东区局薛局长指挥，加强警力，机动使用，积极设法劝导"。②字里行间，包藏着杀机，因为如果一方坚决游行，"劝阻"不成，势必引发冲突，导致镇压。

首都卫戍总司令部并于3月31日针对南京大专学校即将举行的游行示威活动发表声明："依照戒严令，绝对禁止任何学校、团体假借任何名义，非法集会，或聚众游行，违者严办不贷。"③

至31日深夜，情况发生了逆转。由于代总统李宗仁于日前派出张治中、邵力子、黄绍竑、章士钊、李蒸、刘斐六人为南京政府的和谈代表，前往北平，与中共方面进行和平谈判。他当然不想因镇压学生，而影响和谈大计。于是，他于4月1日凌晨紧急命令，不得强行制止学生游行，撤除一切警戒。首都卫戍总司令部政工处长罗春波叙述：

> 突然到深夜两点钟时，张耀明给覃异之电话，说"李宗仁命令准许学生游行，不要阻止，一切警戒撤除"。大家都很惊奇，覃

---

① 《罗春波谈"四一"事件》，江苏省公安厅保存档案。

② 珍督字第六三九号，南京政府教育部档案，藏中国第二历史档案馆。

③ 《中央日报》1949年4月1日。

异之尤为气愤，把电话机一摔……他连电话都不肯打了，由我替他分别打电话给各警察分局长、宪兵团长，将集中待命的军宪警和民众自卫队一律撤围，并停止戒严和切断电话线、堵塞校门等预定的计划；仅在明天他们出动的时候，注意秩序，勿生事端。[①]

首都卫戍总司令部在事后的一份报告中称："奉代总统李指示：如劝阻不听，勿强予制止，但须维持沿途秩序。本部即遵令饬宪警徒手便衣，随同游行队伍，维持秩序。"[②]

4月1日上午10时许，国立中央大学、国立政治大学、国立东方语文专科学校、国立药学专科学校、国立戏剧专科学校、国立音乐院、国立边疆学校、私立金陵大学、私立金陵女子文理学院、私立建国法商学院10所专科以上学校师生员工5000余人，置国民党当局的威胁、恐吓于不顾，从四牌楼中央大学操场出发，举行争生存、争自由、争取真正和平请愿游行。游行队伍经成贤街、碑亭巷、林森路（今长江路）而至总统府。沿途张贴标语，高呼口号，以花鼓、秧歌等各种文艺形式进行宣传。至总统府后，派出教职员工与学生代表7人，向代总统李宗仁请愿，要求提高师生员工待遇，实行"七项诺言"，停止征兵、征粮、扩编军队等；其他学生则在总统府门前呼口号、贴标语、扭秧歌，气氛十分热烈。据首都卫戍总司令部档案记载：游行者"沿途散贴标语，呼口号，唱歌，用彩笔、油墨在墙壁上、各种车辆上涂写漫画、文字，竭尽讽刺、鼓惑反动之能事"，"队伍中并夹杂化装大小汽车四辆，男女化装花鼓、跳秧歌舞等怪模怪样"，"在总统府前张贴各种反动标语，并高呼反动口号，扭秧歌"[③]。后来大队继续游行，经大行宫、太平路、白下路、中正路（今中山南路）、新街口、中山路、鼓楼，而至金陵大学操场，约于下午2时左右解散，分别列队

---

① 《罗春波谈"四一"事件》，江苏省公安厅保存档案。

② 南京政府教育部档案，藏中国第二历史档案馆。

③ 《首都卫戍总司令部东区警备区指挥部向首都卫戍总司令部呈文》，藏中国第二历史档案馆。

返校。由于军警、特工人员均已接到代总统李宗仁关于不得强行阻止学生游行的密令，并未为难游行的学生。

但是，3时左右，国立戏剧专科学校参加游行的67名学生，乘一辆卡车，途经大中桥头时，却遭到国民党军官收容总队千余名军人以木棍、石块等凶器袭击，伤57人。国立政治大学学生100余人，闻讯分乘3辆卡车，赶往出事地点救援，复遭围殴，司机陈祝三伤重身亡。随即中央大学、建国法商学院、边疆学校的数百名学生，再次集合前往总统府请愿，抗议国民党军队对学生的暴行。讵料"容总"军人数百名竟手执木棍、石块、菜刀等凶器，分乘卡车多辆，亦赶到总统府门前，对手无寸铁的学生复行殴打，其状至惨。据统计，各校师生在大中桥和总统府两处，共被打伤200人以上，其中有中大教授刘庆云、吴传颐；重伤者70余人，内10余人处危险状态；除前述政大司机陈祝三惨死外，后来又有中大物理系学生程履绎、土木系学生成贻宾因伤重身亡。国民党首都卫戍总司令张耀明亲至现场制止，严禁"容总"军人外出，并陆续将其移驻郊外，方使事态未再扩大。据首都卫戍总司令部政工处长罗春波叙述：

> 我回到家里，一觉睡到四月一日下午一点钟才起床，接到处里李科长报告说，"学生游行情况良好"，我就很放心地吃饭后，和我妻子、儿女一家到"大明湖"去洗澡。快五点回家，勤务兵说覃副司令刚才来电话。我就打电话给覃，他急促地说："正找你，快点来，学生游行出了大事，快来面谈"。我立刻赶到总部，覃异之急忙说："刚才得到报告，大中桥军官队和学生打架，伤了很多人，快派人去制止，并调查真相。"
>
> ……
>
> 我到大门外（按：此处指首都卫戍总司令部门外，此处与总统府相邻，仅一墙之隔）见到学生满街乱跑，收容队员拿着木柴像疯了似的追赶去打。我和处里的职员十几人，分别喝止，但效果不大。两分钟后，张耀明驾着吉普车亲自出来，高喊："我是总司

令，哪一个敢再打，我就立即枪毙”（这时特务团一个连也赶到散开）。于是收容队员才停止，纷纷散去。[①]

南京“四一”血案的发生，虽不是国民党当局授意、预谋镇压的结果，但它却是国民党当局恶意宣传、敌视人民的必然结果。南京当局的最高决策者，虽下令不阻止学生的游行，但他们认为学生的请愿、游行是错误的，是受了中共的“煽动”应予“劝阻”。在他们这种顽固立场和态度的影响下，当然将其下属官兵、宪警引向了同学生的严重对立和冲突。“四一”惨案的发生，再一次教育了人民，必须认清南京政府的反动本质，用勇敢的斗争来迎接光明。

南京政府仓皇撤逃

随着政局动荡、经济崩溃、军事溃败，自1949年元旦始，南京政府经历了它历史上风雨飘摇的最后几个月。

刘峙、杜聿明集团于1949年1月上旬在淮海战场被歼后，京师震动，人心惶惶。1月19日，南京政府外交部通知各国使馆，迁往广州；26日，行政院政务会议决定，政府“迁地办公”。明故宫机场的飞机，不停地为各国使馆和政府各部门的搬迁穿梭飞行。2月1日，国民党中央党部由南京迁穗，5日，行政院正式开始在广州办公。接着，南京政府各院、部、会、处的负责人，都纷纷抵达广州。

在江北的隆隆炮声已经愈益迫近南京的3月，代总统李宗仁第一次也是在南京最后一次批准了内阁的更迭。7日，刚上台三个多月的孙科内阁总辞职，12日，李宗仁任命何应钦为行政院院长。22日，李宗仁发布新内阁任命令：贾景德为行政院副院长，张群、莫德惠、张治中、朱家骅、贺耀祖为行

---

① 《罗春波谈“四一”事件》，江苏省公安厅保存档案。

政院政务委员，李汉魂为内政部部长，傅秉常为外交部部长（未到职），徐永昌为国防部部长，刘攻芸为财政部部长，杭立武为教育部部长，张知本为司法行政部部长，孙越琦为经济部部长，端木杰为交通部部长，白云梯为蒙藏委员会委员长，戴槐生为侨务委员会委员长，并均为行政院政务委员，黄少谷为行政院秘书长。

内阁的改组，挽救不了政权覆灭的命运，人心更加动荡不安。部分深明大义的国民党军官兵，毅然起义。3月23日，南京警卫部队第四十五军之第九十师一部，在西南郊驻地起义，由师长王晏清率领，冲破国民党海军的封锁，渡过长江，与江北解放军会合。

在江防空虚、军无斗志的情况下，中国人民解放军从4月20日晚开始的渡江作战行动，更给南京政府的统治敲响了丧钟。京沪杭警备总司令汤恩伯，于22日下午，匆忙宣布全线撤退。这时，滞留在南京城内的国民党军政机关官员，乱作一团。下关车站的站台上人山人海，火车车厢顶上也挤满了人，列车的运行已经无人负责。当天下午，由南京开往上海的最后一列火车，驶到镇江，即被人民解放军截住，南京和上海间的铁路交通遂被切断。平日最繁华的中山路、太平路等地，商店已全部关门，行人绝迹，只有稀稀拉拉的军队，匆匆过市，撤离南京。

在撤逃的军事机关中，数国防部行动最早。元月间，该部即已随行政院迁往广州；一部至上海，组成"上海指挥所"。其留在南京的人员，于4月21日和22日，分别乘飞机和汽车，撤往上海。23日，行政院院长兼国防部部长何应钦和参谋总长顾祝同，乘机飞沪。

首都卫戍总司令部于22日撤退令下达后，除利用配属辎重兵团的近百辆汽车外，又向江南汽车公司和下关电厂强征了部分汽车，连夜向杭州方向逃去。其所属的各支部队，亦随同总部，一并撤往杭州。

随着南京政府各机关的撤逃，由其强行编组的"南京市民众自卫总队"也跟着自行解体。该总队原由首都警察厅厅长黄珍吾兼任总队长，将全市13个区的50000余名青壮年编组成13个大队。从解放军开始渡江的消息传来后，自总队长以下各级官佐，闻风而逃，自卫队员亦无形溃散。其中有些民众自卫队，早已为共产党地下组织所掌握，这时一变而为保护人民生命财产和维护社会秩序的可靠力量。下关、浦口一带工人较集中的地区，则由民众自卫队出来阻止溃逃军队抢车、拉夫，武装护厂护校，甚至狙击逃窜的国民党军警。

在南京政府历史上开张还不到1年的总统府，也经历了它历史上的最后一幕。4月22日，李宗仁在与蒋介石会谈后，匆匆从杭州赶回南京。当晚，汤恩伯即前来敦促李宗仁，至迟于明晨离开南京。此时，南京郊外炮声隆隆，机枪声密集。显然，那里的战斗正在紧张、剧烈地进行。当夜，总统府的卫兵全部撤逃，留守人员亦均留而不守。23日清晨，李宗仁由总统府侍卫长李宇清以专车直送明故宫机场。30多名总统府随员，分乘吉普车尾随专车鱼贯而行。李宗仁一行登上专机后，随即起飞。飞机在南京上空盘旋两周，复将钟山、石城置于身后，全速远飞。此时此刻，李代总统，默坐机上，想到政权的崩溃和蒋介石的专权，"瞻前顾后，不觉百感丛生，悲愤无已"[1]。

南京政府在撤逃的同时，对南京城大肆破坏。虽经广大工人、学生的护厂护校斗争，使许多工厂、学校免遭于难，但古老的南京城，还是被破坏得满目疮痍。火车站、飞机场、轮船码头，都遭爆炸和焚烧。下关车站的候车厅，被烧得只剩下一副空架子。光华门外的飞机场，为国民党空军放置的定时炸弹所毁，漫天的大火，一连烧了好几个小时。停泊在长江边的"青岛""沪平"、"三六七"、"二六一"、"三五一"号渡船和100多只民船，都被浇上汽油烧毁。中山路上的司法院、司法行政部大厦也燃起大火，从23日晚一直烧到24日凌晨。在黑暗的夜空中，那熊熊燃烧的烈火，正象征着一个旧世界的毁灭和一个新世界的到来。

24日凌晨2时许，人民解放军第一〇四师的先头部队，最先由江边进占总统府，并登上门楼，升起红旗。国民党经营了22年的南京政府，从此覆亡。

---

① 《李宗仁回忆录》下册，第971页。

南京解放

1949年4月20日，国民党政府拒绝在《国内和平协定（最后修正案）》上签字。随后，中国人民革命军事委员会主席毛泽东和中国人民解放军总司令朱德，向各野战军发布向全国进军的命令。人民解放军第二野战军和第三野战军，共24个军约100万人，在以邓小平为书记的总前委统一领导下，分作西、中、东三路，强渡长江天堑。

4月20日晚，中路大军首先渡江，并迅速突破国民党军在安庆、芜湖间防线。粟裕、张震指挥的在江苏境内渡江的东路大军，由第八、第十两个兵团组成，共8个军35万人。与中路大军从安徽强渡长江的同时，东路大军于21日晚，在三江营至张黄港段实施渡江作战。夜色迷茫，大江奔流，渡江大军万船齐发，以排山倒海之势，直取南岸登陆目标。这时，国民党军江阴要塞炮台总台长唐秉琳（中共地下党员）率部起义，逮捕要塞司令戴戎光。由于江阴要塞部队的起义，使东路大军左翼在江阴东西30公里长的江面上未受阻击，顺利突破国民党军在该段的长江防线。

作为解放军东路大军渡江作战的一部分——第三野战军第八兵团第三十五军，自4月20日起，由滁县以南一带，开始向江浦县、浦镇、浦口"三浦"地区攻击。

国民党军为掩护南京的北大门，将实力较强的中央嫡系部队、首都卫戍总司令部所属第二十八军刘秉哲部部署在"三浦"地区。第二十八军在这里修筑了明碉暗堡，又在沿江、公路一线构筑了层层防线，企图据守顽抗。

解放军第三十五军共有第一○三师、第一○四师和第一○五师3个师。第一○三师于怀安部自4月20日下午开始实施三浦战役方案，首先拔除了江浦县城北面老山上的一些据点，形成了对县城的弧形包围圈。傍晚，开始对城北朱家山实施炮火轰击，攻城突击连第三○七团第一营第三连连夜发起了5次突击，均未成功。直至21日凌晨，国民党军第二十八军部队，仍依托坚固的城墙，据险固守顽抗，致解放军攻城突击连发生大量伤亡，全连只剩下30多人。后解放军第一〇三师又增加第三〇七团、第三〇九团的3个连队，配合同时猛攻城垣，方于拂晓攻入城内，迫使守敌1个团部和2个营弃城南逃，江浦县城遂于早晨6时宣告解放。第一〇三师部队马不停蹄，从江浦直插浦口郊外，经21日一夜激战，于22日清晨将浦口全部占领，守敌乘船逃至南京。与此同时，解放军第一〇四师自20日晚起，对浦镇的大顶山、二顶山、三顶山、猪头山等处发起攻击，至22日黎明，差不多与第一〇三师解放浦口的同时，将浦镇解放。在此过程中，解放军第一〇五师亦在21日攻占了江浦与浦口间的十里桥据点，将驻守此处的国民党军第二十八军1个营和江浦县保安中队予以全歼。这样，至22日止，三浦战役便以解放军的全胜和三浦全境的解放而告结束，国民党反动统治中心南京，便处在了解放军炮火的直接攻击之下。

23日傍晚，解放军第一〇三师侦察连首先渡江登岸。据记载："约22时，小火轮载侦察连人员回到了下关，应工人邀请吃了夜餐之后，分成数组，向江边、向城内运动。"[①]随第一〇三师侦察连之后过江的是该师第三〇七团第一营，他们作为师的先头部队，过江后首先在下关江边集结，迎候大部队过江。与南京下关发电厂工人继续以运煤小火轮接运解放军过江的同时，由国民党首都警察厅水上警察局内的中共地下党员发动组织的"人民解放军水上挺进队"，亦率9艘巡逻艇开到长江北岸，参加运输。侦察连还在江南三汊河、上新河等处找来了一些较大的船只，使运输速度大大加快。解放军第三十五军所属第一〇三师、第一〇四师、第一〇五师连夜过江，先后占领了紫金山、狮子山、清凉山、五台山等制高点和市区。第一〇三师驻防中山北路、中山路、中山南路以西地区；第一〇四师驻防中山北路、中山路以东地区；第一〇五师驻防中山路两侧及城东风景区。第三十五军军部设于中山东路307号原励志社旧址内。

---

① 江苏党史资料专辑《渡江战役史事新探》，中共江苏省委党史工委编纂出版处1989年版，第109页。

真正负有占领总统府任务的部队是第三十五军的第一〇四师部队。第一〇四师在渡江行动中被列为全军战斗序列之首。按照第三十五军的统一部署，渡江占领南京的顺序为第一〇四师、第一〇三师（侦察连除外）、第一〇五师。第一〇四师应为渡江最早的部队，而该师又以第三一二团为先头部队。其第三一二团第二营营长褚宝兴称："大约在24日凌晨2时许，二营部队到达'总统府'大门前……在探明'总统府'内确实并无强敌之后，四连连长张维三带领全连战士撞开'总统府'正中大门向纵深冲锋，其他各连也全部冲入'总统府'展开搜索，俘获了几名正在抢东西的国民党散兵游勇。"①

第一〇四师的先头部队于24日凌晨2时许，占领了南京政府的总统府，将鲜艳的红旗插上总统府的门楼，宣告了国民党反动政府的覆灭，象征着中国人民革命的决定性胜利。

24日上午，南京几十万名工人、学生和市民满怀解放的喜悦，挥舞红旗，敲锣打鼓，高呼"欢迎解放军解放南京""中国共产党万岁"等口号，夹道欢迎解放军入城。解放军指战员驾着战车，携带着各种轻重武器，威武雄壮地通过挹江门，源源进入市区。捷报传出，举国欢腾。新华社以"庆祝南京解放"为题发表社论，指出："南京的解放正式地表示了国民党反动统治的灭亡。"②中共中央在贺电中指出，南京的解放，是"前线将士英勇善战，后方军民努力支援，江南民众奋起协助，其他野战军地方军一致配合行动所获的结果"。③毛泽东主席闻讯，挥笔写下了《人民解放军占领南京》的著名诗篇："钟山风雨起苍黄，百万雄师过大江。虎踞龙盘今胜昔，天翻地覆慨而慷。宜将剩勇追穷寇，不可沽名学霸王。天若有情天亦老，人间正道是沧桑。"

---

① 《服务导报》1999年4月19日。

② 南京市档案馆：《南京解放》，江苏古籍出版社1990年版，第576页。

③ 南京市档案馆：《南京解放》，江苏古籍出版社1990年版，第119页。

国民党被逐出大陆

南京解放后，南逃的国民党各政府机构，遂以广州作为临时办公地点。

代总统李宗仁于4月23日上午直飞桂林。他在桂林一住10天，竟没有离开的意思。这使在广州等待他的政府诸要员颇为焦急，于是公推居正、阎锡山、李文范和白崇禧于5月2日飞赴桂林，敦请其去穗主持政务，但李未走。

原来，李宗仁在南京主政三个月，最初，和行政院院长发生了摩擦。那是1月27日，李宗仁致电中共，表示政府愿以毛泽东所提八项条件作为和谈基础。行政院院长孙科以事先未征求他的意见为由，反对该电，继之又将行政院迁往广州。李宗仁认为此时政府正要创造气氛与中共言和，不能从南京迁走，孙科这样做显系拆他的台，以报昔日竞选副总统时结下的宿怨。2月14日，李宗仁令行政院迁回南京，孙科托病不理，一部分立法委员拟对孙科提出不信任动议，孙科遂提出辞呈。李宗仁批准孙利及其阁员总辞职，并提议行政院院长一职由何应钦担任，3月12日立法院同意何应钦重组行政院，李孙之间一场纠纷方告结束。可是，在李宗仁与蒋介石之间所进行的权力之争却根本无法解决。蒋介石下野后，李下的几道重要命令俱碰壁。李宗仁令京沪杭警备总司令汤恩伯：（一）解除南京上海区的戒严令；（二）将所辖最精锐之部队由上海撤往江西及皖南，以与武汉白崇禧部相配合。但汤恩伯只听命于蒋介石一个人，对此均不执行[1]。李宗仁又令台湾省政府主席兼警备总司令陈诚运回蒋介石从上海中央银行国库中运到台湾的价值500000000美元的黄金、白银，以及释放囚禁于台湾的张学良将军，陈诚同样亦置之不理。李宗仁想到没有蒋介石的同意，凡重大之决策，根本无法办成，自己代总统的职权只不过徒具虚名，犹如摆设。于是，李宗仁和周围官员商量，一

---

[1]　董显光：《蒋"总统"传》（三），第524页。

定要蒋介石"出洋"。但是，蒋介石的答复是："我自可下野，现在若复迫我出国亡命，我不能忍受此悲惨之境遇。"①李逼蒋"出国"的企图又遭失败。

正因为如此，李宗仁对居正等表示，不谈好条件绝不赴任。李提出的条件包括：国防部应有完整之指挥权，蒋不得在幕后指挥，全国官吏任免，由总统及行政院院长依据宪法执行之，蒋不得从幕后干预，中央金融、企业等机构，概由行政院主管部、会监督，蒋不得从中操纵，中央银行运台存储之银圆、金钞，须一律运回，并再次建议蒋必须暂时出国赴欧美访问，免碍军政改革等。②对于李宗仁提出的条件，蒋介石除坚决拒绝"出国"外，不得已表示：既然"过去之协助政府者，已被认为牵制政府，故中（正）唯有遁世远行，对于政治一切不复闻问"③，5月7日，阎锡山、朱家骅、陈济棠等又自广州来桂林劝说。次日，李宗仁才从桂林飞抵广州视事。

此时，突破长江天险的人民解放军第二、第三野战军正沿京沪铁路、京杭国道突进，旋克上海。第三野战军向浙闽疾进，第四野战军和第二野战军挥戈华中，白崇禧被迫撤离武汉，退向湖南。5月30日，行政院院长兼国防部部长何应钦，因不满自己和李宗仁一样处于无权之地位，愤而辞职。何从上台到下台，其间不到80天。何应钦去职后，李宗仁本想抬出国民党元老居正为行政院院长，希望借此对蒋介石的幕后操纵略作抗衡。但蒋授意CC派的立法委员，不支持居正出任，结果在立法院投票表决时，仅以1票之差，居正的任命未获通过。李宗仁不得已，只好改提蒋介石同意的阎锡山出任行政院院长，6月3日获立法院通过。10日，李宗仁忍气吞声地签署了新内阁的任命：朱家骅为行政院副院长，谷正纲（兼内政部部长）、叶公超（兼外交部部长）、关吉玉（兼财政部部长）、杭立武（兼教育部部长）、张知本（兼司法行政部部长）、严家淦（兼经济部部长）、陈良（兼交通部部长）、张群、吴铁城、陈立夫、黄少谷等为行政院政务委员。13日，阎锡山

①　蒋经国：《风雨中的宁静》，第131页。
②　《李宗仁回忆录》下册，第977页。
③　蒋经国：《风雨中的宁静》，第192页。

就任行政院院长并自兼国防部部长。

国民党在广州刚刚度过一次"内阁危机"，7月14日，蒋介石忽自台北率中央执监委员谷正纲、张道藩等26人飞穗。16日，蒋介石在穗主持国民党中常会与中政会联席会议，决定成立"非常委员会"，以取代中政会，主席为蒋介石，副主席为李宗仁，秘书长为洪兰友。同时蒋介石又设总裁办公室于台北，由黄少谷任秘书主任，俞济时任总务主任，处理总裁交办的事项。而"非常委员会"的权力凌驾于政府之上，政府的一切措施，都必须先经过其议决通过，方为有效。这样，蒋介石便可直接出面控制政府了，李宗仁更处于可有可无的格局。李遂决定外出"巡视"，以作消极之对抗。他先后去衡阳、福州，抵台北，复返广州。不久，西北、东南，特别是华中地区的战事日趋紧张，李宗仁为保住桂系这支力量和华南数省，力主坚守江西与鄂西，以屏障白崇禧的两翼。这两翼皆是国民党中央嫡系部队。蒋介石为保存实力，另有他用，遂把江西上饶地区的胡琏兵团调往广东潮（州）汕（头），而后至金（门）马（祖）。把从青岛撤出来的刘安祺兵团调往海南岛、雷州半岛，而不放在赣南、粤北。驻防鄂西的宋希濂兵团，则是蒋作为而后保卫西南的基本兵力之一，一直按兵不动，屡次抗拒国防部命令，拒不配合白崇禧的战略行动。桂系只好孤军作战，屡遭挫败，军溃广西。

人民解放军从江西直捣广东韶关，广州危急，国民党决定再迁政府所在地至重庆。半年前，当南京政府宣布南迁时，尚有不少国家驻华使馆随同迁往广州，现在竟无一国使馆同意再迁渝地。在从广州撤逃中，国民党军炸毁了南郊的珠江大桥。10月13日，李宗仁离开一片混乱的广州，飞桂林，旋至重庆。14日，人民解放军解放广州。国民党史书认为，"广州之陷落，不论在战略上或政治上，都是对政府之一项重大打击。此意味着，共党势力已由中国最北端之海岸伸展到最南端之海岸"[1]。局势愈发不可收拾。这时，国民党内部一部分人要求蒋介石"复行视事"的呼声甚高，李宗仁处境十分尴尬，11月初，只好再次借出外"巡视"离开重庆，先后至昆明、桂林、南

---

[1] 陈孝威：《为什么失去大陆》，第625—629页。

宁，虽然国民党当局要其速回，但李宗仁置之不理。不久，李以治病就医为名飞往香港。蒋介石派居正、朱家骅、洪兰友、郑彦棻劝其返渝，李坚拒不回。12月初，李宗仁带着满腔失望情绪离开中国，去美国医治胃出血。

在李宗仁离开重庆的这段时间，西南战局一败涂地，宋希濂兵团不堪一击，川东一带尽失。国民党预料重庆即将失陷，于是开始了溃退前的大破坏和大屠杀。9月2日，国民党特务在山城市中心陕石街纵火，大火整整延续了12个小时，焚毁了30多条大街小巷，16个大小仓库堆栈，20多家银行钱庄、死伤人数多达20000余人。从9月6日开始，直到11月27日，国民党特务分几批秘密地处决了囚禁于"中美合作所"的革命志士、爱国人士331人。发动西安事变迫蒋介石抗日的爱国将领杨虎城和黄显声，以及杨将军的幼子、幼女，秘书宋绮云夫妇及其幼子，中共地下省委负责人罗世文、车耀先，民革重庆负责人周均时等，都殉难于这次血腥的屠杀中。11月22日，国民党决定再迁"政府"所在地至成都。40天内，从广州，而重庆，而成都，已三易其地。11月下旬，罗广文兵团又全军覆没于川南，30日，人民解放军乘胜一举攻占重庆，成都又处在人民解放军南北夹击之中，风声鹤唳，危在旦夕。12月8日，"行政院"召开紧急会议，决定"政府"撤离大陆，迁往台北，并在西昌设立总指挥部，以作最后的挣扎。"行政院院长"阎锡山、"副院长"朱家骅等在会议结束后，即匆忙赶往机场，飞赴台北。旋人民解放军兵进成都，击溃胡宗南兵团。胡的残部逃往雅安与西昌，未几也遭全歼。在这之前，卢汉宣布云南起义，脱离国民党政府，大西南全境遂告解放。

中华人民共和国诞生

随着人民解放战争的节节胜利，1948年4月30日，中共中央在发布纪念"五一"劳动节的口号中提出："各民主党派、各人民团体、各社会贤达迅速召开政治协商会议，讨论并实现召集人民代表大会，成立民主联合政府。"①中国共产党关于召开新的政治协商会议以代替1946年1月在重庆举行的政治协商会议的口号，立即得到了全国人民及各民主党派、人民团体、无党派人士的热烈响应。当时云集于香港的民主人士纷纷表示准备进入解放区，以参加新政治协商会议的筹备。中共中央副主席周恩来负责了这项工作，他一面部署在大连接待，一面派人以救济总署特派员的身份至香港，协助当地党组织安排护送民主人士安全北上。11月22日，先后进入东北解放区的李济深、沈钧儒等55名民主人士联合发表声明，表示"愿在中共领导下，献其绵薄，共策进行，以期中国人民民主革命之迅速成功，独立、自由、和平、幸福的新中国之早日实现"②。25日，中共中央代表同已赴东北解放区的民主人士达成了召开新政治协商会议和成立民主联合政府的建议。1949年1月底，北平和平解放后，参加筹备新政协的民主人士从东北进入北平。

6月15日，新政治协商会议筹备会第一次会议在北平召开。参加这次会议的代表包括中国共产党和各民主党派、各人民团体、各界民主人士、国内少数民族、海外华侨等23个单位，134人。会议经过5天讨论，通过了《新政治协商会议筹备会组织条例》和《关于参加新政治协商会议的单位及其代表名额的规定》两个文件，选出了以毛泽东为首的21人组成常务委员会。常委会并推选毛泽东为主任，周恩来、李济深、沈钧儒、郭沫若、陈叔通为副主任，李维汉为秘书长。决定在常委会领导下设立6个小组，分别拟定：（一）参加新政治协商会议的单位及其代表名额；（二）新政治协商会议组织条例；（三）中华人民共和国政府方案；（四）新政治协商会议共同纲领；（五）新政治协商会议宣言；（六）国旗、国徽、国歌的方案。6个小组经过3个月的努力，将上述工作大体完成。于是，9月17日，又召集了新政治协商会议筹备会第二次会议，代表一致通过将政治协商会议组织法、共同纲领、中央人民政府组织法草案作为正式提案，提交即将召开的政治协商会议第一届全体会议审议；政治协商会议宣言和国旗、国徽、国歌建议案的起草尚未最后定稿，留待政治协商会议第一届全体会议解决。会议一致同意将

---

① 《中国现代史资料选编》（5），第288页。

② 《中国现代史资料选稿》（5），第367页。

新政治协商会议改称中国人民政治协商会议。

9月21日，中国人民政治协商会议第一届全体会议在北平隆重开幕。出席会议的代表有662人，代表着中国共产党和全国所有的民主党派、人民团体、人民解放军、各地区、各民族和国外华侨，实际具有代表全国人民的性质，因此会议宣布代行全国人民代表大会的职权。27日，全体代表一致通过《中华人民共和国中央人民政府组织法》《中国人民政治协商会议组织法》和《关于中华人民共和国国都、纪年、国歌、国旗的决议》。

《中华人民共和国中央人民政府组织法》规定：中华人民共和国政府是在民主集中原则基础上产生的人民代表大会制的政府。中央人民政府对外代表中华人民共和国，对内领导国家政权。由中央人民政府组织政务院，作为国家政务的最高执行机关；组织人民革命军事委员会，作为国家军事的最高统辖机关；组织最高人民法院及最高人民检察署，作为国家的最高审判机关及检察机关。通过这样一整套的政权组织形式以执行人民民主专政的职能。

《中国人民政治协商会议组织法》规定：中国人民政治协商会议是全中国人民民主统一战线的组织，通过这个组织去团结全中国各民主阶级、各民族，推翻国民党的反动统治，肃清公开的及暗藏的反革命残余力量，恢复并发展人民的经济事业及文化教育事业，建立和巩固中华人民共和国。凡赞成这个原则的民主党派及人民团体，均可参加中国人民政治协商会议。中国人民政治协商会议在未召开普选的全国人民代表大会以前，执行全国人民代表大会的职权。

《关于中华人民共和国国都、纪年、国歌、国旗的决议》决定：中华人民共和国的国都定于北平，自即日起，改北平为北京；中华人民共和国的纪年采用公元，今年为1949年；中华人民共和国的国歌在未正式制定前，以《义勇军进行曲》为国歌；中华人民共和国的国旗为红地五星旗，象征中国革命人民大团结。

29日，全体代表又一致通过《中国人民政治协商会议共同纲领》（以下简称《共同纲领》）。《共同纲领》共7章60条。第一章"总纲"，规定：中华人民共和国的性质是以工人阶级为领导，以工农联盟为基础，团结各民主阶级和国内各民族的人民民主专政的国家。第二章"政权机关"，规定：中华人民共和国的国家政权属于人民，人民行使国家政权的机关为各级人民代表大会和各级人民政府，各级人民代表大会由人民用普选方法产生，各级人民政府则由各级人民代表大会选举，各级政权机关一律实现民主集中制。第三章"军事制度"，规定：中华人民共和国建立统一的军队，即人民解放军和人民公安部队，由中央人民政府人民革命军事委员会统率，实行统一指挥、统一制度、统一编制、统一纪律，官兵一致、军民一致，建立政治工作制度。中华人民共和国实行民兵制度，并准备在适当时机实行义务兵役制。第四章"经济政策"，规定：中华人民共和国经济建设的根本方针是公私兼顾、劳资两利、城乡互助、内外交流，使国营经济、合作社经济、农民和手工业者的个体经济、私人资本主义经济和国家资本主义经济，在国营经济领导之下，分工合作，各得其所，以促进整个社会经济的发展。第五章"文化教育政策"，规定：中华人民共和国的文化教育为新民主主义性质，肃清封建的、买办的、法西斯主义的思想；提倡爱祖国、爱人民、爱劳动、爱科学、爱护公共财物的公德。第六章"民族政策"，规定：中华人民共和国境内各民族一律平等，实行团结互助，在各少数民族聚居的地区实行民族的区域自治。第七章"外交政策"，规定：中华人民共和国外交政策的原则是保障本国独立、自由和领土主权的完整，维护国际的持久和平和各国人民之间的友好合作，反对帝国主义的侵略政策和战争政策。

《共同纲领》是在中国共产党领导下，各民主党派、各人民团体和各族各界人民的代表共同制定的建国纲领，是全国人民在一定时期内共同的奋斗目标和统一行动的政治基础。因此，在我国宪法未正式颁布以前起着临时宪法的作用。

30日，全体代表一致选举了毛泽东为中央人民政府主席，朱德、刘少奇、宋庆龄、李济深、张澜、高岗为副主席，陈毅等56人为中央人民政府委员会委员。历时10天的大会宣布闭幕。

10月1日，中央人民政府委员会举行第一次会议，推选了林伯渠为中央人民政府委员会秘书长，任命周恩来为中央人民政府政务院总理兼外交部部长，毛泽东为中央人民政府人民革命军事委员会主席，朱德为人民解放军总司令，沈钧儒为中央人民政府最高人民法院院长，罗荣桓为中央人民政府最高人民检察署检察长。

同一天，300000人云集天安门广场，举行开国大典，毛泽东主席亲手升起第一面五星红旗。中国人民在中国共产党领导下，团结一致，"以人民解放战争和人民大革命打倒了内外压迫者"，成立了人民当家做主的中华人民共和国，"占人类总数四分之一的中国人从此站立起来了"①。

中华人民共和国的成立，标志着国民党政权在大陆统治的结束，是中国历史发展的必然。

---

① 《毛泽东选集》第5卷，人民出版社1977年版，第5页。